意象东方

『一带一路』视角下艺术产品的对外贸易与国际传播

向勇　主编

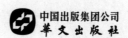

中国出版集团公司
华文出版社

图书在版编目（CIP）数据

意象东方："一带一路"视角下艺术产品的对外贸易与国际传播 / 向勇主编. —— 北京：华文出版社，2022.8

（中华文化传承与创新研究智库丛书 / 彭锋主编）

ISBN 978-7-5075-5549-3

Ⅰ．①意… Ⅱ．①向… Ⅲ．①艺术品－对外贸易－研究－中国②艺术品－文化传播－研究－中国 Ⅳ．①F752.658.7②J124

中国版本图书馆CIP数据核字（2022）第164055号

意象东方："一带一路"视角下艺术产品的对外贸易与国际传播

主　　编：向　勇
策划编辑：杨艳丽
责任编辑：袁　博
出版发行：华文出版社
地　　址：北京市西城区广安门外大街 305 号 8 区 2 号楼
邮政编码：100055
网　　址：http://www.hwcbs.cn
电　　话：总 编 室 010-58336210　发 行 部 010-58336267 010-58336202
　　　　　责任编辑 010-58336191
经　　销：新华书店
印　　刷：三河市龙大印装有限公司
开　　本：710mm×1000mm　1/16
印　　张：16.5
字　　数：330 千字
版　　次：2022 年 8 月第 1 版
印　　次：2022 年 8 月第 1 次印刷
标准书号：ISBN 978-7-5075-5549-3
定　　价：69.00 元

中华文化传承与创新研究智库丛书

编 委 会

《中华文化传承与创新研究智库丛书》总序

文化兴国运兴，文化强民族强。五千年中华传统文明的历史长河，涌现出了许多珍贵的思想理论。这些灿若明珠般的思想理论哺育了一代又一代华夏儿女，铸就了中华民族之魂，为中华民族克服困难、生生不息提供了强大的精神支撑，也是推进社会主义文化强国建设、提高国家文化软实力的重要内容。在新时代背景下，不忘本来，开辟未来，中华优秀传统文化展现着独特魅力和时代风采。

文化传承创新与思想发展相辅相成，当今中国正面临百年未有之大变局，对思想理论的需求也是空前的。习近平总书记强调："一切有理想、有抱负的哲学社会科学工作者都应该立时代之潮头、通古今之变化、发思想之先声，积极为党和人民述学立论、建言献策，担负起历史赋予的光荣使命。"北京大学作为新文化运动的中心、五四运动的策源地、中国传播马克思主义和民主科学思想的最初基地，有责任肩负起传承发展中华优秀传统文化的重要历史使命，不断守正创新，焕发强大的时代生命力。

作为优秀传统文化传播和新思想发展的重要高地，将现代教育与中华优秀传统文化相融合是高校工作者的责任与担当。智库作为人才的聚集地，思想的汇集地，无疑是符合时代需要的创新理念。近年来，国家高度重视智库建设，提出了一系列智库建设新理念新思想新战略，中国智库发展迅速，整体实力不断上升。大力推进智库建设，是时代要求与形势所趋，也是新时代中国特色社会主义现代化发展战略和政府公共理性的内在诉求。

作为人才培养的基地和智库建设的主力军，高校为智库输送大量学术人才，助力智库发展。与此同时，智库的发展也促进学术研究走出象牙塔殿堂，与生动鲜活的现实相结合，扎根城市，迈上为地方政府决策提供咨询服务的道路。北京大学历史悠久，有着深厚的学术积淀，在社会科学领域的前沿硕果累累。北京大学文化传承与创新研究院（抚州）紧密依托北京大学的学术优势和抚州地方的资源优势，不仅是二者积极合作的重要成果，更是北京大学服务地方经济社会发展的生动展示。

北大抚州创新研究院作为服务于抚州市委、市政府的地方性特色智库机构，以宏观政策为导向，以传承中华传统文化与引领高科技创新发展为己任，于 2021 年 8 月 16 日向国内外三十余所一流高校发出了成立中华文化传承与创新智库联盟的号召。依托北大抚州创新研究院搭建的中华文化传承与科技创新的智库平台,整合国内外智库资源,建立中华文化传承与科技创新重大选题库,推动中华优秀传统文化的创造性转化和创新性发展,积极对接各级政府的政策决策和企业的创新发展。智库联盟坚持资源共享,全体成员精诚合作,共同努力,积极发挥各自单位的学科优势、专业优势、人才优势和资源优势,致力于为推动我国社会经济繁荣发展、为实现中华民族伟大复兴作出新的更大的贡献。

《中华文化传承与创新研究智库丛书》是全国顶级的学术机构、文化资源深厚的地方政府合作共创的重要成果,坚持需求导向,围绕抚州经济转型、社会发展、产业振兴、生态文明建设等有关地方发展的重大议题,积极开展务实有效的应用研究和成果转化,致力于发掘抚州文化亮点、彰显抚州产业特色、全面展示抚州文化与科技创新的成果。该系列丛书植根于抚州的发展背景,始终以抚州文化的发展传承和经济社会的进步为研究目标,以多重角度解读分析抚州的人文环境和发展道路,助力抚州实现高质量跨越式发展,为服务地方发展的新型城市智库打造优秀范式。

编委会

目　录

导　言

黄柯梦　林楚天*

一、研究背景

（一）全球艺术产业的发展态势

2013 年 9 月和 10 月，习近平主席在访问哈萨克斯坦和印度尼西亚时，先后提出建设"丝绸之路经济带"和"21 世纪海上丝绸之路"的倡议，合称"一带一路"。历史上的丝绸之路被赋予了"一带一路"的时代价值，丝绸之路精神也被赋予了新的内涵："和平合作、开放包容、互学互鉴、互利共赢"。其中，"丝绸之路经济带"在国内包括陕西、甘肃、青海、宁夏、新疆等西北五省区和重庆、四川、云南、广西等西南四省区市；"21 世纪海上丝绸之路"在国内包括广西、广东、福建、江苏、浙江、上海、天津等沿海省区市。"一带一路"倡议（The Belt and Road Initiative）是基于"丝绸之路经济带"和"21 世纪海上丝绸之路"形成的更大范围、更高水平、更深层次的区域合作倡议。2015年 3 月 28 日，国家发展改革委、外交部、商务部联合发布《推动共建丝绸之路经济带和 21 世纪海上丝绸之路的愿景与行动》，旨在借用古代丝绸之路的历史符号，高举和平发展的旗帜，积极发展与沿线国家的经济合作伙伴关系，共同打造政治互信、经济融合、文化包容的利益共同体、命运共同体和责任共同体。中国与沿线国家共建"一带一路"，旨在促进经济要素有序自由流动、资源高效配置和市场深度融合，共同打造开放、包容、均衡、普惠的区域经济合作架构。

---

* 黄柯梦，北京大学艺术学院创意制片与文化产业方向 2018 级艺术硕士研究生；林楚天，北京大学艺术学院艺术管理与文化产业方向 2014 级艺术硕士研究生。

2013 年以来，共建"一带一路"倡议以政策沟通、设施联通、贸易畅通、资金融通和民心相通为主要内容扎实推进，取得了显著成效。在各方共同努力下，截至 2022 年 4 月 19 日，已有 149 个国家、32 个国际组织同中国签署共建"一带一路"合作协议，"六廊六路多国多港"的互联互通架构基本形成。"一带一路"没有明确划定地理界线，作为一个国际合作倡议，向所有志同道合的国家和地区开放，在本质上就是中国主导的更加开放的全球化行动。"一带一路"倡议是中国通过建立经济合作区，加强境外合作，重构与周边国家外交格局的新颖举措，有利于实现周边稳定繁荣。这是新时期中国向欧亚大陆乃至世界各国贡献的重要国际公共产品，被称为 21 世纪最有前途的全球发展战略和国际合作工程。而发展文化产业是践行"一带一路"倡议的重要手段。

文化产业的概念经历了长期的演变。法兰克福学派提出"文化工业（Cultural Industry）"，对西方资本主义文化生产进行了强烈批判和抨击，揭示了文化产业规模化、复制化的生产方式和商业性、营利性的生产目的。法国文化社会学家伯纳德·米亚基（Bernard Miège）将文化工业转化为文化产业（Cultural Industries），强调了文化产业复杂的业态，认为文化的商业化可以推动文化创新，开辟文化发展的新方向。联合国教科文组织认为：文化产业是按照工业标准，生产、再生产、储存及分配文化产品和服务的一系列活动。强调了文化产业在标准化的生产模式中，文化艺术产品和服务的艺术性和创意性。在我国，文化产业被定义为"为社会公众提供文化艺术产品和文化相关产品的生产活动的集合"[①]。

不同国家和地区对于文化相关产业的名称应用也有所不同，如中国的文化产业（Cultural Industries），美国的版权产业（Copyright Industries），韩国的内容产业（Content Industries），英国、新西兰、澳大利亚、马来西亚、新加坡的创意产业（Creative Industries），以及我国台湾、香港地区的文化创意产业（Cultural and Creative Industries）等。不同的名称体现出不同国家和地区对于文化产业的不同侧重点，但其所涉及的概念和涵盖的内容相似之处多于差异。

---

① 国家统计局：《文化及相关产业分类（2018）》，2018 年 4 月 2 日。

　　文化产业的范畴涵盖了艺术产业，从概念内涵、经济环境、政策治理、技术背景和融合趋势等角度，艺术产业也较为一致地体现了文化产业的发展态势。目前，艺术产业（Art Industries）没有确切的概念界定和内涵范畴。艺术产业在标准的模式中进行生产和分配，具有艺术性、创意性，注重商业与艺术的结合，是既包括有形的艺术产品，又包括无形的艺术服务和艺术体验等艺术相关产品的生产活动，以促进艺术繁荣发展为目的。

　　从经济环境来看，文化产业逐渐成为世界重要支柱产业之一，促进世界经济发展，为其他产业提供持续的发展动力，为社会就业作出巨大贡献，成为发达国家、新兴市场经济体的战略性资产。在发达国家中，文化产业发展势头强劲，作为新的产业形态，成为经济复苏、持续发展的动力。在"一带一路"倡议正式提出的 2013 年，全球文化产业创收总额为 2.25 万亿美元，占世界各国 GDP 总量的 3%，超过了通信业（1.57 万亿美元），为世界各国创造了 2790 万个就业岗位，占世界就业总人口的 1%，高于欧洲、日本和美国汽车制造业就业人口的总和（2500 万）。[①] 近年来，各国文化产业生产总额及全球文化产业贸易总额仍在快速增长。

　　在政策治理方面，各国实施"文化经济"新战略，通过大力发展文化产业和促进文化贸易，扩大本国文化的影响力。例如，21 世纪以来，韩国开始从"文化立国"到"文化隆盛"转变，在法律制度、机构职能、财政预算等方面实施新政策，成为文化产业发达国家。美国采取"市场主导"的文化发展模式，修正版权法，调整财政金融政策，加大经费支持力度，制定推动文化外交和贸易政策促进自由贸易，巩固了文化产业最发达国家的地位。

　　从技术背景来看，科学技术成为文化生产的重要手段。随着 4G、5G 技术的开发，手机、平板电脑的普及，以 App 为中心的互联网传媒娱乐生态兴盛，在文化传播、内容创意、效果呈现方面，科学技术提供了不可或缺的支撑作用。巨幕（IMAX）电影、增强现实（AR）游戏、多媒体沉浸式戏剧、经典名画动态展示及高科技含量的艺术展览，体现了艺术产业和科技的高度融合。

　　从融合趋势来看，文化产业的融合趋势表现在五个方面：传统资源的活

---

① 联合国教科文组织、国际作者和作曲者协会联合会：《文化时代：全球文化创意产业总览》，2016 年。

化、功能价值的转化、符号价值的强化、科技价值的深化和区域价值的融化。通过营造信息整合、产品设计、品牌推广、金融扶持、技术支撑、节庆打造、艺术营销等综合平台，将文化产业与其他产业结合，实现资源转化、价值提升、结构优化、市场扩张①，发挥文化产业的多重价值。

总的来说，全球艺术产业与文化产业在概念内涵、经济环境、政策治理、技术背景、融合趋势等方面极为相似，有着较为一致的五个发展态势：①经济上，取代传统产业成为国家经济支柱产业；②政治上，各国主动采取文化新战略，提升文化影响力；③技术上，借助移动互联网，加深文化科技融合；④与其他产业进行资源、价值融合；⑤发达国家、新兴市场经济体表现更为突出，存在垄断现象。

（二）国际艺术贸易的发展态势

国际艺术贸易是指国际间艺术产品和艺术服务的输入和输出的贸易方式，属于国际文化贸易的一种。国际艺术贸易与国际文化贸易有着相同的发展态势。

1. 国际文化贸易稳定增长

2009 年以来，国际贸易开始复苏。全球文化产业的国际贸易保持稳定增长，为经济的可持续发展作出了极大贡献。据联合国贸易和发展组织 2019 年发布的《创意经济展望：创意产业的国际贸易趋势》显示，全球文化艺术产品出口量从 2002 年的 2080 亿美元增长到 2015 年的 5090 亿美元，增长了一倍多。尽管金融危机影响了文化艺术产品的创造、生产和分销，加上 2014 年至 2015 年市场状况恶化导致贸易同比下降 12%，但文化艺术产品贸易表现总体保持上涨趋势，2002 年至 2015 年的年均增长率超过了 7%。文化产业势头强劲，充满韧性，实现增长，表明文化产业是当前和未来投资潜力巨大的行业。

2. 发展中经济体参与度高，亚洲地区，尤其中国增长迅速

2019 年，联合国贸发组织指出，受中国经济的推动，发展中经济体对文化艺术产品贸易的参与明显高于发达经济体。在艺术产品贸易中，表现最好的 10 个发展中经济体为中国、中国香港、印度、新加坡、中国台湾、土耳其、

---

① 向勇：《文化产业导论》，北京：北京大学出版社，2015 年版，第 77-78 页。

泰国、马来西亚、墨西哥和菲律宾。其中，亚洲国家在前 10 名中占主导地位，表明了它们对促进全球创意经济的重要作用。2015 年，亚洲地区的文化艺术产品出口额达到 2280 亿美元，占世界出口总额的 45%，几乎是欧洲的两倍。中国是文化艺术产品的主要出口国，2002 年至 2015 年，中国文化艺术产品出口额的年均增长率为 14%，支撑着全球创意经济度过了艰难时期。2015 年，中国的创意产品出口额是美国的 4 倍，达到 1685 亿美元，占世界出口总额的 33%。由于大量出口，中国创造的贸易顺差高达 1540 亿美元，居世界首位。

通过以上数据可以看出，文化产业推动了发展中经济体的发展，尤其是亚洲国家和地区的贸易和经济发展。发展中经济体在全球文化产业的比重不断提高，其发展速度远快于发达国家。

3. 发达经济体在文化艺术产品、文化服务贸易领域表现突出

2011 年至 2015 年，发达经济体文化创意服务贸易保持稳定。发达国家文化创意服务贸易年均增长 4.3%，是所有服务贸易增速的两倍以上。欧洲国家联盟地区（欧盟）是主导着创造性产品出口的发达经济体。2015 年，欧盟的文化创意产品出口额为 1710 亿美元，占世界的 34%，相较于 2002 年的 850 亿美元，贸易额翻了一番。2002 年至 2015 年，欧盟的文化艺术产品出口额年均增长率为 5.5%，文化和创意产业雇用了近 1200 万人。

随着数字经济和共享经济的发展，文化服务不断扩张，成为创意经济的重要组成部分。文化服务在服务贸易总额中所占的比重从 2011 年的 17.3% 稳步上升至 2015 年的 18.9%，占比较大，仍在不断增加。[①]

（三）中国对外艺术贸易的发展现状

第一，中国文化贸易增长率位于世界领先地位，但相比于我国对外贸易总体增幅仍有提升空间。

据商务部服贸司披露数据，2019 年，中国文化艺术产品进出口总额为 1114.5 亿美元，同比增长 8.9%。[②] 这一增长率在世界处于领先地位。联合国贸

---

① United Nations Conference On Trade and Development，*Creative Economy Outlook*：*Trends in International Trade in Creative Industries*，*2002–2015*（2018），pp.9–11.

② 中国新闻网：《商务部：2019 年中国文化产品进出口总额同比增 8.9%》，http://www. chinanews.com/cj/2020/03–17/9128289.shtml，访问日期：2020 年 6 月 5 日。

易和发展组织《创意经济展望：创意产业的国际贸易趋势》报告显示，中国的创意产品贸易呈指数型增长，创意产品出口增长率是全球平均水平的两倍。中国是创意产品和服务的最大单一出口国和进口国。报告还指出，中国、中国香港、印度、新加坡、中国台湾、土耳其、泰国、马来西亚、墨西哥和菲律宾是促进全球创意产品贸易的十大发展中经济体。可见，"一带一路"沿线经济体在全球文化贸易市场表现活跃。[①]

1978 年至 2018 年，我国货物进出口总额增长 223 倍，年均增速 14.5%；服务进出口总额从 46.9 亿美元提高到 7919 亿美元，年均增长 15.3%。由此可见，我国文化贸易增长幅度慢于对外贸易的总体幅度，还有一定的提升空间。

第二，中国文化贸易结构整体优化，但仍然存在不合理之处。

据《文化贸易蓝皮书：中国国际文化贸易发展报告（2019）》统计，文化艺术产品出口的技术含量、文化艺术产品对外文化贸易地理方向、国内出口省市地区分布都有所提升或优化，但出口产品的结构，仍有优化空间。

在技术含量方面，文化服务出口中处于核心层的文化和娱乐服务、研发成果使用费、视听及相关产品许可费等三项服务出口额增长迅速，在文化服务全品类中的占比连年提升，出口结构呈持续优化态势。

在对外文化贸易地理方向上，美国、中国香港、荷兰、英国和日本连年保持中国内地对外文化艺术产品出口合作最频繁的伙伴方，连续两年合计占比60%。除此之外，与"一带一路"沿线国家的出口额也在稳步提高，2018 年达162.9 亿美元，再创历史新高。

在省市地区分布方面，文化艺术产品与服务出口仍集中在东部地区，占文化产业出口总额的比例连年超过 90%，区域优势明显；中西部地区出口增长势头最为迅猛，占比连年提高；相比之下，东北部地区文化艺术产品与服务出口贸易发展较为迟缓。广东、浙江、江苏为全国文化艺术产品出口前三位，而上海、北京、广东为文化服务出口前三位。

在我国文化贸易产品的出口结构方面，艺术特色更为突出的工艺美术品及收藏品、出版物出口正在较快增长，与 2017 年相比分别增长了 9.9% 和

---

① United Nations Conference On Trade and Development，*Creative Economy Outlook：Trends in International Trade in Creative Industries*，*2002–2015*（2018），pp.9–11.

5.9%。① 但整体来看，硬件产品出口优势大，软件产品出口能力不足，文化艺术产品出口结构仍有待改善。中国游戏设备、文教娱乐和体育器材等非版权产品出口多，以影视作品、演出作品等为主的内容产业、以文化服务和出版物及版权等为主的知识技术密集型核心文化艺术产品则缺少国际竞争力，在全球文化贸易市场中处于劣势地位。长期以来，传统产品占中国的文化贸易出口的大多数，包括美食、中医药、语言类图书和视频等介绍中国传统文化的产品，缺乏科技含量高、附加价值大的技术密集型和创意密集型文化商品，文化贸易产品构成单一，文化艺术产品贸易结构仍待升级。

第三，部分文化贸易领域存在严重逆差。

据《文化贸易蓝皮书：中国国际文化贸易发展报告（2019）》统计，从细分领域来看，我国对外文化贸易中文化艺术产品贸易和文化服务贸易相对，两者仍然存在很大的差距。其中，文化艺术产品贸易势头较好，总体表现为贸易顺差；但文化服务贸易总体体量小，且贸易逆差现象严重。

就文化艺术产品来看，2018 年，其进出口总额为 1023.8 亿美元，同比增长 5.4%。其中出口总额为 925.3 亿美元，同比增长 4.9%，进口总额为 98.5 亿美元，同比增长 10.3%，顺差 826.8 亿美元，规模较 2017 年扩大 4.3%。

就文化服务来看，2018 年其进出口总额为 346.3 亿美元，同比增长 17.8%，占文化艺术产品和服务进出口总额的比重为 25.3%，比上年提升 2.1 个百分点。其中，出口总额为 72.9 亿美元，进口总额为 273.4 亿美元，仍然呈现较大的贸易逆差。

第四，"一带一路"助力海外市场延伸，但整体来看，中国文化艺术产品出口地区仍集中于"文化折扣"低的华人区。

我国文化艺术产品和服务出口质量不断提高，出口产品的内容愈加贴合海外市场需求，文化产业的对外贸易总额持续翻番。海外贸易市场不断拓展，对"一带一路"沿线国家文化贸易市场逐渐活跃，并不断向东南亚、中东、南美、非洲等地区延伸。2019 年，文化艺术产品对"一带一路"沿线国家的出口总额增长了 24.9%。

① 李小牧、李嘉珊：《文化贸易蓝皮书：中国国际文化贸易发展报告（2019）》，北京：社会科学文献出版社，2020 年 1 月 1 日。

但整体来看,西方发达国家文化艺术产品和服务形式种类繁多,输出地域遍布全球。通过文化贸易的方式不仅获得了巨额经济收益,更在全球范围内广泛传播了其文化精神。而中国文化艺术产品输出地区主要集中在亚洲东部和东南部。由于语言、地理、历史等方面的原因,上述国家和地区的人们对中华文化接受程度高、认同感强,中国的文化艺术产品在这些地区遭遇的"文化折扣"较低。换言之,中国文化贸易产品在这些地区更易被接受。亚洲东部、东南亚及其他国家大规模华人聚集区也是中国文化艺术产品输出的主要区域。美国与中国的文化亲近度较低,但许多海外华人集居在美国,他们对中国文化艺术产品有着强烈的需求,因此,美国也是中国文化艺术产品的主要输出地之一。

文化贸易产品输出地过于集中的现状也反映了中国的对外文化贸易未能很好地起到促进中华文化对外输出和传播的作用;与本身就和中华文化圈靠近甚至高度重合的中国文化贸易输出地区进行文化艺术产品贸易,对中国文化艺术产品贸易的可持续发展和不断壮大裨益不大。中国文化想要真正在世界范围内获得更多的认可和接受,需要向西方进行有效的文化艺术产品输出。

第五,中国文化贸易途径单一,市场化程度低。

当前,利用外交手段,以及开展"中国文化节""中国文化展""中国博览会"等相对传统和简单的模式进入国际文化市场,依旧是中国对外进行文化交流和文化艺术产品贸易的主要方式。依靠炒作、依赖政府扶持和名人效应等单一手段,仍然是中国文化艺术产品和服务获得世界关注的主要途径。相较于国外较为成熟的文化贸易发展和支持体系,中国对外文化贸易市场程度还较低,缺乏对市场进行细分的能力和总体把握能力,也缺乏对目标市场进行选择的能力。

二、基本概念

(一)艺术产品

狭义地来看,艺术产品即大众所提及的艺术品,其内涵可以表现为以书画、油画、当代艺术品为代表的艺术原创作品,以古董为代表的艺术收藏品,部分统计口径中还包括以珠宝首饰为代表的介于艺术品和轻工制造品之间的工艺美术品。

广义地来看，目前国内的研究中，学界对艺术产品的概念和内涵并没有统一的界定。王晋认为艺术产品是与艺术活动密切相关的产物，是艺术活动的存在方式，还梳理了现当代中西方学者和大家对于艺术产品的不同理解：朱光潜认为，艺术产品是心灵创造的作品，是根据已有的意象做材料，把它们加以裁剪综合形成的一种新的形式，是心灵的综合活动，也是一种想象力的创造活动；海德格尔认为艺术产品是艺术活动中被创造的存在，是艺术的存在[①]；张黔认为艺术产品是人工制品中以形象思维方式创造的、能引起自我确证的精神产品[②]。

本文沿用上述广义概念，并基于市场营销理论家菲利普·科特勒对产品特征的定义：一是用于市场交换，二是围绕人们的需要开发。本文认为艺术产品还应当以市场化的特征区别于普通的艺术和心灵活动作品，即以企业或机构为组织形态，以市场化为导向，通过商业化模式生产运作满足消费者需求的艺术作品或服务。

在这种定义下，艺术产品和文化产业语境下的文化艺术产品有着相似的特征。向勇对文化艺术产品的特征及内涵进行了详尽的梳理：联合国教科文组织认为"文化艺术产品一般是指传播思想、符号和生活方式的消费品，它通常由文本内容和载体构成……"；联合国贸易和发展会议在《2008 年创意经济报告》中提到了文化艺术产品和服务的概念和特征："其一，文化艺术产品和服务的生产需要投入大量的人类创作力；其二，对于文化艺术产品和服务的消费者而言，他们是象征性的信息工具；其三，文化艺术产品和服务至少潜在地包含一些归因于个体或群体生产商品或服务的知识产权。"向勇认为文化艺术产品具备如下几个特征："第一，文化艺术产品满足的是精神消费，包括信息（知识、资讯）和体验（娱乐、审美）。第二，文化艺术产品传播的是大众文化（通俗文化），具有时尚化、娱乐性和互动性的特点。第三，文化艺术产品要能够被批量化生产和大规模传播。第四，文化艺术产品创造了符号价值，可以被知

① 王晋：《艺术产品之解读》，《产业与科技论坛》2013 年第 12 卷第 2 期，第 25–26 页。
② 张黔：《艺术原理》，北京：北京大学出版社，2008 年版，第 35 页。

识产权化,成为文化品牌,最终通过授权经营实现规模效益。"①

因此,本文中艺术产品的具体内涵综合了艺术领域和文化产业领域的相关内涵,借鉴了相关国家级文化艺术和统计部门的分类,即教育部颁布的《学位授予和人才培养学科目录》中的艺术学门类、2017 年文化部发布的《文化部"十三五"时期文化产业发展规划》及 2018 年国家统计局印发的《文化及相关产业分类》标准中对文化生产活动第二层所分 10 个大类,将艺术产品分为电影、电视、游戏、动漫、演艺、音乐、设计、美术等八大领域产品和服务。

(二)艺术产品的国际传播

1. 关于艺术产品的国际传播力

关于艺术产品的国际传播力,国内具有针对性的研究较少,一般是在传播学的范畴下进行的。

张春华在《传播力:一个概念的界定与解析》中对当前在传播力研究方面存在的四种论说进行了概括:能力说（Communication Capacity）、力量说（Communication Power）、效果说（Communication Effect）、综合说（Comprehensive Theory）。能力说是指,传播者需要具备成功地对信息进行编码和解码的能力（Ability）,展示出传播力（Capacity）。力量说是指,传播成为政治力量、经济力量角逐的场域,成为一种实力（Power）。效果说是指,好的传播效果是传播力的本质,需要保证内容的原创性和吸引力。综合说是指,要综合地从媒体特性、传播模式、社会功能等角度出发,界定、研究"传播力"。

余斌、潘文年在《数字出版文化传播力的建构路径》一文中认为,文化传播力是一种文化传播到达受众、影响社会的能力,其依托并利用先进的传播手段,促进文化内容的生产和流通。② 佟斐在《提升中国文化对外传播力的思考》中辩证分析了传播力和文化软实力之间的关系,认为文化传播力是一种文化通过传播到受众进而影响社会的能力。文化通过不同的传播方式组合,促进文化内容的扩散,产生更好的传播效果。③ 文化软实力需要建立在强大文化传

① 向勇:《文化产业导论》,北京:北京大学出版社,2015 年版,第 63–66 页。
② 余斌、潘文年:《数字出版文化传播力的建构路径》,《中国出版》2012 年第 5 期。
③ 佟斐:《提升中国文化对外传播力的思考》,载于《中国特色社会主义研究》2014 年第 5 期。

播力的基础上，因此，在增强文化软实力的实践中，提升文化传播力是不可或缺的重要环节。

陈少峰教授在《提升文化国际竞争力的立体化视角》中从传播话语权、传播内容定位、传播时效性等方面论述了传播力的含义，认为传媒的话语权主要体现在两个方面：一是传媒覆盖面和影响力；二是传媒权威性和内容吸引力。前者属于量的问题，后者属于质的问题。传媒覆盖面主要是指媒体受众的覆盖范围，拥有广泛的覆盖面才能有效地传播并表达自己的立场与关切。好的内容通过拥有广泛覆盖面的媒体进行传播，并且根据传媒受重视的程度，以传播内容被引用的频率，来体现传媒话语权。如果国际媒体涵盖面很宽（例如国际频道等），那么就能在国际舞台上占有一席之地。而传媒的传播力体现在对传播内容的准确定位上，体现在对传播时效性的把握上，体现在传播的积极影响力上。如果选择的传媒有较强的传播力，且所传播的内容能够吸引到不同的人群，那么就会对不同的人群产生直接的影响。新时期，传播力战略不能仅仅停留在电视等传统媒介上，还应该做到全媒体的覆盖。当然，具有品牌价值的内容产品才是决定性的竞争力所在。[①] 周庆山教授在《传播力的支点》中提到了传播力与信息化技术之间的关系，认为科技与创意互为表里，是文化产业发展的两翼，在文化发展的手段形态上，需要借助科技的力量提升文化的感染力、表现力和传播力。[②]

2. 创意传播的要素（meme，沟通元）

除了对"传播力"的概念界定和影响因素分析外，前人的研究从创意传播学的角度为我国艺术产品的国际传播力衡量提供了参考的范式。英国演化生物学家、动物行为学家、科普作家理查德·道金斯（Richard Dawkins，1941— ）在 1976 年出版的名著《自私的基因》（*The Selfish Gene*）中提出的一个新词——meme（沟通元）的概念及特点均与传播力紧密相关。

在《自私的基因》中，道金斯解释道："meme 类似作为遗传因子的基因，为文化的衍生因子，也经由复制（模仿）、变异与选择的过程而演化。"[③] 人类

---

① 陈少峰：《提升文化国际竞争力的立体化视角》，《人民论坛》2011 年第 24 期。

② 周庆山：《传播力的支点》，《中国文化报》2012 年 9 月 1 日第 1 版。

③ ［英］理查德·道金斯：《自私的基因》，卢允中等译，长春：吉林人民出版社，1998 年版。

大脑中的观念由行为展现出来，经历模仿学习，进入另一部分人的大脑中；而经过复制行为产生了经过转换的观念，不会与原来完全相同。这些相似却产生变异的观念，在转化、散布时会产生竞争，出现"物竞天择"的现象。基因（遗传因子）是遗传的物质基础，通过复制遗传信息，使后代出现与亲代相似的性状；以此类比，meme 是文化的基因，通过模仿，后代会出现和前代相似的行为和观念，从而让观念、行为得以传播。

道金斯认为，meme 是抽象、无形、无法计量的，是一种复制因子（replicator），具有三个特征：遗传性、变异性、选择性。meme 会在不同代际的信仰者身上遗传，在不同人群和代际中产生变化，不同的 meme 传播难易程度不同。meme 是阐明语言、观念、思想、信仰、行为方式等文化进化的一种方式，如儒家思想作为孔子的 meme，成为中华民族传统思想的根源，传递千年。

道金斯的学生、英国心理学家苏珊·布莱克莫尔（Susan Blackmore）发展了老师的理论。在她看来，meme 之间和基因之间一样相互竞争着，费尽心思地要进入另一个对象中，最终胜者为王，决定了我们的文化心理结构。她曾经写道："有关文化进化的 meme 理论，其全部要点就在于将 meme 视为一种独立存在的复制因子。这就意味着，是 meme 的选择在驱动着观念的进化，而观念的进化必须有利于 meme 的自我复制，而不是有利于基因的自我复制。这是将 meme 理论与先前有关文化进化的理论区别开来的一个巨大差异。"

可以说，meme 既有生物基础，也有文化表象，是连接二者的纽带。如今，《牛津英语词典》（*The Oxford English Dictionary*）已将 meme 一词加以收录，并作如下解释："An element of culture that may be considered to be passed on by non-genetic means, esp. imitation."（meme 是文化的元素，通过非遗传的方式——模仿得到传递。）

陈刚教授将 meme 的概念引入传播学，从 meme 的概念出发，开启了基于互联网数字生活空间的复杂环境下生活服务者的营销传播活动的"创意传播"的课题，认为 meme 是一种基于内容的文化单元，凝聚了生活者最感兴趣的内容和最容易引起讨论和关注的话题，一旦投入数字生活空间，就会迅速引起关注，激发生活者热烈的分享、讨论与参与。并且，在传播者和生活者的积极互动过程中，沟通元不断地丰富和再造，并不断地延续传播。

　　3. 关于艺术产品的国际传播环境

　　关于艺术产品的国际传播环境，主要有"国际传播"和"传播环境"两个研究方向的文献。

　　关于国际传播，胡智锋、刘俊在《主体·诉求·渠道·类型：四重维度论如何提高中国传媒的国际传播力》中提出应从主体、诉求、渠道、类型四重维度提高国际传播力。在主体方面，要从"一元"到"多元"，从"官方"到"民间"，从"政府"到"行业"，从"宣教"到"专业"，而且要多元主体（政府官方、传媒、企业、非政府组织、民间社团、公民个体等）合力；在诉求方面，要从"宣传"走向"传播"（"对外宣传"与"国际传播"的区别见表0-1），包括"中国气质，共通表达""贴近不同受众的文化背景与接受习惯"等手段；在渠道方面，要从单一扁平的传播渠道走向多媒体渠道融合的立体传播，提高传播覆盖力，并通过摸索市场与产业渠道，提高国际传播渗透力；最后，是产品类型的多样性，要利用不同类型、不同视角、不同价值观的文化艺术产品吸引国际受众，提升国际传播力。

表0-1　"对外宣传"和"国际传播"的区别

对外宣传	国际传播
政府主管	公私兼营
冷战的产物	全球一体化的结晶
政治喉舌	社会媒介
单向传播	多向传播
国内题材为主	国内外题材并重
讲导向	重平衡
你听我说	你听他说
主观性强	客观性强
按政治规则变化	随市场规律波动
是一种政治行为，讲政治效益	是一种经营行为，重经济效益

续表

对外宣传	国际传播
专题报道多	新闻信息多
强调报道时机	追求传播时效
强调友谊、友善、友爱	追求娱乐、新奇、刺激
具有战役性、阶段性	具有战争性、常规性
强调国家形象	注重媒体形象
直接反映国家或政府利益	间接反映国家或民族利益
显性	隐性
内宣的延伸	外交的延伸
受国内宣传纪律约束	遵循国际传播惯例

关于传播环境,陈刚教授在《创意传播管理(CCM)——新传播环境与营销传播革命》一文中提出了新传播环境的四个特点:一是复合型传播:新的传播技术综合了传统大众媒体的各种类型;二是全员型传播:组织、企业、个人都是接受者和传播者;三是无边界传播:新媒体传播不受传统媒体的地域限制,全球逐渐成为传播整体;四是固时型传播:信息超越时间空间被固化,可以被即时检索、观看。

(三)艺术产品的对外贸易

关于艺术产品的对外贸易(力)研究,我们可以参考目前已取得相关成果的文化贸易力(竞争力)研究。这些研究基本围绕两个研究思路展开:一是利用国际贸易、国际竞争力、文化例外和贸易保护相关理论进行分析;二是在理论基础之上构建出一套评价指标体系对贸易力进行实证分析。

1.国际贸易理论

国际贸易理论起源于市场经济中生产分工和商品交换的思想,只是研究的对象以一国内部绝对优势理论为开端,经过大卫·李嘉图的比较优势理论和赫克歇尔-俄林的要素禀赋理论的补充,再到萨缪尔森通过"要素价格均等化定理"对比较优势理论的优化,逐步建立起较为完整的关于贸易的传统贸易理论体系。传统贸易理论将贸易竞争力视为各国同一产业争夺国际市场份额。各国之间争夺能力的差别体现在各国国际市场份额的差别，而之所以能力有所差别，就是上述三种理论中所提及的绝对优势、比较优势和要素禀赋所造成的。传统国际贸易理论的特点是，只考虑物物交换的关系，不将货币因素考虑在内，只从流通、产生、需求和要素四个角度来探讨国际贸易。

由于传统贸易理论创立，文化贸易才开始萌芽。该理论主要针对工业化时代的有形商品，而文化贸易经常伴有知识产权等无形商品的买卖和转让，所以传统贸易理论在解释文化贸易（竞争）力时有其局限性，主要反映在传统贸易中衡量绝对优势、比较优势及资源禀赋时，更多关注的是土地等自然资源、劳动力和生产技术，而文化艺术产业是一个知识、创意密集型产业，教育、人才等因素对其影响更具决定性。而比较优势理论所假设的所有国家拥有相同的技术和生产函数、生产要素在国际间的不完全流动与文化产业实务相差甚远，无法成为文化贸易的理论基础。

20世纪70年代以来，动态贸易理论逐渐兴起。其中的规模经济理论与偏好相似理论对于文化贸易而言具有更强的适用性和解释力。

规模经济对于文化贸易而言非常关键。文化艺术产品的贸易具有很强的规模经济的特点，因为对于相当一部分文化艺术产品，如影音商品等，从原创构思到将其创制出来需要投入巨额资金，而一旦作品完成，复制成本却相当低，并且可以大量地进行复制。复制数量越多越能够将创作中投入的成本摊薄并产生效益。因此，规模经济有利于提高文化贸易的竞争力。

偏好相似理论虽然是在制造业的应用背景下创建的，但其对于文化贸易具有非常重要的启发性。文化艺术产品由于其所特有的文化性、精神性等特点，在消费者接受方面不同于实用性的产品，而是存在文化折扣。国际市场中的文化艺术产品，由于文化背景差异不被其他地区受众认同或理解，而导致其价值的降低，只有文化背景相近、文化需求相似的国家之间，对彼此的文化艺术产品的理解不会或者很少出现偏差，文化贸易发展才能顺畅、频繁。这也启示我们，在增强文化贸易竞争力方面，不能一味从本国固有的文化资源和文化要素出发，而应考虑所输出国的文化背景，从文化艺术产品最核心的内容层面入手，尽量减少隔阂，从而降低文化折扣，扩大国际对本国文化艺术产品的需求,以提高文化贸易竞争力。

2. 文化例外原则和贸易保护

"文化例外"是 20 世纪 90 年代初在关于"关贸总协定"的谈判中由法国提出的,认为文化商品和服务传达的观念、价值和生活方式,反映民族国家的多重身份及其公民创新的多样性,不能等同于其他商品,应排除在自由贸易之外。法国政府通过立法和财政手段应对美国大肆入侵的视听产品,保护本国的文化身份和核心价值,为本国文化产业的发展赢得了时间和空间,该原则已在之后贸易谈判和实践中得到了多次运用。法国和加拿大基于文化例外原则的贸易保护主要通过三种措施来实现:政策和资金扶植、规定本土内容比例、实行配额限制。文化贸易保护在为本国文化产业发展提供良好环境的同时,也存在许多缺陷和弊端:首先,文化例外缺乏 WTO 那样的贸易争端解决机制;其次,过于注重文化贸易保护,会使本国消费者无法从正常渠道满足对国外文化艺术产品的需求,易造成盗版横行。

3. 国家竞争优势理论

美国教授迈克尔·波特对以往的贸易和投资理论提出了许多质疑,在分析这些质疑的基础上提出了竞争优势理论:一国的某一特定产业是否具有国际贸易竞争力取决于四个基本决定因素和两个辅助因素。四个基本决定因素为生产要素、需求条件、相关及支撑产业的状况,以及企业的战略、结构及竞争对手的表现。这四个基本决定因素之间,依照其相互关系可以画成一个菱形图,直观像一颗钻石,波特教授将其称为"国家钻石"。此外,政府行为和机遇作为辅助因素也对竞争产生作用,从而影响着国际贸易竞争力。这一理论被称为钻石模型理论。

具体而言,生产要素指一个国家在特定产业中有关生产方面的表现,包括:土地(包括自然资源)、资本、劳动力、劳动力教育水平、国家基础设施质量等。这些要素中,有些是自然因素,有些则是国家政府能够发挥作用的外在因素。需求条件指本国市场对该项产业所提供产品或服务的需求如何,即国内市场是否足够大。如果国内市场很小,就很难开发出新产品。相关及支撑产业的状况指这些产业的相关产业及上游产业是否具有国际竞争力。企业战略、结构及竞争对手的表现指企业在国际的基础、组织和管理形态,以及国内竞争对手的表现。国内的竞争环境极大影响公司在国际上的竞争能力。政府与机会两大辅助要素是两大变数，机会是不可控制的，而政府的影响必须得到重视。

4. 文化贸易（竞争）力相关研究

在国内的研究中，周升起和兰珍先从文化贸易的发展作用、发展现状、影响因素、国际竞争力及发展对策等几个方面对 20 世纪 90 年代以来中国文化贸易的研究进展，进行了系统的梳理。其提及的部分文献对后来人的研究具有借鉴意义。王自娜认为，目前，我国的文化贸易结构不平衡，核心文化艺术产品和服务贸易逆差严重，随后从形成竞争力的原因（分析性指标）和竞争力结果（显示性指标）两个层面建立了包含 26 个指标的文化贸易国际竞争力的评价指标体系，并利用各项数据对 12 个代表国家进行文化贸易国际竞争力测算，发现我国综合指数排名第 11 位，仅高于印度，处于严重劣势。魏雪莲从国际市场占有率、利润率、出口竞争力三个方面分析了中国文化贸易的竞争力，认为中国的文化艺术产品在国际市场占有率小，利润率低，出口竞争力较弱，因此，中国文化贸易整体竞争力水平较低。张洁从产业的影响力、产业增长力、产业效率、产业升级能力、产业创新能力五个方面构建了创意产业的竞争力衡量体系，对中国创意产业竞争力进行了全面深入的讨论，认为中国创意文化艺术产品具有极强的出口竞争力，而创意文化服务的国际竞争力则较弱，因而中国的创意产业还处于"中国制造"阶段。郭新茹、顾江、朱文静等则从商品域（出口商品）和市场域（出口目的地）两个维度测算中韩两国的文化艺术产品在世界市场上的出口相似性指数和显示性比较优势指数，发现中韩文化贸易在主要出口市场上的互补性较强，强于竞争性，中国应该与韩国加强合作；从长期趋势看，中韩文化贸易互补性将减弱，竞争性将增强，因此，中国文化贸易应立足本地市场，以保护已有市场为基础，争取潜在市场。顾江、朱文静通过数据对我国文化贸易结构进行实证分析，对文化贸易总体及文化商品贸易、文化服务贸易的国际市场占有率、贸易竞争力指数和显示性比较优势指数进行测算，认为我国文化贸易存在结构不合理、文化服务贸易发展滞后、贸易方向过于集中、文化贸易的经济动力作用发挥不足等问题。方慧、尚雅楠基于1997—2009 年中国文化贸易统计数据，将对经典钻石模型进行改进后的动态钻石模型运用到文化贸易竞争力的研究中，综合运用显示性指标（TC 指数和出口优势变差指数)和分析性指标(开放程度等),对中国文化贸易国际竞争力进行实证研究后,得出结论:中国文化贸易发展迅速,开放度逐年提高,但整体竞争力较弱,仍处于弱竞争优势或竞争劣势地位。方英、李怀亮、孙丽岩等基于文化艺术产品和服务进出口数据,通过对中国文化贸易结构、国际市场占有率、贸易竞争力指数、显示性比较优势指数的分析,发现尽管中国是文化艺术产品出口第一大国,但文化贸易结构不合理,文化产业总体国际竞争力较弱且发展不平衡;中国文化贸易的竞争优势主要体现在手工艺品、设计、视觉艺术品和新媒体这些外围的文化艺术产品中,具有核心内容的影视媒介、音乐媒介、出版物及版权、文化休闲娱乐服务等文化出口比重低,竞争力弱。

在周升起、兰珍先的述评之外,其他学者对文化贸易竞争力的研究进行了补充。中国现代化战略研究课题组提出,国家的文化资源、文化制度、文化观念、文化人才、文化素质、文化市场、文化产业和文化贸易等都是一国文化竞争力的影响因子。在众多因素中,文化人才、文化素质、文化创造力、文化产业和文化贸易竞争力等具有不可替代的作用。提高文化人才竞争力、文化产业竞争力和文化贸易竞争力,是提升文化竞争力的三个重点。该课题组进一步指出,目前,中国文化贸易的国际竞争力有强有弱。中国文化贸易的优势指标包括:文化贸易占 GDP 比例、文化贸易总量和份额、文化商品贸易总量和份额、文化出口总量和份额、文化商品出口总量和份额等;中国文化贸易的弱势指标包括:文化服务贸易总量和份额、文化进口总量和份额、人均文化贸易、人均文化商品贸易、人均文化服务贸易、人均文化出口、人均文化商品出口和人均文化服务出口等。王星利用联合国贸易和发展会议数据库 HS96 分类法项下中国文化艺术产品贸易数据进行分析发现,中国文化艺术产品贸易在全球范围内具有较强的显性比较优势,且总体文化艺术产品、相关文化艺术产品和核心文化艺术产品贸易全部顺差;中国文化艺术产品贸易结构和地域分布不均衡。王星还在引力模型的基础上,梳理并改进了文化距离的 WBI/KSI/EDI 三种测算方法,将移民、文化距离及其交叉项作为主要解释变量,并将文化贸易显示性比较优势指数、通信技术普及水平、文化贸易壁垒指数引入拓展后的引力模型,构建了中国文化艺术产品贸易影响因素分析的理论模型。刘茜在厘清了文化贸易相关概念的基础之上,以出口市场占有率、贸易收支差额、贸易竞争指数、显示性比较优势指数等作为衡量标准，对中国与世界部分国家的出版业、电影业的国际竞争力进行比较，同时对中国的动漫产业发展模式与美国、日本、韩国进行比较分析，并以 SWOT 模型为工具，对当前中国发展对外文化贸易的内在优势、劣势、外在的机遇和威胁因素进行综合系统的分析。刘茜发现，中国处于低端的文化商品贸易具有比较优势，但文化服务贸易逆差严重，缺乏竞争力。叶凤仙建立了国际市场占有率、贸易竞争力指数、显示性比较优势指数、出口增长优势指数等四个指数的评价指标体系，分析了我国及世界上主要国家文化贸易的国际竞争力，认为我国文化贸易竞争力较弱，并进一步引入了"钻石模型"，探讨了我国文化贸易竞争力的影响因素，指出人力资源、城市居民人均收入、外商直接投资、第三产业比重对文化贸易出口额的影响较大。赵学峰选取了市场占有率指数、显示性比较优势指数、贸易竞争力指数对中韩两国文化贸易的国际竞争力进行了对比研究，认为与韩国相比，我国在文化贸易竞争力方面缺乏稳定性和比较优势。王海龙、孔令洁利用联合国贸发会议数据库数据，在分析中国文化贸易现状的基础上，运用显示性比较优势指数和贸易竞争指数，对我国文化贸易国际竞争力进行测度，认为中国文化艺术产品具有较强的国际竞争力，但在产品附加值加高、相关产业带动性强的影视媒介和新媒体项目上国际竞争力薄弱，且中国文化服务贸易的国际竞争力差，文化贸易的整体层次较低。

通过上文对既有研究文献的梳理可以发现，目前，国内对于文化贸易国际竞争力的研究主要具有以下三个特点。

第一，从研究思路上，主要从两个方面展开：一是利用贸易竞争力（TC）指数、国际市场占有率（MS）指数、显示性比较优势（RCA）指数和产业内贸易（IIT）指数等显示性指标，通过对选取数据的分析，对中国文化贸易的国际竞争力进行研究；二是在"钻石模型"等理论基础上延伸出一系列的"分析性"指标，构建新的文化贸易国际竞争力的评价体系，对中国文化贸易国际竞争力进行定性分析或定量测定。

第二，从研究对象和范围上，主要呈现出三个特点：一是，针对文化贸易的概念，将文化贸易的考察对象界定为文化艺术产品和文化服务两类，而就目前的研究状态而言，对中国文化服务贸易国际竞争力的研究落后于对文化艺术产品贸易竞争力的研究；二是，"竞争力"是一个具有相对性的概念，因此，对文化贸易国际竞争力的研究均采用了比较研究的视角，从中国与其他经济体的对比研究中得出相应的结论；三是，文化产业涵盖多种不同的行业，因此对文化贸易的考察既从整体的角度进行宏观研究，也针对不同的行业和产品进行分类别的具体研究。

第三，从数据的选择方面，目前的研究所采用的数据普遍来自三个方面：一是联合国教科文组织依据其对文化产业的界定和分类而开发建立的文化贸易数据库；二是联合国贸发会议依据其对创意产业的界定和分类所建立的创意产品和服务贸易数据库；三是我国的统计部门依据"文化及相关产业统计标准"所统计整理的进出口数据。正是由于目前国际上对文化产业分类并没有严格统一的界定，上述三类统计数据存在较大的差别，也导致了不同学者采用不同的数据信息会得到不一致甚至相反的结论。

通过梳理我们发现，代表我国文化贸易竞争力结果的显示性指标的相关研究已十分成熟，具体表现为研究思路较为确定，各项指标测算公式十分标准化，且显示性指标选取的数据基本限定在上述三个数据库内。但受各国之间文化艺术产品和服务统计口径出入和分类方法不同所致，无法进行全面的涵盖各子行业的文化贸易数据分析。因此，本文将采取第二种研究思路，即在"钻石模型"等理论基础上延伸出一系列的"分析性"指标，构建新的艺术产品对外贸易竞争力的评价体系。

三、研究方法

（一）研究内容

本文首先介绍了文化艺术对外贸易与国际传播的相关概念和理论，在国际传播能力模型和波特钻石模型的基础上，构建出评价我国艺术产品国际传播和对外贸易竞争力的框架，并通过相关报告数据及访谈资料对我国部分细分艺术产品领域的国际传播和对外贸易竞争力进行实证分析。最后，本文将为我国艺术产品国际传播和对外贸易竞争力各个构面提出相关的提升策略。

（二）研究方法

1. 理论分析与实证研究统一

理论分析是指通过文献研究梳理国内有关文化艺术国际传播和对外贸易竞争力的理论动态和方法，对竞争力的内涵进行归纳并构建各个构面的分析体系和框架。实证研究是指运用分析体系和框架对我国各细分艺术产品领域的国际传播和对外贸易竞争力进行研究并作出综合的测量和评价。

2. 定性研究与定量研究结合

定性分析可以解决艺术产品的国际传播和对外贸易竞争力的指标构建，解释竞争力与各影响因素之间的内在逻辑和作用关系；定量分析则用于比较中国与其他国家竞争力的强弱，以及各种影响因素对竞争力的作用大小。由于本文中竞争力指标体系下的各项指标在各细分行业中存在统计缺失、数据不全面、统计口径不同等问题，本文以定性研究为主，以定量研究作为完善和补充。

四、研究体系

（一）理论模型

本文将从国际传播能力模型、国家竞争优势理论、国际贸易理论、文化折扣等理论中提取影响艺术产品国际传播和对外贸易竞争力的相关因素，并转化为文化产业语境下可操作性强的分析模型。

艺术产品的对外贸易竞争力与国内的文化艺术产业实力有着密切的关联，波特的国家竞争优势理论（钻石模型）提出了国家产业竞争力的六大基本要素：生产要素、需求状况、企业战略结构和同业竞争、相关支持性产业、政府和机会。具体落实到文化艺术产业、企业战略结构方面，波特认为企业组织制度和企业发展战略从根本上影响着企业的竞争效率，是国家产业竞争优势重要的来源。因此，本文构建了组织创新力，考察了企业内部组织生态。在政府行为方面，政府是我国文化艺术产业发展的管理者，肩负着引导市场、制定行业法律法规、优化市场环境、满足公共文化需求等任务。对于处在转型期的国家而言，政府在提高文化产业竞争力中发挥的作用十分关键，因此，本文构建了政策推动力,以此研究政府运用政策手段推动我国艺术产品国际传播和对外贸易的相关能力。

在对国际贸易理论的梳理中,我们发现相比于传统的比较优势理论,偏好相似理论对于文化艺术产品贸易而言具有更强的适用性和解释力,即增强文化艺术贸易竞争力不能一味从本国固有的文化资源和文化要素出发,而应考虑输出国的文化背景,从文化艺术产品最核心的内容层面入手,尽量减少隔阂,从而降低文化折扣,扩大国际对本国文化艺术产品的需求,以提高文化贸易竞争力。因此,本文建构了内容创意力,分析我国艺术产品由内容创意驱动带来的国际竞争力。另外,降低文化折扣除了内容端的优化外,中国的艺术组织和企业也需要凭借市场营销的力量,推动我国艺术产品走出国门,提升其在跨文化语境中的市场竞争力,实现其目标的市场效益或社会效益,因此,本文还要建构艺术产品的市场营销力。

以上建构的四个艺术产品对外贸易竞争力单元结合艺术产品国际传播力单元,形成了一套我国艺术产品对外贸易与国际传播力评价体系。这套体系的5个单元不仅各自描绘着竞争力的各个构面,而且相互联系和影响。本文将以此为核心分析模型,从中延伸出相关的二三级指标,构造具体的竞争力评价指标体系。

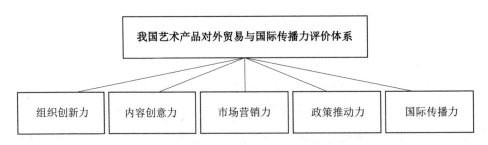

图 0-1　我国艺术产品对外贸易与国际传播力评价体系

(二)评价指标

以下为艺术产品对外贸易与国际传播力评价体系中的各级评价指标,包括5个一级指标、22个二级指标和63个三级指标。各一级指标及其下属二三级指标的构建方法和思路将在随后各章内具体阐述。

表 0-2　我国艺术产品对外贸易与国际传播力评价指标

一级指标	二级指标	三级指标
组织创新力	市场结构	市场集中度
		进入和退出壁垒
		差异化
	组织间合作	企业间合作
		产学研合作
	创新个体	创意与天赋
		内在动机
	组织结构	组织规模
		结构复杂性
		控制体系
		包容度
	战略管理	文化
		学习
		组织机构
		变化方向
内容创意力	商业属性	市场接受度
		一源多用与跨媒介改编价值
		审查与政治风险控制
		标准化创意工具
	文化属性	跨文化传播效果与文化折扣
		海外接受效果
	众创属性	用以被误读的细节
		足够的解读空间

续表

一级指标	二级指标	三级指标
市场营销力	市场需求	总体需求
		文化折扣
	国内政策	激励政策
		保护政策
	信息系统	外部信息
		企业信息获取能力
	市场力	市场细分和定位能力
		市场开发能力
	产品力	产品原创能力
		产品适应能力
	营销力	渠道能力
		促销能力
		定价能力
		客户关系能力
		营销过程管理能力
政策推动力	政策引导力	对市场开放程度促进的政策
		建立监督体系、规避市场问题的政策
		规范市场运营机制的政策
	政策实践力	对企业内容审查的限制政策
		企业扶植基金
		促进企业自由灵活发展的政策
	政策决策力	政策制定:引导艺术产品对外贸易的政策
		政策执行:简化行政审批处理程序等
		政策监督:政府对于政策制定与执行的监督

续表

一级指标	二级指标	三级指标
国际传播力	政策环境	激励政策
		保护政策
	受众环境	受众接触
		受众认知
		受众态度
		受众行为
	国际环境	综合国力
		母语使用率
		传媒权威性
	内容产制	内容生产力
		内容品质力
		内容竞争力
	传播者素质	业务能力
		外语能力
		传播技术能力
		传播艺术

五、主要创新点

在研究内容方面，在厘清艺术产品内涵的基础上，本文运用国际传播、国际贸易、国际竞争力和文化产业相关理论，对我国艺术产品的国际传播和对外贸易力（竞争力）建构出一套详细的指标评价体系。

在研究思路方面，对于艺术产品国际传播，本文从艺术行业的特点及内外部因素出发,对原有较普遍适用的"国际传播能力模型"进行优化,使之对艺术产品有更加独特的适用性。对于艺术产品对外贸易,本文运用文化产业相关理论对波特模型进行要素提取和优化,建立了一套相对微观和具体的指标体系,并着重对若干细分艺术产品领域进行实证研究,这与以往"分析性指标"研究中采用全国全行业统计口径数据的"大而全"的思路有明显区分。

第一章 "一带一路"视角下
艺术产品的发展现状

裴慧恩 赵晨霄*

第一节 电影产业

一、政策环境

（一）规范电影产业促发展

2016 年，文化产业领域第一部产业促进法律《电影产业促进法》（以下简称《促进法》）获得通过，并于 2017 年 3 月 1 日起正式实施。此法为未来电影产业持续健康繁荣发展提供了有力的法制保障，为整个电影产业的发展提供了良好的社会和法治环境。《促进法》对中国电影产业的对外贸易和传播有两点推动：其一，在平等互利的基础上，《促进法》鼓励通过互办电影节展、合作拍摄影片、选送优质国产影片参加境外的电影节或展览等方式，进一步扩大中国电影的知名度和影响力，提高电影强国的国际地位；其二，《促进法》明确规定，外交、文化、教育等部门也应充分利用各自的对外交流渠道和资源，积极推广优秀国产影片。国家同时鼓励多主体、多形式的境外推广活动，最大限度地激发和利用社会上的活跃资源，为国产电影的境外推广发挥积极作用。

（二）积极探索海外市场，坚持中外合作、互通互融

2017 年 10 月，电影资金办颁布了《关于对优秀国产影片进行奖励的通知》和《关于奖励优秀国产影片海外推广工作的通知》，前者由国家电影事业

---

* 裴慧恩，北京大学艺术学院艺术管理与文化产业方向 2018 级硕士研究生；赵晨霄，北京大学艺术学院创意制片与文化产业方向 2019 级硕士研究生。

发展专项资金管理委员会根据当年电影专项资金该项目预算额度，分档对影片国内的出品单位给予奖励，每年影片奖励金额不超过 600 万元；后者为了大力推动制片单位生产更多的优秀国产影片，投入海外市场取得良好成绩。2018 年 2 月，《关于促进两岸经济文化交流合作的若干措施》（以下简称《措施》）由国务院台办、国家发展改革委等出台发布。《措施》涵盖产业、财税、用地、金融、就业、教育、文化、医疗等多个领域，要求各个领域互相协助，加强两岸之间的文化交流。

（三）加大资金扶持力度，促进电影产业复苏

2018 年 10 月，国家税务总局出台《关于进一步规范影视行业税收秩序有关工作的通知》，提出要加强对影视行业税收秩序的整顿力度，组织各地区税务机关督促影视公司、明星工作室、高收入影视从业人员进行 2016 年以来申报纳税的自查自纠工作。2020 年 5 月，财政部、国家税务总局联合发布《关于电影等行业税费支持政策的公告》，在疫情中受到重创的电影行业迎来税费支持政策。2020 年，电影放映服务取得的收入免征增值税，免征国家电影事业发展专项资金和文化事业建设费，支持电影行业发展。同月，国务院联防联控机制印发《关于做好新冠肺炎疫情常态化防控工作的指导意见》，提到可以采取"预约、限流"等方式，开放"影剧院、游艺厅等密闭式娱乐休闲场所"。

二、产业现状

（一）总体观察

从总量上看，中国电影产业年度总票房从 2016 年到 2018 年一直保持增长趋势；2015 年全国电影总票房为 438.8 亿元，2017 年全国电影总票房为 558.8 亿元，2018 年达到 609.7 亿元。2017 年和 2018 年，城市院线观影人次分别为 16.2 亿和 17.2 亿，同票房增速放缓一样，2018 年，观影人次的增速也明显下滑。2019 年，中国电影票房收入 642.7 亿元，票房收入增长率为 5.4%。电影观影人次及放映场次均保持增长趋势，分别为 17.3 亿人次和 12736.5 万场，发展趋于稳定。

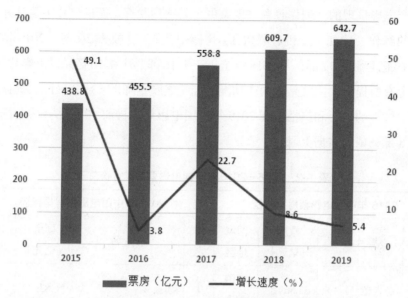

图 1-1　2015—2019 年中国电影总票房

来源：拓普数据《2019 年中国电影产业发展报告》，微信公众号"拓普数据"，2020 年 1 月 15 日，访问日期 2020 年 6 月 6 日。

表 1-1　2015—2019 年中国电影观影人次与放映场次数据

年份	人次	人次增长率	场次	场次增长率
2015	12.6 亿	51.2%	5439.2 万	36.5%
2016	13.7 亿	9.0%	7472.4 万	37.4%
2017	16.2 亿	18.2%	9457.4 万	26.6%
2018	17.2 亿	5.8%	11 094.6 万	17.3%
2019	17.3 亿	0.5%	12 736.5 万	14.8%

来源：拓普数据《2019 年中国电影产业发展报告》，微信公众号"拓普数据"，2020 年 1 月 15 日，访问日期 2020 年 6 月 6 日。

　　值得一提的是，国产电影票房每年大幅增长，进口电影票房低于预期。在 2018 年上映的 542 部影片中，国产片 430 部，进口片 112 部，分别实现票房 379 亿元人民币和 301 亿元人民币，同比增长 26% 和下滑 11%。[1] 近年来，中

①　华经情报网：《2018 年中国电影票房收入、观影人次、银幕数量及 2019 年电影行业发展趋势》，http://www.huaon.com/story/395427，访问日期：2019 年 12 月 30 日。

国国产电影呈现的"创作暖春"现象更令人感到欣喜,而进口片主要是好莱坞影片的续作,比如《复仇者联盟3》《碟中谍6》《蚁人2》等。2019年,票房过10亿元影片17部,与2018年全年产生16部票房在10亿元以上影片相比,整体上有所提升。尤其是,国产动漫《哪吒之魔童降世》成功破圈,提振了中国人对国漫的信心和热情。在2019年中国电影票房榜前10的影片中,国产片占了8部,依旧占据上风。

表1-2　2016—2019年中国电影票房排行榜前五

2016 年中国电影票房排行榜				2017 年中国电影票房排行榜			
排名	影片名	票房（亿元）	国家地区	排名	影片名	票房（亿元）	国家地区
1	美人鱼	33.86	中国香港	1	战狼2	56.83	中国
2	疯狂动物城	15.277	美国	2	速度与激情8	26.708	美国
3	魔兽	14.688	美国	3	羞羞的铁拳	22.134	中国
4	美国队长3	12.439	美国	4	前任3：再见前任	19.419	中国
5	西游记之三打白骨精	12	中国	5	功夫瑜伽	17.486	中国
2018 年中国电影票房排行榜				2019 年中国电影票房排行榜			
排名	影片名	票房（亿元）	国家地区	排名	影片名	票房（亿元）	国家地区
1	红海行动	36.508	中国	1	哪吒之魔童降世	50	中国
2	唐人街探案2	33.977	中国	2	流浪地球	46.81	中国
3	我不是药神	31	中国	3	复仇者联盟4：终局之战	42.5	美国
4	西虹市首富	25.476	中国	4	我和我的祖国	31.2	中国
5	复仇者联盟3：无限战争	23.905	美国	5	中国机长	29	中国

来源:科技犬《中国历年(1995—2019)电影票房TOP10》,2020年3月6日,访问日期2020年6月6日。

（二）制片：电影数量剧增，类型多元化

根据《电影管理条例》，电影行业制片领域涉及的监管准入措施主要包括电影制片制作资格准入许可、电影摄制行政许可、电影内容审查许可三大方面。因此，国内制片方的竞争十分激烈，每年生产的电影数量持续增长。根据统计数据，2014 年，中国电影产量为 758 部，到 2018 年电影产量已经突破千部，增加至 1082 部。2018 年，以中国主出品电影总票房为标准，英皇电影的票房为 63.53 亿元人民币，而国外顶级制片方漫威娱乐为 61.82 亿元人民币、猫眼文化为 60.34 亿元。制片机构呈现多方并举，形成合力的布局。在电影类型多元化的背景下，2018 年，国有制片单位为了庆祝改革开放四十周年，创作了很多优秀的献礼片，比如商业电影、动画电影、艺术电影等。比如，中国电影股份有限公司出品了《中国合伙人 2》等 10 部影片，其中纪录电影《厉害了，我的国》收获了 4.8 亿元的票房，刷新了纪录片的市场纪录。[1] 主旋律电影的影响持续到 2019 年，2019 年票房前 10 位中占第 4 和第 5 的影片分别为《我和我的祖国》《中国机长》，票房分别为 31.2 亿元人民币和 29 亿元人民币。[2] 同年，中国电影票房破亿影片 88 部，相比 2018 年电影票房破亿影片 86 部有所增长。其中，国产票房破亿影片有 47 部。

（三）发行："互联网 +"重构电影中游产业链

近年来，电影发行布局发生了大变化。收放式发行模式、驻地发行模式及品牌发行模式难以预测发行效果，甚至容易造成人力、财力、物力等资源的浪费，由此产生了第四种电影发行模式，即互联网发行模式。[3] 互联网颠覆传统电影的产品与营销规则，重塑了电影产业制作、发行、营销、放映、衍生开发各个环节。在电影发行方日益多元化的情况下，互联网公司主要以三种方式渗透电影发行：一是视频网站影业化，如乐视成立乐视影业、乐视网，充分利用所拥有的用户资源进行整合，直接为乐视网提供优质电影作品的版权；二

---

[1] 腾讯网：《2018 年中国电影产业发展分析报告》，https://new.qq.com/omn/20190305/20190305B0Y6QL.html，访问日期：2019 年 12 月 30 日。

[2] 拓普数据：《2019 年中国电影产业发展报告》，微信公众号："拓普数据"，发文日期：2020 年 1 月 15 日，访问日期：2020 年 6 月 6 日。

[3] 中国报告网：《2017 年中国电影发行行业发展方向及发行模式创新分析》，http://market.chinabaogao.com/chuanmei/0123113202018.html，访问日期：2019 年 12 月 30 日。

是在线售票公司以发行方的身份进行并购或联合宣传，如 2015 年淘宝电影作为《小时代 4》的独家互联网发行方，开启了由平台战略迈入生态战略的互联网发行 2.0 模式；[①] 三是以 BAT 为首的互联网公司以入股传统发行公司或自建发行公司的形式进驻电影发行行业，已分别成立腾讯影业、百度影业、阿里影业。合一影业、爱奇艺影业、企鹅影业、乐视影业等作为视频龙头，也已经全面介入制片环节，设立了影业公司。

疫情时期，虽然不少影视公司倒闭或停止拍摄，但是由上海仙宁广告有限公司、上海星格文化传媒有限公司、上海聚影文化传播有限公司、上海沐沐乐文化传媒有限公司联合出品的国内首部疫情题材悬疑电影《十四天》上映。传统院线停滞，网络电影盛况空前，从 2020 年 1 月至 4 月全网上线的网络电影票房来看，分账破千万的电影达 26 部，其中古装武侠奇幻电影占大多数，比如《奇门遁甲》《封神榜·妖灭》《九指神丐》《大天蓬》等，《奇门遁甲》更是创造了 5300 万元人民币的网络电影票房纪录。[②]

（四）院线和放映：技术升级与体验场景的营造

在市场份额方面，2018 年大院线份额提升，小院线份额下降，市场集中度缓慢增加。十强院线（万达院线、大地院线、上海联合院线、中影南方新干线、中影数字院线、中影星美、广州金逸珠江、横店院线、华夏院线、江苏幸福蓝海院线）合计份额达 68.7%，同比增长 1.1 个百分点。大地院线的市场份额增长最快，同比增幅高达 15.2%，是 50 亿院线中唯一份额增幅超过 10% 的院线。2018 年，平均票价小幅回升，万达、新影联和华夏新华大地票价均超过 36 元。万达均价依然最高，达到 38.4 元，比 2017 年上升了 0.6 元，也超过了 2016 年的票价。华夏新华大地的均价同比提升了 1.1 元，但比 2016 年低 2.1 元。2018 年电影银幕数量增速为 18%，高于含服务费的终端票房收入增速 9.1%，更远高于不含服务费的影院端票房收入增速 7.9%。

随着观看者的文化体验需求越来越高，3D 银幕和巨幕（IMAX）数量呈

---

① 艺恩网：《〈小时代 4〉案例：淘宝电影开启互联网发行 2.0 模式》，http://www.entgroup. cn/Views/25695.shtml，访问日期：2019 年 12 月 30 日。

② 影视风向标 18：《网络电影疫情下火爆，应向〈白夜追凶〉等网剧学习，走精品化道路》，百家好，发文日期：2020 年 6 月 14 日，访问日期：2020 年 6 月 15 日。

现井喷式增长。2018 年，IMAX China 斩获破纪录的 3.37 亿美元票房，较 2017 年增长 16%。优异的票房表现使得期内毛利率上涨 2.8%，经调整，利润率上涨 1.4%。IMAX 影院网络在大中华区已拥有 639 套系统，其中 624 套安装于商业影城，有 11 套为 IMAX 激光系统。目前，在这些正在运营的影院网络中，410 家影院为收入分成模式，229 家影院为销售模式和销售型租赁模式。[①] 2019 年，全年票房达到了 641.48 亿元，票房前 10 名里有 8 部都是国产影片，其中《流浪地球》《疯狂的外星人》《飞驰人生》这 3 部影片，都属于春节档。大年初一当天，全国院线的票房收入超过了 10 亿元，创造了中国电影史的纪录。但受疫情影响，截至 2020 年 6 月中旬，票房只有 22.43 亿元，与同期 1 月到 5 月的数据进行比对，2018 年是 285 亿元，2019 年是 271 亿元。[②]

三、国际贸易与对外传播

（一）国产片占主导，引进片多元化

进口片数量票房双增长。以美国影片为主的进口影片以精美的制作和优质的 IP 颇受消费者的青睐。2017 年，进口片数量比例和票房占比实现增长。以《摔跤吧！爸爸》《天才枪手》为代表的非好莱坞小众电影也受到中国消费者的青睐。《摔跤吧！爸爸》（印度）票房 12.92 亿元，《天才枪手》（泰国）票房 2.71 亿元。[③] 在 2017 年《摔跤吧！爸爸》刷新批片[④]票房纪录后，2018 年，批片的上映数量呈现出井喷趋势，共有 82 部批片上映，是 2017 年上映批片数量的 1.3 倍。然而，2018 年的批片总票房不仅没有增加，反而同比减少了 21.4 亿元。分账片上映数量和 2017 年持平，但总票房同比减少了 8.4 亿元。近三

---

① 网易号：《IMAX China 2018 年票房破纪录，达 3.37 亿美元 》，http://dy.163.com/v2/article/detail/E91HTNHN05345ARP.html，访问日期：2019 年 12 月 30 日。

② 环球网：《7 月或有大片上映！电影院关闭 100 多天：屏幕很寂寞》，百好家，发文日期：2020 年 6 月 1 日，访问日期：2020 年 6 月 15 日。

③ 中国产业信息：《2017 年中国国产片质量、进口片政策、制片业集中化及在线售票集中度分析》，http://www.chyxx.com/industry/201801/599656.html，访问日期：2019 年 12 月 30 日。

④ 批片：一般指进口买断片。

年来，这是第一次出现引进片票房不增反减的局面，降幅达到10.6%。[①]2018年1月到10月，国内电影市场实现票房（剔除票务服务费后）490.49亿元，同比增长9.2%。同期，国产片的票房达到331亿元，同比增长37.2%，进口片票房仅为159.5亿元，同比下降23.2%。《红海行动》《唐人街探案2》《我不是药神》等国产片在口碑与票房方面取得了双丰收。

2016年被称为批片元年，55部批片获得了44.47亿元票房，贡献了当年进口片总票房的近1/4。其中，美国电影《荒野猎人》《惊天魔盗团2》《血战钢锯岭》分别获得了3.76亿元、6.37亿元和4.25亿元的票房；日本的动画电影《你的名字》突出重围，斩获高达5.75亿元的票房。2016年开始，来自其他国家和民族的进口影片受到了国内观众的认可和喜爱，涌现出了一大批优秀进口影片。批片市场开始走向火热，更多民营公司看到了批片市场的价值，纷纷出国将批片引进国内。2017年，批片市场持续火热，64部批片拿下了51.43亿元的票房，美国电影《生化危机：终章》进入10亿元票房的范围。另外，西班牙的《看不见的客人》和泰国的《天才枪手》也展现了较能打的实力。2017年，来自印度、美国、日本的批片成了中国批片市场的主力军，其他国家的小成本电影以新颖的题材丰富了中国文化市场。

（二）围绕"一带一路"主题，开展多彩活动

从2013年起，国家新闻出版广电总局提出了"丝绸之路影视桥工程"及"丝路书香出版工程"。在2019年第六届丝绸之路国际电影节中，共有55个国家携作品而来。每一年的活动内容越来越丰富，形式更加多样。电影节设置丝路电影产业联盟、海丝国家青年电影人训练营、丝路电影看片会、电影产业项目创投会等一系列活动，以"一带一路"沿线国家和地区的电影产业链开发、电影人才培养、影片交易、电影创作扶持等为目标，吸引了25个国家和地区的260多个电影专业机构参与。[②]

2018年，在由国家电影局指导，中央广播电视总台和上海市人民政府共

---

① 腾讯网：《2018年中国电影产业报告——中国电影的成年礼》，https://new.qq.com/cmsn/20190117/20190117008052.html，访问日期：2019年12月30日。

② 人民网：《丝绸之路国际电影节闭幕 推动"一带一路"电影文化交流走深走实》，百好家，发文日期：2019年10月21日，访问日期：2020年6月6日。

同主办的第 21 届上海国际电影节上,"一带一路"电影节联盟宣布成立,并首次设立"一带一路"电影周。电影周吸引了 49 个"一带一路"沿线国家和地区的相关电影人携 1369 部影片报名参赛参展。"一带一路"电影节联盟以影人互访为核心,促进电影人相互了解,推动电影合作项目,打造电影节的未来发展体系。联盟成员从 29 个国家、31 个机构发展至 2020 年 5 月,已有 43 个国家、49 个机构参与,包括阿尔巴尼亚、奥地利、孟加拉国、白俄罗斯、巴西、保加利亚、加拿大等国家。[①]2019 年 8 月,全球首部以"一带一路"为主题的电影《共同命运》首映会在北京举行。该电影讲述了来自不同的国家,说着不同的语言的人,却因追逐梦想而与地球另一端的人联系在一起的故事,聚焦在对梦想的共同追寻和共同的命运。影片制作跨越亚洲、非洲、欧洲、南美洲,以"一带一路"沿线国家和地区人物为背景,不仅记录了他们的工作、生活和梦想,更让观众了解了"一带一路"带给世界的改变。[②]

为贯彻落实"一带一路"倡议,促进丝路沿线各国文化交流与合作,国家新闻出版广电总局于 2014 年创办了以海陆丝绸之路沿线国家为主体的"丝绸之路国际电影节"。现在,已有多部优质"一带一路"沿线国家和地区的电影进入中国市场。比如,黎巴嫩电影《何以为家》、印度电影《调音师》分别在中国市场收获 2 亿元和 3 亿元人民币的票房,豆瓣评分为 9.1 和 8.3,属于口碑较好的影视作品。在 2019 年"一带一路"电影周上,放映了来自 24 个国家的 24 部优秀影片。其中,《水晶天鹅》《第一次的离别》《斯堪的纳维亚的沉默》《创世纪》《印度制造》《比莱》《早安》《头顶的太阳永不落》等 8 部影片入围此次的"媒体关注影片""媒体关注电影人"和"最受观众喜爱影片"评选,引起全球的关注。[③]

① 央广天下财经:《第 21 届上海国际电影节大幕拉开,"一带一路"电影节联盟宣布成立》,搜狐网,https://www.sohu.com/a/236245591_142473?_f=index_pagerecom_9,访问日期:2020 年 6 月 6 日。

② 中国青年网:《全球首部"一带一路"电影〈共同命运〉在京首映》,环球网,https://ent.huanqiu.com/article/9CaKrnKmoKm,访问日期:2020 年 6 月 5 日。

③ 界面上海:《上影节"一带一路"电影节联盟再添 7 个新成员,4 部合拍片获扶持》,https://www.jiemian.com/article/3221313_qq.html,访问日期:2020 年 6 月 6 日。

（三）合拍片进程加速，中资与好莱坞深度合作

合拍片模式被认为是最普遍的文化交流方式。所谓合拍片有可能不代表中国电影的核心部分，但是就其作为"国产电影"所占据的中国电影市场票房的份额看，却是当前国产电影的主要部分，承载着中国的精神和文化，作为中国当代主流大众文化的载体具有重要的表征意义。自 2014 年 8 月 10 日起施行的《中外合作摄制电影片管理规定》，其中第五条规定了三种合拍片模式：第一，联合摄制，即由中外双方共同投资、共同摄制、共同分享利益及共同承担风险的摄制形式；第二，协作摄制，即外方出资，在中国境内拍摄，中方有偿提供设备、器材、场地、劳务等予以协助的摄制形式；第三，委托摄制，即外方委托中方在中国境内代为摄制的摄制形式。

按照国家来看，美国模式和法国模式具有代表性。美国模式是将中国元素作为包装，在电影中作标签化处理，并多为商业化的大成本制作。例如，2017 年的《英伦对决》、2018 年的《环太平洋 2：雷霆再起》。中美合拍的简略历史如下：2000 年前，中国主要按照"协拍"模式进行制作电影；2001—2010 年，中美合拍以民营公司为主导，双方从资本、人力、物资上叠加；2010 年之后，中美合拍时，双方从创意与剧本阶段便开始介入，共同参与整个制作过程。[1] 法国模式比较注重文化特色，中法第一次电影合作始于 1958 年的《风筝》，到现在为止，一直致力于探索影片的艺术性。早在 2012 年，中法就曾合作拍摄了《我 11》，该影片讲述的是中国故事，在中国取景并完成前期拍摄，在法国完成剪辑、配乐、调色等后期工作，将资金消化在法国，完成电影产业循环。2016 年的《勇士之门》和 2018 年的《寻找罗麦》也充分表达了中国和法国的文艺性。近年来，中国电影又增添了许多合作伙伴，中国已与巴西、俄罗斯、印度、南非等多个国家签署了政府间的电影合拍协议。

2017 年，由北京最幕影业有限公司发起的"'一带一路'电影共享计划"正式启动，来自全国各地的 30 余家文化公司一起签署了战略合作协议，并表示将共同推动中外电影多元合作。一部中意两国合拍的佳作《情丝万缕》也属于该项目的一部分，充分展现了中意两国互融互通的民族文化，将包括少数民

---

① 搜狐：《中外合拍片发展史》，http://m.sohu.com/a/228701901_555689，访问日期：2019 年 12 月 30 日。

族的服饰、美食、音乐及非物质文化遗产等在内的大量传统文化元素进行了巧妙结合。①

2019 年,"一带一路"电影节联盟对制作 4 部合拍片表示支持并提供协助,这 4 部影片分别是:中国与巴基斯坦合拍的《囚徒》、中国与多米尼加合拍的《爱你,星期天》、中国与澳大利亚合拍的《葡萄之王》、中国与希腊合拍的《一日有朝》。其中,《一日有朝》由上海游澜影视、上海影新影视与希腊的 Filmiki Production 联合出品,将在中国、希腊、奥地利等国家发行。②2019 年,第 16 届米什科尔茨国际电影节在匈牙利举行,由上海国际电影节推选的《白云·苍狗》《拂乡心》《第一次的离别》三部中国影片参加展映。继 2018 年之后,上海国际电影节正式开始"一带一路"电影巡展。③2020 年,第 8 届爱尔兰丝绸之路国际电影节在都柏林开幕,由上海国际电影节选送的《穿越时空的呼唤》《搭秋千的人》两部华语影片,入围本届电影节的剧情长片竞赛单元。

表 1-3 国际电影节华语电影出品目录

年度	国际电影节	出品华语电影
2017	以色列中国电影节	《我们诞生在中国》《大圣归来》《唐山大地震》等
2018	加拿大温哥华国际电影节	《斗法五湖镇》《李保国》《用心飞翔》等
2019	第 16 届米什科尔茨国际电影节	《白云·苍狗》《拂乡心》《第一次的离别》等
2019	第 26 届明斯克国际电影节	《地久天长》《武林孤儿》《南方车站的聚会》等

来源:第二十三届上海国际电影节"三部中国影片亮相匈牙利米什科尔茨电影节附'一带一路'电影巡展再出发",http://www.siff.com/a/2019-09-20/3719.html,访问日期 2020 年 6 月 7 日。根据上文,作者进行整理。

---

① 娱乐新看点:《"'一带一路'电影共享计划"成效初显》,ZAKER 网,http://www.myzaker.com/article/5ea110afb15ec0478c11fc71,访问日期:2020 年 6 月 6 日。

② 《"一带一路"电影交流丨中希合拍电影〈一日有朝〉上海开机》,微信公众号:"上海国际电影节",发文日期:2019 年 9 月 17 日,访问日期:2020 年 6 月 5 日。

③ 文汇报:《"一带一路"电影巡展再出发,三部中国影片亮相匈牙利米什科尔茨电影节》,新浪网,https://k.sina.com.cn/article_1914880192_7222c0c002000n0cq.html?from=ent&subch=oent,访问日期:2020 年 6 月 10 日。

第二节　电视产业

一、政策环境

（一）全面治理影视行业生态环境

2017 年，视听行业政策呈现出四大特点：第一，非娱乐类扶持内容增强时段，娱乐类规范市场培育精品；第二，老牌平台抓导向，难点领域设规矩；第三，引导、管理、服务三位一体；第四，线上线下统一标准。具体来看，6月，中国网络视听节目服务协会发布了《网络视听节目内容审核通则》；同月，国家新闻出版广电总局印发《关于进一步加强网络视听节目创作播出管理的通知》，对日益增长的网络节目作出了明确的规范。2018 年，国家广播电视总局政策法规司会同有关司局研究起草了《境外视听节目引进、传播管理规定（征求意见稿）》。本规定提出境外电影、电视剧、动画片、纪录片和其他境外电视节目不得超过当天该类别节目总播出时间的 30% 等。

（二）坚持创新导向，用影视剧打造国家品牌

2016 年 6 月，国家新闻出版广电总局发布了《关于大力推动广播电视节目自主创新工作的通知》，针对加强自主创新、引进模式管理等方面作了进一步明确。该通知强调与境外机构联合研发、邀请境外人员担任主创人员或境外人员在节目制作中发挥主要作用的节目，如果中方尚未取得完全知识产权，视同引进境外版权模式节目。与此同时，只有具有中华文化基因和中国特色、中国风格、中国气派的自主创新节目，才能更好地承载中国梦。2017 年 9 月，国家新闻出版广电总局、国家发展改革委、财政部、商务部、人力资源和社会保障部等五部委联合发布了《关于支持电视剧繁荣发展若干政策的通知》。该通知强调实施精品战略，对优秀电视剧剧本大力扶持，对重要题材给予肯定，以打造中国品牌，推动优秀电视剧走出去。国家新闻出版广电总局发布的《新闻出版广播影视"十三五"发展规划》指出，传播中国声音、提升中国形象、产品服务走出去的成效和作用需要更加凸显。

（三）中外影视合作加速，合拍片助力走出去

2018年6月，国家广播电视总局在《关于实施"记录新时代"纪录片创作传播工程的通知》中，鼓励扶持讲好中国故事的中外合拍纪录片，与境外主流纪录片制作播出机构合拍的纪录片也将视同国产纪录片给予相应政策扶持，并支持优秀国产纪录片和制作机构参加境外高水平的影视节（展）。9月，国家广播电视总局颁布了两篇征求意见稿，即《境外人员参加广播电视节目制作管理规定（征求意见稿）》和《境外视听节目引进、传播管理规定（征求意见稿）》。前者指出，广播电视节目制作机构应该对拟聘用的境外人员进行严格审查，后者对境外视听节目的类型和播出时间进行了一定的限制。

2019年，政策导向聚焦在加强创作生产，引导"坚持小成本、大情怀、正能量"。国家广播电视总局发布了《关于推动广播电视和网络视听产业高质量发展的意见》的通知及《关于"壮丽七十年荧屏庆华诞"——"视听中国全球播映"活动主推片目的通知》，要求完善优秀选题项目储备库，加大专项资金扶持力度。其中，宣传推介等多种措施推动各类节目创新创优，切实加强创作生产引导。2020年3月，国家广播电视总局电视剧司推动"一带一路"主题电视剧选题策划工作。在会议上，"一带一路"主题大型纪录片《海上丝绸之路》制片人讲解了"一带一路"重大战略的基本内涵、海外项目的基本情况，分享了创作经验体会，提出了选题建议。①

二、产业现状

（一）总体观察

2016年，广电行业发展趋于稳定，内容管理层面强调管理和审批。在内容上，重要的网剧和网综IP成为各个机构孵化和交易的中心。"互联网+"概念得到高度关注，深度融合，深度改变行业内在结构，激发行业新发展。②在

---

① 电视剧司：《广电总局电视剧司推动"一带一路"主题电视剧选题策划工作》，国家广播电视总局网，http://www.nrta.gov.cn/art/2020/3/23/art_114_50501.html，访问日期：2020年6月11日。

② 文化产业评论：《2016年中国广电行业发展报告》，微信公众号："文化产业评论"，发文日期：2017年6月21日，访问日期：2019年12月29日。

线视频、电视台、互联网视频等不同终端不断联动发展，在内容传播渠道、人才流动、制作模式层面上，形成具有战略高度的整体规划。随着新媒体的涌入，电视台需要抓住自身优势，多场景开发，全面革新，引入资本，助力转型。从生产情况来看，2017 年，全国通过备案公示的剧目共 1180 部、46685 集，比 2016 年（1208 部、47802 集）小幅下降 2.73% 和 2.34%。2018 年，电视剧备案总部数及总集数延续了上一年的下降趋势。据国家广播电视总局统计，2018 年全年获得备案许可的电视剧总计 1163 部，总集数达 45731 集，较 2017 年总部数下降 0.5%，总集数下降 1.6%。[①]2017 年和 2018 年，制作完成并获得发行许可证的电视剧同样呈现下滑趋势，分别为 314 部和 323 部。到 2019 年，无论是电视剧的生产数量还是总集数，都呈现减少趋势，这就证明影视剧产业已经进入了全面治理阶段。

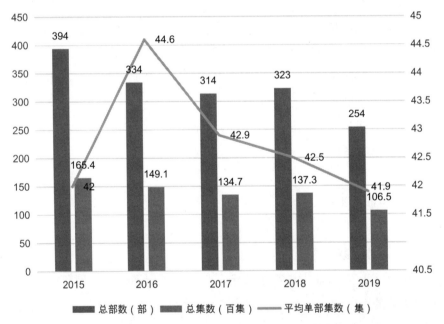

图 1-2　2015—2019 年生产完成并获得发行许可的电视剧总量

来源：首都影视发展智库《中国电视 / 网络剧产业报告 2020》，微信公众号"第一制片人"，2020 年 5 月 7 日，访问日期 2020 年 6 月 8 日。

---

① 前瞻经济学人：《2018 年电视剧行业市场现状与发展趋势分析》，https://www.qianzhan.com/analyst/detail/220/190521-b61e69e8.html，访问日期：2019 年 12 月 30 日。

（二）电视剧：网络电视剧的到来，台网关系演变

从播出情况来看，2017 年，全国播出上星剧[①]数量达 123 部，2018 年稍微下降，仅为 113 部。2017 年和 2018 年全国播出网络剧数量分别为 211 部和 260 部，网络剧播出数量是上星剧的两倍多。[②]2017 年，电视剧爆款层出不穷，《楚乔传》的播放量达到了 459.9 亿次，其次是《三生三世十里桃花》（456.5 亿次）、《人民的名义》（319.7 亿次）。[③]其中，《人民的名义》单集最高收视破 7。从此，电视剧领域现实主义题材逐渐复兴，因为《人民的名义》等反映现实生活的作品引发全民反思，极易快速完成口碑发酵。2018 年，IP 改编更趋理性，现实题材迎来繁荣，电视剧向网而行。在 2019 年招商会上，五大卫视公布的片单中，现实题材有 21 部，古装剧仅有 4 部。三大互联网平台也纷纷推出爱奇艺"忆英雄"剧场、腾讯"献礼剧场"、优酷"改革开放 40 周年"专题。2018 年，卫视收视冠军《恋爱先生》，创下了 52 城收视 1.56% 的成绩，但与 2017 年《人民的名义》的收视成绩相比，还有一定的差距。

在网络电视剧方面，2017 年全网新上线网剧数量 310 余部，与 2016 年的 349 部相比有所减少；全网累计前台点击量 1600 亿次左右，与 2016 年相比增长了 600 多亿次。《热血长安》以播放量 106.2 亿次的成绩拿下了 2017 年网剧播放量的冠军。《九州·海上牧云记》和《将军在上》分别改编自同名小说，充分发挥了 IP 的力量。2018 年，网剧市场稳中有变，全年上线 252 部自制剧，比起 2017 年的 295 部有所下降。值得关注的是，原创网络剧集有明显增幅，在爱奇艺、腾讯、优酷三大视频网站占比均超过 50%。总体来说，网络视频向精品化、头部集中的趋势发展，流量向头部、腰部集中，粗制滥造的作品生存空间将进一步缩小。2018 年，《延禧攻略》《如懿传》等电视剧均在网络平台率先公开，两个月后才登陆浙江、江苏等一线卫视。从"先台后网"到"台

---

① 上星剧：指在星级卫视播出的电视剧。

② 前瞻产业研究院：《2018 年中国电视剧行业市场现状及发展趋势分析 网台联动更加频繁开启双赢模式》，https://bg.qianzhan.com/report/detail/459/190605-bda73920.html，访问日期：2019 年 12 月 30 日。

③ 搜狐：《2017 年影视剧行业研究报告》，http://www.sohu.com/a/257549714_800248，访问日期：2019 年 12 月 30 日。

网联动"再到"先网后台", 视频网站的话语权再次得到加固。[①] 网剧与台播剧呈现两权分立局势, 两者的差异化日益明显, 网播剧最大限度满足了小众的需求, 展示多元创造思路的可能性。受疫情影响, 比较明显的趋势是网络文学IP改编网络剧已成为在线长视频的成熟模式。2020 年前 4 个月, 60% 的头部剧集改编自文学 IP。在该模式下, 不同的剧集, 甚至电影、剧集、动漫、互动剧共享一个 IP 宇宙世界观, 人物互通, 形成联动, 例如《三生三世枕上书》《庆余年》《爱情公寓 5》等。[②]

（三）综艺节目: 题材样式拓展深入挖掘内涵, 传播渠道多样

2018 年, 电视综艺在求稳中探索, 一线卫视综艺数量维持过百档, 豆瓣评分 9 分以上共有 4 档, 8 分以上共有 18 档, 与 2017 年基本持平。CSM 媒介研究数据显示, 2018 年上半年, 全国平均每人每天收看电视 132 分钟, 比 2017 年上半年减少了 12 分钟, 下降幅度为 8.33%, 是 5 年来下降幅度最大的一年。[③]移动互联网的发展正对收视行为进一步分流, 同时也加剧了平台之间的竞争。

对于网综行业而言, 2018 年是"大片时代"真正到来的一年。2018 年共上线网络综艺节目 385 档, 其中重点节目 214 档, 较 2017 年呈快速增长的态势。这一年的主要特征是多版本和衍生节目的出现。2018 年共上线多版本节目 48 档, 衍生节目 44 档。网络综艺节目类型分布广泛, 涵盖真人秀类、谈话讨论类等 12 种类型, 内容丰富。其中真人秀类最多, 共 116 档。谈话讨论类排第二, 共 58 档。其他如竞秀养成类、互动娱乐类、娱乐报道类节目数量也较多。这些节目将原节目的素材、资源充分利用, 一方面满足不同观众群体的需求, 另一方面也充分发挥了节目的影响力。头部网综在流量和话题性上保持着较强的优势, 其中, 爱奇艺的《热血街舞团》收官总播放量破 18 亿次, 爱奇艺的《偶像练习生》收官总播放量高达 29 亿次, 腾讯视频的《创造 101》总播放量高达 50.1 亿次等。从传播平台来看, 独播节目数量达到 339 档, 占

① 腾讯娱乐:《2018 年中国电视剧产业报告》, https://ent.qq.com/a/20190117/008062.htm, 访问日期: 2019 年 12 月 30 日。

② 艾瑞咨询:《2020 年中国疫情时期网络长视频回顾与内容价值研究报告》, 搜狐网, https://www.sohu.com/a/398412523_445326, 访问日期: 2020 年 6 月 15 日。

③ 腾讯网:《2018 综艺行业调研报告: 电视综艺篇》, https://new.qq.com/omn/20181217/20181217A0D6RF.html/pc, 访问日期: 2019 年 12 月 30 日。

比 88%。爱奇艺、腾讯网分别以 116 档和 106 档处于第一梯队,优酷网、芒果 TV 分别以 66 档和 40 档紧随其后。正因很多节目的衍生节目增多,4 家平台独播节目数量较 2017 年几乎翻倍。目前,在网综节目制作过程中,除了视频网站独立制作出品之外,视频网站与制作机构的合作模式可以分为五大类:第一,联合投资,如优酷网与银河酷娱联合投资的《火星情报局》系列;第二,委托制作,如优酷网《这!就是街舞》系列;第三,包括平台、人力资源等资源投入,如天猫品牌推广的系列作品《真相吧!花花万物》《举杯呵呵喝》等;第四,平台分账,网展开放平台,制作方通过与网站分账获得利益;第五,版权采购,根据境外节目进行本土化改造。2018 年,引进境外节目数量共计 16 档,仅占全部节目的 4%。

2020 年,受疫情影响,大量综艺节目录制因"无法聚集"而全面停滞,这对于储备量通常只有两三期的综艺节目来说无疑是个巨大的打击。其中,以 3 月为例,《云端喜剧王》在直播综艺中日活规模 544 万户,位居榜首。在点播端,《王牌对王牌第 5 季》登顶。[①] 在这种情况下,"云观众"的模式使各大卫视综艺得以复工。浙江卫视的《王牌对王牌》《天赐的声音》、湖南卫视的《快乐大本营》、江苏卫视的《一站到底》《非诚勿扰》《新相亲大会》等都采取该模式。关于综艺节目拍摄地,户外综艺的场地开放,较之棚内综艺的把控难度更高,人员的不确定性导致风险更大。《极限挑战》《奔跑吧,兄弟》等这种追求自然真实的节目,风险控制的难度更是极大。

三、对外贸易与国际传播

(一)出海:国内优秀影视作品获得好评

从 2013 年至 2016 年,中国电视剧海外输出能力持续攀升,分别为 234 部、296 部、381 部和 219 部。电视剧出口交易金额、单部、单集均价也同样保持上涨态势。交易份额从 2013 年的 0.9 亿元上升到 2016 年的 2.9732 亿元。每集均价从 2013 年的 0.83 万元上涨到 2015 年的 2.37 万元。虽然 2016 年呈现小幅

---

① 腾讯网:《后疫情时代,综艺节目这样复工》,腾讯网,https://new.qq.com/omn/2020 0328/20200328A0OE4W00.html,访问日期:2020 年 6 月 13 日。

回落，但充分展现出国产电视剧在海外市场的吸引力和竞争力。亚洲其他国家和地区仍然是中国电视剧出口的核心市场。2013 年至 2016 年，中国每年出口亚洲的电视剧数量分别为 177 部、211 部、283 部和 341 部，均占该年出口电视剧总量的一半以上。同一时期，出口欧美地区的电视剧数量仅为 50 部、77 部、68 部和 64 部，与亚洲市场相比，发展空间仍然广阔。

2018 年，优质国产剧不仅在国内繁荣发展，也在向国际市场迈步。从视频平台海外热度统计来看，爱奇艺的《延禧攻略》是最具代表性的案例。《延禧攻略》发行至 90 多个国家，在谷歌登上过剧集热搜第一，甚至打破了 YouTube 华语剧集最高观看纪录。《芸汐传》被译为西班牙语、阿拉伯语、英语、越南语和韩语等 5 国字幕，进行热播。《悍城》发行到新加坡、马来西亚、文莱等国家。因为它的故事背景与东南亚紧密联系，拍摄地点也多在马来西亚取景。腾讯出品的《如懿传》也引起了热烈反响，传播到中国香港、中国澳门、东南亚、美国、加拿大、澳大利亚等 18 个国家和地区。《惹上冷殿下》的版权被网飞（Netflix）收购，翻译成多种语言，在近百个地区播放。优酷的《北京女子图鉴》和《镇魂》也分别在马来西亚地区 Astro 旗下的中文频道播出，并在韩国和俄罗斯颇受欢迎。美国影视字幕网站 Viki 采取字幕组的工作方式，由擅长中英文的网友分发翻译任务，制作英文字幕之后，将视频上传至网站供网友下载。"中国电视剧"的分类位居亚洲电视剧的四大分类之一，截至 2017 年底，涉及剧目多达 620 部。搜索排行位于前列的剧集包括《琅琊榜》《盗墓笔记》《伪装者》《秦时明月》。①

（二）实施丝绸之路影视桥工程，积极展开影像活动

2018 年，中国影视作品继续"走出去"，成为中国文化海外传播的一大亮点。"影像中国"播映活动由国家广播电视总局策划推出，在葡萄牙、菲律宾、巴拿马举办，在三国主流电视台播出了一批高品质的中国影视作品，收视效果良好，有效推动了中外影视深度交流合作，提升了中国影视在合作国家的传播力与影响力。9 月，国家广播电视总局、中国驻葡萄牙使馆和葡萄牙独立电视台在葡萄牙里斯本联合举办了"影像中国"播映活动启动仪式和都市商业剧

---

① 中国青年报：《〈白夜追凶〉火到国外啦，外国人看的国产剧可能比你还多！》，http://www.haijiangzx.com/2017/1203/1947305.shtml，访问日期：2019 年 12 月 30 日。

《鸡毛飞上天》播出仪式。这次"影像中国"全球播映活动成为中国影视走出去的重要里程碑。11月和12月,菲律宾和巴拿马分别举行"影像中国"活动。在菲律宾,英语译配版电视剧《青年医生》、动画片《粉墨宝贝》、纪录片《中国珍稀物种》等亮相主流电视平台。在巴拿马,国家电视台播出了中国电视剧《温州一家人》西班牙语译配版。此外,动画片《星星梦》、电影《西藏天空》《北京爱情故事》《滚蛋吧!肿瘤君》和电视剧《推拿》《儿女情更长》等一大批优秀中国影视作品陆续登陆黄金时段。"影像中国"播映活动推动了中国影视作品在合作国家主流电视平台播出,向世界展示了中国的优秀影视作品。

在《推动共建丝绸之路经济带和21世纪海上丝绸之路的愿景与行动》等相关政策的扶持下,"一带一路"题材纪录片不断涌现。例如,经国务院新闻办公室批准立项,由五洲传播中心、国家地理频道、新加坡IFA制作公司联合摄制的顶级大型电视纪录片《对望——丝路新旅程》不仅在中国和新加坡两地播映,还在捷克巴兰多夫电视台播映,体现出捷克作为中国在中东欧地区的第二大贸易伙伴的作用。[①]此外,《我的青春在丝路》通过"芒果TV国际版"App致力于优质华语视频内容的全球传播。节目从涉及"一带一路"倡议的60多个国家中挑选出10位在巴西、阿联酋、东帝汶、津巴布韦、马达加斯加、毛里塔尼亚、乌干达、印度尼西亚、阿富汗、尼日利亚等"一带一路"沿线国家进行建设的中国年轻人,讲述他们在"丝路"上的奋斗和生活的故事。

2019年是中国和"一带一路"沿线国家和地区进行深入文化交流合作的机遇之年,大家共同举办了中国—东盟媒体交流年、中国文化周、首届中国—东盟电视周等活动。其中,《红楼梦》《西游记》《三国演义》《你是我的眼》等电视剧在多种活动中纷纷向缅甸观众公开。"一带一路"沿线国家缅甸与中国保持着格外紧密的关系,合作越来越深化。2016年,中国国际广播电台在缅甸成立中缅影视译制基地;2017年,广西广播电视台和缅甸国家广播电视台联合设立了缅语译制站;2020年,云南广播电视台国际频道与缅甸国家广

---

① 蒋国鹏:《通讯:传承丝路精神 共建"一带一路"——记大型纪录片〈对望——丝路新旅程〉在捷克首播》,新华网,http://www.xinhuanet.com/world/2016-03/30/c_1118491935.htm,访问日期:2020年6月9日。

播电视台合作推动建设中缅互播互译合作中心。①

中华文化走出去的品牌活动"视听中国"更是为优秀电视剧走出去铺设了一条金色大道。2019年8月至10月,国家广播电视总局组织的"视听中国全球播映"活动,将数十部中国优质电视剧推广到包括缅甸在内的50多个国家。2020年,国家广播电视总局电视剧司在"一带一路"主题电视剧选题策划工作会上,邀请"一带一路"领域专家学者和相关影视作品主创人员对14家重点电视剧制作机构进行培训。②

表1-4 "一带一路"题材纪录片目录

电视剧	出品年度	出品单位	类型
《丝路,重新开始的旅程》	2013	中国中央电视台纪录频道	文化纪录片
《对望——丝路新旅程》	2015	五洲传播中心新加坡 IFA Media	中外合拍纪录片
《穿越海上丝绸之路》	2016	中央新影集团、中国国际电视总公司	人文纪录片
《一带一路》	2016	中央电视台科教频道	央视大型纪录片
《海上丝绸之路》	2016	上海广播电视台、广东广播电视台、泉州广播电视台联合制作	大型纪录片
《奇域:探秘新丝路》	2016	江苏有线华博在线传媒公司、深圳祖师汇科技股份有限公司、上海月皎影视文化有限公司联合出品	纪录片
《我的青春在丝路》	2018	芒果 TV	网台合拍

来源:《"一带一路"题材纪录片的故事化讲述与国家形象传播》,《中国艺术报》,http://www.wenming.cn/djw/djw2016sy/djw2016whdg/201912/t20191210_5346054.shtml,访问日期2020年6月9日。

---

① 新华网:《综述:"一带一路"新剧情 中国剧场"胞波"情》,百家好,https://baijiahao.baidu.com/s?id=1655787874708944810&wfr=spider&for=pc,发文日期:2020年1月15日,访问日期:2020年6月10日。

② 国家广播电视总局:《广电总局电视剧司推动"一带一路"主题电视剧选题策划工作》,新华网,http://www.xinhuanet.com/ent/2020-03/24/c_1125758628.htm,访问日期:2020年6月10日。

（三）原创综艺加快走出去的步伐，讲好中国故事

2018 年 4 月，"WISDOM in CHINA"中国原创节目模式推介会于法国登陆戛纳电视节。《国家宝藏》《朗读者》《经典咏流传》《天籁之战》《声临其境》《跨界歌王》《明日之子》《功夫少年》《好久不见》九大中国优秀的原创节目模式首次亮相戛纳春季电视节 MIPFormats 主舞台。

表 1-5　2018 年登陆戛纳电视节的九大国产综艺节目

节目	制作单位	类型
《国家宝藏》	中央电视台、央视纪录国际传媒有限公司	文博探索类节目
《朗读者》	央视创造传媒有限公司、中广天择传媒股份有限公司	文化情感类节目
《经典咏流传》	中央电视台综合频道、央视创造传媒有限公司	文化音乐类节目
《天籁之战》	东方卫视	大型棚内音乐挑战节目
《声临其境》	湖南卫视	原创声音魅力竞演秀
《跨界歌王》	北京卫视	明星跨界音乐真人秀节目
《明日之子》	腾讯视频	打造未来音乐榜样类节目
《功夫少年》	河南少林寺影视有限公司、北京潇扬影视有限公司	中国功夫的竞技类真人秀节目
《好久不见》	恒顿传媒、千足传媒	星素结合情感类的真人秀节目

来源：人民网《九大中国原创节目模式集体登陆戛纳电视节》，http://sh.people.com.cn/n2/2018/0408/c134768-31435097.html，访问日期 2019 年 12 月 30 日。

2018 年，国内综艺节目《我就是演员》发布消息，该综艺播出的平台已经和美国 IOI（Is or Isn't Entertainment）公司签署了协议，授权该公司制作国外版 *I AM THE ACTOR*，并在美国正式播出。《我就是演员》作为自主原创、模式清晰的节目，在国内也算是现象级综艺，将成为加强中美文化交流的纽带，响应"中华文化走出去"的号召，展现中华民族的智慧和精神。未来，浙江卫视"中国蓝"还将依托现有的海外发行渠道，继续坚持优秀原创节目模式

输出之路,将更多精彩的节目 IP 内容传递到世界各地。

第三节　游戏产业

一、政策环境

(一)游戏行业监管趋严

近几年来,中国政府对游戏行业的监管越来越严格。2017 年 12 月,中共中央宣传部等 8 部门联合印发《关于严格规范网络游戏市场管理的意见》,明确表示对网络游戏市场加强监管的力度。2018 年 3 月,原国家新闻出版广电总局发布《游戏申报审批重要事项通知》,称将暂停游戏版号审批工作,随之版号停放成为游戏行业的最大压力之一。8 月,教育部、国家卫生健康委员会等 8 部门联合发布了《综合防控儿童青少年近视实施方案》,再次强调"将对网络游戏实施总量调整"。12 月,随着网络游戏道德委员会出世,版号"冻结"的危机貌似进入了好转期。在中宣部的指导下,有关部门和单位以及高校、专业机构、新闻媒体、行业协会等联合对存在道德风险的网络游戏进行评议。

2020 年 3 月,全国"扫黄打非"办公室组织开展"净网 2019""秋风 2019"等专项活动,着重整治网络文化内容领域。接下来的《关于深化教育教学改革全面提高义务教育质量的意见》《关于引导规范教育移动互联网应用有序健康发展的意见》《关于防止未成年人沉迷网络游戏的通知》均强化对网络游戏、微视频的价值引领与管控,旨在创造绿色健康网上空间。2020 年全国两会期间,提出从网络游戏类别、认证、时长、充值方面建立网络游戏强制分级制度,由相关政府部门审核监管。在原本网络游戏管理的基础上,通过多重手段严格实行对不同年龄段的未成年人建立网络游戏产品分级制度。

(二)游戏行业呈现精品化,版号重压带来精品化巨变

国家统计局于 2018 年 11 月正式发布了《战略性新兴产业分类(2018)》,首次将游戏产业、动漫产业等"数字创意产业"纳入"战略新兴产业分类"。该分类办法指出,对于与数字创意技术设备制造、数字文化创意活动等创意产

业有关的产业，增加财税方面的支持力度，比如，游戏公司常见的高新科技企业认证，文化产业相关的鼓励、奖励政策，等等。2020 年 2 月，北京市文化改革和发展领导小姐办公室发布《关于应对新冠肺炎疫情影响促进文化企业健康发展的若干措施》。此外，国家广播电视总局公布了 2020 年 2 月第二批国产网络游戏审批信息，有 53 款游戏获批版号。

二、产业现状

（一）总体观察

据中国音数协游戏工委（GPC）、伽马数据（CNG）联合发布的《2018 年中国游戏产业报告》显示，2018 年，中国游戏市场实际销售收入达 2144.4 亿元，同比增长 5.3%。2018 年，中国移动游戏市场实际销售收入达 1339.6 亿元，同比增长 15.4%，该销售收入在全球移动游戏市场的占比约为 30.8%，接近 1/3。[1]2018 年，中国游戏市场实际销售收入在全球游戏市场的占比约为 23.6%。客户端游戏市场收入 619.6 亿元，网页游戏市场收入 126.5 亿元，两个数据较 2017 年均出现明显下滑，端游与页游收入减少的主要原因为新增用户减少和用户偏好转移等。[2] 其中，2018 年中国自主研发网络游戏市场实际销售收入达 1643.9 亿元，同比增长 17.6%。经历了 2018 年的寒冬，从 2019 年开始，游戏市场有所回暖，中国游戏市场实际销售收入达 2308.8 亿元，同比增长 7.7%。同样，移动游戏市场实际销售收入以 1581.1 亿元呈现持续上升趋势，增速为 18%。2019 年，国家新闻出版署要求地方主管部门细化游戏审批，提升游戏的文化内涵和价值等。2017 年下发的游戏版号数量达到 9368 件，从此中国游戏行业进入"规范运营""总量控制"的时期，2018 年和 2019 年下发的游戏版号数量分别为 2064 件和 1570 件。[3]

---

① 中国经济网：《2018 中国游戏产业报告》，https://baijiahao.baidu.com/s?id=16207006
49356336192&wfr=spider&for=pc，访问日期：2019 年 12 月 30 日。

② 40407 游戏网：《2018 中国游戏产业报告：整体增速下降 手游占比 62.5%》，https://
www.40407.com/news/201812/848714.html，访问日期：2019 年 12 月 30 日。

③ 王彩屏：《2019 中国移动游戏产业发展报告（国内篇）》，微信公众号："游戏陀螺"，
发文日期：2020 年 1 月 24 日，访问日期：2020 年 6 月 11 日。

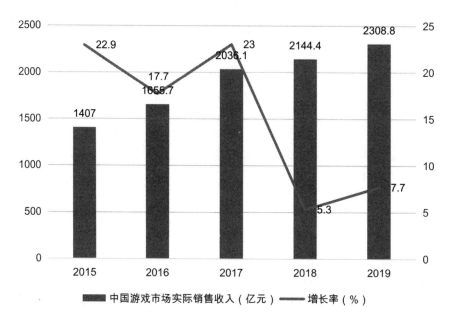

图 1-3　2015—2019 年中国游戏市场实际销售收入及增长率

来源：王彩屏《2019 中国移动游戏产业发展报告（国内篇）》，微信公众号"游戏陀螺"，2020 年 1 月 24 日，访问日期 2020 年 6 月 11 日。

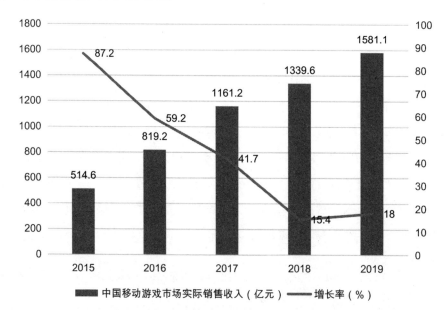

图 1-4　2015—2019 年中国移动游戏市场实际销售收入及增长率

来源：王彩屏《2019 中国移动游戏产业发展报告（国内篇）》，微信公众号"游戏陀螺"，2020 年 1 月 24 日，访问日期 2020 年 6 月 11 日。

（二）游戏用户深度开发，女性游戏市场潜力不断挖掘

2014 年，中国游戏用户首次突破 5 亿之后，逐渐呈现增长的趋势。2017 年，中国游戏用户规模为 5.83 亿人，同比增长 3.1%。2018 年，中国游戏用户达到 6.26 亿人，同比增长 7.37%。随着中国游戏市场进入纵深发展阶段，女性用户的占比越来越多，成为游戏市场重要的消费群体。2017 年，中国游戏市场女性用户消费规模为 430.7 亿元，同比增长 38%，女性用户规模达到 2.6 亿人。

2018 年，中国游戏市场女性用户消费规模为 490.4 亿元，同比增长 13.8%，女性用户数量与 2017 年相比有所增长，达到 2.9 亿人。[1]2018 年年初的恋爱游戏《恋与制作人》和休闲游戏《旅行青蛙》吸引了不少女性用户，让业内眼前一亮。创梦天地持续看好女性用户价值，推出《梦幻花园》《梦幻家园》，通过模拟经营模式、添设日常剧情等方法，吸引女性用户的情感投入，延长产品的生命力。《梦幻花园》女性用户占比达八成，创造了上线不到半年中国国内安卓月活用户破 1320 万的纪录。[2]

（三）新技术的应用扩大了电竞和二次元游戏的发展空间

2015 年 7 月 24 日，根据国务院印发的《关于推广中国（上海）自由贸易试验区可复制改革试点经验的通知》的要求，文化部负责将"允许内外资企业从事游戏游艺设备生产和销售，经文化部门内容审核后面向国内市场销售"的改革试点经验加以推广。该通知指出，鼓励企业研发、生产内容健康的游戏设备，提倡功能竞技游戏，电竞游戏迎来了蓬勃发展。

2017 年 10 月，国际奥委会发布《奥林匹克峰会公告》，电子竞技被认可为意象运动，纳入奥林匹克正式项目之中。电竞是指利用移动电子设备作为运动机械进行的、人与人之间的智力对抗运动。借此机会，电子竞技不仅在业内，而且在全球范围内颇受青睐。2017 年，中国电子竞技游戏市场实际销售收入达到 730.5 亿元，同比增长 44.8%。[3]随着科技的不断更新，电子竞技

---

① 199IT：《CNG：2018 年中国游戏产业报告》，http://www.199it.com/archives/810700.html，访问日期：2019 年 12 月 30 日。

② ZNDS 智能电视网：《2018 中国游戏产业报告发布：女性市场不断被挖掘》，https://news.znds.com/article/35872.html，访问日期：2019 年 12 月 30 日。

③ 199IT：《2017 年中国游戏产业报告解读》，http://www.199it.com/archives/664941.html，访问日期：2019 年 12 月 30 日。

整体产业链逐渐完善,电子竞技赛事体系成型。从 2017 年起,大量资本涌入电竞产业上游,呈现爆发式发展,电竞市场规模已达 655 亿元,电竞用户规模超过 2.6 亿人,实现了翻倍的增长。[①]中国电子竞技市场收入主要包括游戏收入、直播收入、电子竞技赛事的相关收入及其他收入。2018 年,中国电子竞技游戏市场实际销售收入达 834.4 亿元,同比增长 14.2%,占中国游戏市场实际销售收入比例为 38.9%。2018 年,中国移动电子竞技游戏市场实际销售收入达 462.6 亿元,在中国整体电竞游戏市场实际销售收入中的占比已超过一半。

中国巨头电子竞技平台有"完美世界"和"巨人网络"。从 2016 年开始,完美世界成功主办了三届 *DOTA2* 亚洲邀请赛,巩固了作为电竞运营平台的地位。巨人网络以"绿色、潮流、年轻化"为口号,推出了休闲电竞风格的《球球大作战》,在传统电竞之外开辟了全新的发展模式。巨人网络作为较早涉足移动电子竞技的游戏企业,近年来围绕休闲电竞手游《球球大作战》、MOBA(多人在线战术竞技游戏)手游《虚荣》、体育竞技手游《街篮》等移动游戏开展了一系列电竞赛事活动。[②]

(四)疫情催热游戏行业

受疫情影响,文化艺术市场面临着巨大的困难,游戏却成为全球经济发展的亮点。游戏研究机构 SuperData 公布的数据显示,2020 年 4 月,全球数字游戏销售额破纪录达到 105 亿美元,同比上涨 17%。中国游戏行业的发展空间巨大,比如,在成都举行的 IGS·全球数字文创发展大会上,中国游戏行业权威数据研究机构伽马数据发布的报告显示,中国手游市场收入于 2020 年创下历史新高,一季度同比增长近 50%。[③]

---

① 艾瑞网:《2018 年中国电竞行业研究报告》,http://report.iresearch.cn/wx/report.aspx?id=3147,访问日期:2019 年 12 月 30 日。
② 腾讯游戏:《伽马数据:2018 电子竞技产业报告出炉 用户将达到 4.3 亿人 市场规模将超 880 亿元》,https://games.qq.com/a/20180710/029168.htm,访问日期:2019 年 12 月 30 日。
③ 四川日报:《疫情和 5G 带来游戏产业新机遇 打"文化牌"的成都站上风口》,四川在线网,https://sichuan.scol.com.cn/dwzw/202006/57829439.html,访问日期:2020 年 6 月 16 日。

三、对外贸易与国际传播

（一）手游成为游戏国际贸易的主力军

2017 年，中国自主研发网络游戏海外市场实际销售收入为 82.8 亿美元，同比增长 14.5%。与国内手游市场一致，出口手游市场规模占比和出口游戏市场规模一直呈现上升趋势。2017 年和 2018 年，出口游戏市场规模分别为 97.8 亿美元、126.7 亿美元，其中出口手游市场规模达到 70 亿美元和 97.8 亿美元，这证明出口手游已经成为出口游戏中的主力军。[1]2019 年，中国内地移动游戏市场全球占比 31.6%。2019 年，中国自主研发网络游戏的海外市场实际销售收入达 115.9 亿美元，较 2018 年的 95.9 亿美元有较大增长。[2] 作为手游的成功案例，由动鱼数码研发、腾讯游戏国际运营中心（GPC）与 Miniclip 共同发行的 3D 空战手游《浴血长空》正式在海外发行，创造了有史以来中国此类游戏产品海外开拓的最好成绩。游戏自上线起，仅用一天时间便冲上了美国 iOS 总榜前十名，更是在上线两天后登上了总榜第一的宝座，可见海外玩家对于《浴血长空》的喜爱度之高。此外，《浴血长空》还获得了 34 个国家的总榜第一名、130 个国家的总榜前十名，在海外收获了良好的口碑。[3] 这种合作模式大大提高了《浴血长空》的知名度，Miniclip 有许多热门游戏，通过游戏内部的交叉营销，由于盘子足够大，海量式的曝光起到了很好的作用，吸引了很多西方玩家。

2019 年，中国主研发游戏海外市场实际销售收入达 825.2 亿元（115.9 亿美元），增长率为 21%，仍然保持稳定增长趋势，增速高于国内市场。目前，全球游戏市场主要由中、美、日、韩市场组成，市场占比近七成。2019 年，中国自主研发游戏国内市场实际收入增长率为 15.3%，同比下降了 2.3 个百分点。中国自主研发游戏海外市场实际销售收入增长率达 21%，同比增长了 5.2 个百分点。[4]

---

① 新华网：《2017 年中国游戏行业发展报告发布》，智库中国网，http://www.china.com.cn/opinion/think/2017−11/30/content_41956652.htm，访问日期：2020 年 6 月 6 日。

② 伽马数据：《2019 全球移动游戏市场中国企业竞争力报告》，https://www.useit.com.cn/forum.php?from=album&mod=viewthread&tid=26305，访问日期：2020 年 6 月 10 日。

③ 游资网：《这款产品在海外取得多国推荐，腾讯模式在海外的野心》，https://www.gameres.com/774459.html，访问日期：2019 年 12 月 30 日。

④ 中国游戏产业报告：《2019 年中国自主研发游戏海外市场实际销售收入 825.2 亿元》，微信公众号："游戏工委"，发文日期：2019 年 12 月 23 日，访问日期：2020 年 6 月 12 日。

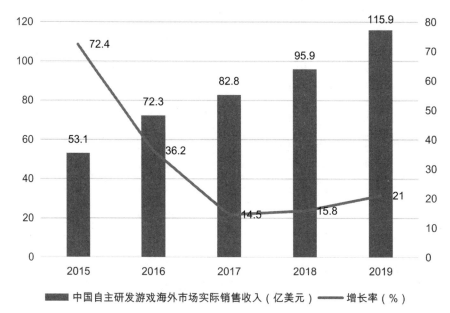

图 1-5 2015—2019 年中国自主研发网络游戏海外市场实际销售收入

来源: 王彩屏《2019 中国移动游戏产业发展报告 (国内篇)》, 微信公众号 "游戏陀螺", 2020 年 1 月 24 日, 访问日期 2020 年 6 月 11 日。

2018 年, 完美世界股份有限公司与美国维尔福软件公司 (Valve) 共同推出 "STEAM 中国" 项目。STEAM 平台是目前全球最大的综合性数字发行平台之一, 玩家可以在该平台购买、下载、讨论、上传和分享游戏和软件。借助 "STEAM 中国", 中国玩家不仅可以享受来自全球的精品游戏, 同时, 中国中小游戏研发商也可以通过此平台实现出海的梦想。虽然过去两年没有明显的动静, 并且 "STEAM 中国" 上线的准确时间仍处于未知状态, 引发了游戏用户的担忧, 但 2020 年 6 月, STEAM 官方发布他们正在持续推进本项目, 且测试版加入了防沉迷系统。[①] 若该项目落实, 预计腾讯的 WeGame 游戏平台将是 STEAM 平台 "中国化" 过程中面临的最强大的竞争对手, 这会形成强烈的竞争格局。国内单机游戏领域的一大批优秀作品, 《艾希》《月圆之夜》《太吾绘卷》《灵魂之桥》《中国式家长》也都会在 "STEAM 中国" 上由更本土

---

① 互联网圈子的那点事:《Steam 中国又有新动静, 海外游戏和国产独游何去何从? 》, 网易网, https://3g.163.com/3g/article_cambrian/FE994RLU0531HKJ3.html?from=history-back-list%20Steam, 访问日期: 2020 年 6 月 12 日。

化团队运营。对中小微型开发者而言，该平台为其提供了走上国际市场的新通道。

中国游戏企业呈现节节攀升的趋势，腾讯在 2018 年再次以 197 亿美元的成绩，成为全球第一游戏收入公司，这也是腾讯第 6 次获得这项殊荣。与 2017 年相比，腾讯公司的收入增长了 9%，占据全球 15% 的市场份额，这个成绩比收入排名第 2 的索尼高出 50 亿美元。2018 年，全球游戏公司收入 TOP25 的名单中，网易以 61.77 亿美元的营业收入排名第 7 位，三七互娱、完美世界分列第 22、23 位。[①] 腾讯以 *PUBG Mobile*、*AOV* 等游戏为支点，找到新的营收增长点。网易接连推出了包括《第五人格》《逆水寒》《神都夜行录》《明日之后》等在内的多款爆品，通过满足用户更加多元化的需求，拿下了更大的市场盘子。

（二）海外出口范围扩大，内容多样化

中国游戏企业不断向海外市场拓展，以打造精品原创游戏的战略成功推出了中国游戏品牌。2018 年，在出口收入前 50 的移动游戏中，策略类型游戏收入占比达到 46.9%，角色扮演类和设计类游戏收入占比分别为 20.8%、15.9%。模拟经营类 / 养成类、卡牌类、战术竞技类游戏收入占比都不到 10%，分别为 7.2%、2.4%、3.7%。2018 年，在出口收入前 50 的移动游戏中，中国原创 IP 游戏占比 82.2%，基本独霸出口游戏市场。出海公司可以分为两类：一类以智明星通为代表，主要针对海外市场展开活动，一般来说，海外收入占总收入 90% 以上；另一类以游族网络为代表，多年来在国内和海外市场之间保持平衡，2017 年海外收入占游族网络总营收的 60.83%。[②]

以游族旗下的 *Legacy of Discord-Furious Wings*（简称 *LOD*，国内版名为《狂暴之翼》）为例，自从 2016 年 11 月 11 日全球上线以来，已在全球 190 多个国家及地区上线，先后登顶 53 个国家及地区的游戏畅销榜，被中国游戏产业协会评为 "2017 年度十大最受海外欢迎游戏"。"海外第一 ARPG（Action Role

---

① 网易号：《2018 全球游戏公司收入排行出炉 25 家总收入过千亿 基本独霸市场》，http://dy.163.com/v2/article/detail/ED57LB0405467DE8.html，访问日期：2019 年 12 月 30 日。

② 游戏产业：《2017 中国游戏海外收入 82.8 亿美元 五年增长近 15 倍》，http://chanye.07073.com/shuju/1749244.html，访问日期：2019 年 12 月 30 日。

Playing Game）"的成绩背后，是对区域化发行策略的思考和实践 [①]。

中国手游细细考虑到地区差异，针对不同区域的文化进行精细运营，获得了欧美、中东、东南亚等区域玩家的认可。其中，美国市场成为收入最高的市场，在 2017 年中国手游海外收入排名上，占据近一半席位。

表 1-6　中国手游海外收入 TOP10 排名

	海外 iOS+CP 收入排名	全球 App 发行商排名	营收 （亿元）	利润 （亿元）	主要收入 地区 （海外）	游戏名称
智明星通	1	23	39.79	7.47	美国	列王的纷争
IGG	2	21	40.669	9.7	美国	王国纪元
趣加	3	31	—	—	美国	阿瓦隆之王
游族网络	4	49	32.35	6.56	美国	Legacy of Discord
龙创悦动	5	—	—	—	美国	末日争霸：丧尸之战
乐元素	6	45	—	—	日本	偶像梦想祭
龙腾简合	7	—	—	—	中东	苏丹的复仇
网易	8	2	362.82 （集团）	107.08 （集团）	日本	阴阳师
昆仑万维	9	—	34.36	10.19	日本	女神圣域
掌趣科技	10	—	17.68	3.87	日本	拳皇 98 终极之战 OL

来源：199IT《SensorTower：2017 年中国手游海外收入和下载量榜单 TOP30》，http://www.199it.com/archives/674670.html，访问日期 2019 年 12 月 30 日。

2018 年，中国游戏企业以原创 IP 和本土化策略进行全球传播。掌趣科技的《全民奇迹（移动）》是经典 IP 游戏的成功案例，它曾经登上韩国 T-Store

---

① 搜狐：《稳居出海第一梯队，游族网络是如何全球化运营的》，http://www.sohu.com/a/232934937_100097762，访问日期：2019 年 12 月 30 日。

应用商店、谷歌商店的畅销榜。以该 IP 改编的新品《奇迹：觉醒》长期位于韩国苹果商店畅销榜前 10，其预注册人数超过了 149 万人。2018 年，《奇迹：觉醒》前 10 个月全球流水达到了 21.5 亿元，在全球移动游戏收入中拿下了第 10 名。[①] 另外，第三人称射击类移动游戏《荒野行动》在日本创造的收入约 20 亿元。网易游戏充分利用自己在日本市场积累的本土化经验，比如运营社交媒体账号、与当地文化艺术产品联动等，推动中国游戏的海外传播。

2019 年，根据中国音数协游戏工委和国际数据公司联合发布的报告显示，在中国自主研发游戏海外市场实际销售收入产品类型分布中，美国、日本、韩国的收入分别为 30.9%、22.4% 和 14.3%，之后为德国（7%）、法国（4.2%）、印尼（3.4%）等国家。[②] 在印尼、泰国和印度，分别有 107 家、106 家和 84 家中国游戏企业进入本地苹果应用商城日收入榜前 100。从类型来看，策略类游戏海外收入占比超过国内收入占比 4 个百分点。此外，《刺激战场》（PUBG Mobile）和《王者荣耀》等多种品类分别进军欧美、东南亚市场，使中国游戏市场不断扩大。战棋类游戏《梦幻模拟战》和放置游戏《剑与远征》等休闲类产品均在海外获得成功。

（三）游戏的国际化发展

按照国别来看，日韩、美国和西欧是海外移动游戏的主要市场，综合规模超过 70%。虽然中国在中东、非洲和东南亚的游戏市场目前规模较小，但增长率为 43.5%，具有非常大的发展空间。东南亚和拉美也分别以 42.2%、32.9% 的年均增长率，成为中国海外移动游戏的主要市场。从游戏类型分布来看，日本、德国、土耳其及俄罗斯市场的移动游戏更多地集中在一到两个游戏类型，如策略类和消除类。同时，在美国、印尼及墨西哥，移动游戏类型较为分散，中国移动游戏可以优先选择自己擅长的游戏类型进行突破，在当地市场取得优势后再拓展其他游戏类型。[③]

---

① 199IT：《CNG：2018 年中国游戏产业报告》，http://www.199it.com/archives/810700.html，访问日期：2019 年 12 月 30 日。

② 中国游戏产业报告：《2019 年中国自主研发游戏海外市场实际销售收入 825.2 亿元》，微信公众号："游戏工委"，发文日期：2019 年 12 月 23 日，访问日期：2020 年 6 月 12 日。

③ 《中国移动游戏海外市场发展报告》，36Kr 网，https://36kr.com/p/5186995，访问日期：2019 年 12 月 30 日。

近年来,在游戏领域,中国从全球收购的方式转向与海外同行合作的方式,通过全球资源整合获得进一步发展。2018年6月4日至10日,顶级电竞赛事 DOTA2 超级锦标赛在上海举行,这是在中国举办的第三个 DOTA2 甲级锦标赛。该电竞比赛由完美世界与国际知名电竞内容制作机构 PGL 联合主办,采取"中外合作"模式,充分展现了本土赛事主办方与境外转播方合作的流畅性,也在一定程度上体现了中国电竞硬实力已逐步与国际接轨。①

(四)国产游戏海外出口增长,开发优秀抗疫作品

疫情防控期间,中国游戏海外出口收入持续增长,与其他文化领域相比,未受到太大影响。伽马数据研究显示,2020年1月至3月,中国移动游戏出海表现稳定,美、日、韩等游戏头部市场同比流水均呈现增长。紫龙游戏《梦幻模拟战》与《风之大陆》等两款产品上榜前十位。②中国音数协游戏工委根据《关于抗击新型冠状病毒感染的肺炎疫情的倡议书》向游戏企业、会员单位发出倡议,其内容包括积极履行社会责任,参与疫情防控等。作为该措施的一环,游戏企业联合开发并上线名为《消灭冠状病毒》的抗疫小游戏。在多种抗疫类产品中,《逆行者》通过不同角色的视角记录了此次疫情,在 TapTap 上线,取得了9.5的高评分。此外,网易游戏、腾讯游戏、完美世界游戏等也在产品中加入有关疫情的用户互动环节,让用户更深入地了解与疫情相关的内容。③

第四节 动漫产业

一、政策环境

(一)设立专项扶持资金,扶持动漫产业发展

近年来,政府在扶持中国动漫产业发展方面,尤其是关于动漫产业的扶

---

① 人民网:《中国电竞再次发力:中外合作打造国际化赛事》,http://game.people.com.cn/n1/2018/0608/c218877-30046115.html,访问日期:2019年12月30日。

② 四川日报:《疫情和5G带来游戏产业新机遇 打"文化牌"的成都站上风口》,四川在线网,https://sichuan.scol.com.cn/dwzw/202006/57829439.html,访问日期:2020年6月16日。

③ 伽马数据:《疫情防控期游戏产业报告:Q1 移动市场 550 亿增 49% 绝不是中国企业贡献的全部》,36Kr 网,https://36kr.com/p/681534776932100,访问日期:2020年6月15日。

持、税收优惠、海外传播方面发布了一系列政策措施，推动动漫产业的发展和完善。2015年5月，文化部办公厅正式印发《2015年扶持成长型小微文化企业工作方案》，确定动漫企业及其他12个子行业企业为方案重点扶持对象。方案提出了六项主要任务，包括进一步支持文化领域创新创业和小微文化企业发展、进一步优化小微文化企业创业发展环境、进一步缓解小微文化企业融资难问题等。根据财政部、海关总署、国家税务总局《关于动漫企业进口动漫开发生产用品税收政策的通知》（财关税〔2016〕36号），自2016年1月1日起至2020年12月31日，经国务院有关部门认定的动漫企业自主开发、生产动漫直接产品，确需进口的商品可以享受免征进口关税及进口环节增值税的政策。2018年，政府对动漫产业的扶持力度仍然较大。4月，财政部、税务总局印发《关于延续动漫产业增值税政策的通知》，对相关税收作了动漫企业增值税的优惠规定，即一般纳税人销售其自主开发生产的动漫软件，对其增值税实际税负超过3%的部分，实行即征即退政策。

（二）数字化技术与动漫产业的深度融合和高度集成

2017年4月，文化部印发《关于推动数字文化产业创新发展的指导意见》，强调在数字文化产业领域提升动漫产业的地位，大力推动动漫独特的艺术魅力和传播优势，从而坚持品牌化发展战略，促进动漫"全产业链"和"全年龄段"发展。同月，文化部发布了《文化部"十三五"时期文化产业发展规划》。《规划》指出，文化产业重点发展领域包括动漫、游戏、演艺、娱乐、创意设计、网络文化、文化旅游、艺术品、工艺美术、文化会展、文化装备制造等11个行业，还强调中国动漫产业的国际化作用。到2020年，预计动漫产业产值达到2500亿元左右，动漫创意和产品质量大幅提升，培育一批在国际上具有较强竞争力和影响力的国产动漫品牌和骨干动漫企业，打造3—5个具有广泛影响力的动漫展会。在扶持政策方面，2017年9月，文化部印发了《中国文化艺术政府奖动漫奖评奖办法》。"动漫奖"是文化部为繁荣动漫作品创作、培养动漫优秀人才、扩大中国动漫国际影响力、推动动漫产业发展而设立的国家动漫政府奖。该办法指出，动漫奖评奖对象为依法播映、出版、演出、传播并具有明确著作权属的中国动漫作品、技术、形象，以及在此期间取得优秀业绩的我国动漫创作者或团队、动漫企业、教育机构。动漫作品包括漫画、动画、网络动漫(含手机动漫)、动漫舞台剧(节)目等。具体评奖方法是每三年评选一次,设6个分项,评奖数量共20个。

2018年9月,国家发展改革委、教育部、科技部、工业和信息化部等19部门联合印发《关于发展数字经济稳定并扩大就业的指导意见》,提出以大力发展数字经济,促进就业为主线,加快形成适应数字经济发展的全面就业政策体系,通过大力提升数字化、网络化、智能化就业创业服务能力,不断拓展就业创业新空间,将就业和数字文化产业紧密连接起来。2019年1月,《文化体制改革中经营性文化事业单位转制为企业的规定》《进一步支持文化企业发展的规定》强调鼓励有条件的文化企业利用资本市场发展壮大,推动资产证券化,充分利用金融资源。

二、产业现状

(一)行业总产值和企业数量健康稳增

在政策的引导与扶持下,动漫产业仍然保持着快速增长的趋势。2017年,中国动漫行业总产值突破1500亿元大关,2018年超越了1700亿元,产值主要来源于动漫上游的内容市场和下游的衍生市场两个部分。按照载体的不同,可以将动漫划分为在线动漫、电视动画、漫画杂志和动画电影等四大类。从2014年至2018年,中国在线动画行业市场规模年均复合增速为50.08%。2018年,中国在线动画行业市场规模扩张至126.2亿元,尽管同比增速降至了47.3%,但依然明显高于动漫产业11.5%的整体增速。[①]在线动画行业用户规模的快速增长为中国在线动画行业的高速发展作出了贡献。近年来,动漫、二次元文化在中国得到广泛传播,互联网在线视频的兴起,引导更多用户选择通过网络观看动画节目。2013年至2018年,中国在线动画用户从0.2亿人增至2.1亿人,增加了9.5倍。同时,在线动画用户数量占在线视频总用户数量的

---

① 艾瑞:《2018年动漫行业研究报告》,https://new.qq.com/omn/20181227/20181227A1EGA5.html,访问日期:2019年12月30日。

比重也快速提升至34.3%。① 截至2020年初,动漫市场上活跃的投资者主要是腾讯、爱奇艺、网易、哔哩哔哩等互联网平台,以及光线传媒、万达媒体等影视类公司。从平台动漫内容产生的流量来看,爱奇艺在儿童动漫、青少年动漫的流量处于领先水平,腾讯视频在成年动漫领域表现出色。② 腾讯在2018年投资超过12家动漫公司,其电影部发起了"100部动画"的计划,旨在以科技和资本支持国内的动漫产业。自2015年开始,中国在线动漫产业进入高速增长期,维持着较高的增长率。2018年后,优质动漫内容纷纷出现,网络动漫市场呈现稳步增长的趋势,以用户付费为代表的增值服务增长强势,推动了市场规模的增长。

（二）投融资数量逐步下降,以收入结构的多样化深度开发市场

2015年以来,随着二次元用户的崛起和对盗版作品的严格管制,动漫产业公司开始受到资本的青睐。2016年,动漫产业的投融资数量以125件达到了历史高峰。2017年和2018年呈现下降的趋势,动漫行业投融资数量分别为109件和51件。2017年,在ACG联盟资金链断裂、布丁动画停止运营的情况下,动漫产业进入了短暂的调整期。③ 虽然资本对动漫产业保持关注,但开始恢复冷静。因此,动漫行业继续扩大盈利模式的范围,开始走向市场多元化。从在线动漫内容市场的收入结构来看,在线动漫市场的收入主要来自内容付费、广告和衍生授权。其中,在线动画内容市场收入结构的主力军是广告收入。随着用户对优质内容付费的意识越来越强,用户付费占比也大大增长。与此相比,在线漫画内容市场的收入结构则相对更加多元,比较注重动漫IP的衍生开发。受到2018年下半年开始的资本寒冬的影响,2019年,中国动漫相关投融资笔数和金额都大幅度下降。这一趋势还将持续下去,国内动漫产业将进入新一轮洗牌期。2018年,中国动漫相关企业投融资事件数为73件,到2019

---

① 前瞻产业研究院:《2018年中国动漫产业发展现状及趋势分析 布局下游产业链实现IP价值最大化》,https://bg.qianzhan.com/report/detail/459/190118-fe2b5f87.html,访问日期:2019年12月30日。

② 艺恩网:《2017中国在线动漫市场白皮书》,http://www.entgroup.cn/Views/45475.shtml,访问日期:2019年12月30日。

③ 前瞻产业研究院:《2018年中国动漫产业发展现状及趋势分析 布局下游产业链实现IP价值最大化》,https://bg.qianzhan.com/report/detail/459/190118-fe2b5f87.html,访问日期:2019年12月30日。

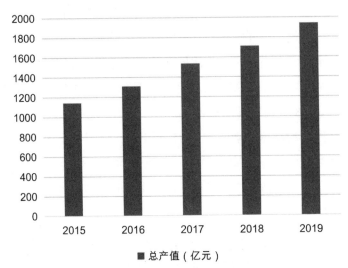

图 1-6　2015—2019 年中国动漫行业总产值

来源：前瞻产业研究院《2019 年中国动漫产业发展现状分析 规模已接近两千亿》，搜狐网，https://www.sohu.com/a/376004195_473133，访问日期 2020 年 6 月 13 日。

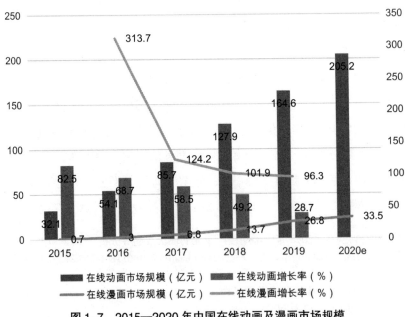

图 1-7　2015—2020 年中国在线动画及漫画市场规模

来源：艾瑞《2020 年中国动漫产业研究报告》，百好家，2020 年 5 月 25 日，访问日期 2020 年 6 月 15 日。

年，事件数下降到 32 件，融资金额也从 2018 年的 75.5 亿元剧减到 21.1 亿元。①

（三）从 IP 到衍生品，完善动漫产业链

动画电视方面，随着 2016 年 IP 价值的火爆，2017 年国产电视动画片的备案时长开始触底反弹。三文娱统计了 2018 年国产电视动画片的备案情况，全年备案动画片共计 439 部，总时长达到 18.72 万分钟。从题材来看，在全年 439 部动画片中，童话题材动画占比达到 49%，全年备案数为 217 部，成为动画片的主流题材。其次是教育和科幻题材，占比分别为 16% 和 11%。②

2019 年，国家广播电视总局官网公示了 2018 年度优秀国产电视动画片 20 部、优秀制作机构 4 家、推优工作优秀组织机构 2 家，总局对优秀作品及优秀制作机构予以资金扶持共计 330 万元。③ 为深入贯彻习近平新时代中国特色社会主义思想和党的十九大精神，促进国产电视动画片精品创作生产，总局设立国产动画发展专项资金，对优秀国产电视动画作品及制作机构等予以奖励。《可爱的中国》《丝路传奇大海图》《小鸡彩虹第五季》3 部动画片获一类扶持，《熊熊乐园 2》等 5 部动画片获二类扶持，《京剧猫之乘风破浪》等 12 部动画片获三类扶持。

动画电影方面（含进口影片），2016 年动画电影票房破 70 亿，当年就诞生了《疯狂动物城》《你的名字》《功夫熊猫 3》《大鱼海棠》等爆款动画电影。2017 年，票房破 10 亿元的动画电影仅有 2 部，即《寻梦环游记》和《神偷奶爸 3》。头部票房门槛快速提升，马太效应比较明显。2018 年没有出现 10 亿元级别的大爆款，票房超过亿元的动画片共有 13 部，《熊出没·变形记》以 6.05 亿元票房拿到冠军，再次证明中国本土动漫片 IP 的力量。④ 在中国动画电影市场，人物 IP 故事新编模式影片更受欢迎，动画电影中受欢迎的国外人物 IP 有格鲁、阿宝、哆啦 A 梦、小黄人等，国内人物 IP 有孙悟空、白蛇、哪吒

---

① 艾瑞：《2020 年中国动漫产业研究报告》，百好家，发文日期：2020 年 5 月 25 日，访问日期：2020 年 6 月 15 日。

② 《总局关于 2018 年 12 月全国国产电视动画片制作备案公示的通知》，http://news.sina.com.cn/o/2019-01-28/doc-ihrfqzka1769937.shtml，访问日期：2019 年 12 月 30 日。

③ 《总局办公厅关于公布 2018 年度优秀国产电视动画片评审结果的通知》，http://www.nrta.gov.cn/art/2019/5/10/art_113_43423.html，访问日期：2019 年 12 月 30 日。

④ 《2018 年结束了，中国动画电影市场表现如何？》，https://www.douban.com/note/702899073/，访问日期：2019 年 12 月 30 日。

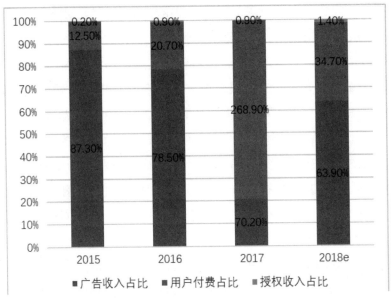

图1-8 2015—2018年中国在线动画内容市场收入结构

来源：艾瑞《2018年动漫行业研究报告》，https://new.qq.com/omn/20181227/20181227A1EGA5.html，访问日期2019年12月30日。

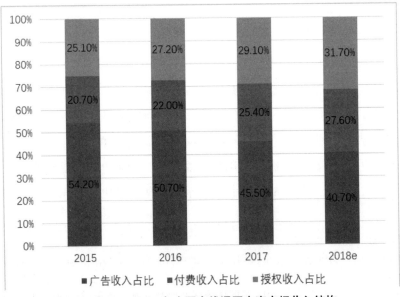

图1-9 2015—2018年中国在线漫画内容市场收入结构

来源：艾瑞《2018年动漫行业研究报告》，https://new.qq.com/omn/20181227/20181227A1EGA5.html，访问日期2019年12月30日。

和《熊出没》系列中的光头强、熊大、熊二。以 IP 为主线，近年来，中国动漫衍生品市场规模逐年增长，在 2016 年达到 450 亿元。动漫衍生品以动漫玩具、动漫服装和动漫出版物为主，其中动漫玩具占比最高，其市场规模达到中国动漫衍生品整体市场的一半以上，占比 51%，动漫服装和动漫出版则分别占比 16% 和 4%。预计 2018 年中国动漫衍生品行业的市场规模接近 650 亿元。

（四）动漫衍生品市场逐渐爆发，龙头公司布局实现运营模式成熟化

作为动漫核心 IP 变现单元的动漫衍生品市场，也随着行业的发展开始爆发。据前瞻产生研究院数据显示，2015 年中国动漫衍生品市场规模约为 380 亿元，较 2013 年增加 116 亿元。尤其是在动画电影衍生品领域，多家文化互联网龙头企业开始围绕产业链布局，并依靠创新的运营模式和热门动画电影 IP 获得了不错的市场表现。如光线传媒与其股东阿里巴巴合作的《大鱼海棠》衍生品项目。在电影上映前期，光线便将动画 IP 授权给阿里旗下公司"阿里鱼"，再由阿里鱼牵头，联系各大厂商进行周边授权开发，授权品牌 30 余个，涵盖美妆日化、食品饮料、家居家纺、服装饰品、电子产品等 12 个品类。最后，阿里鱼将产品整合至阿里系线上平台进行销售，2 周的销售额达 5000 万元，实现了动漫衍生品行业正规化的产业链运作。

（五）抗疫宣传动漫起到治愈性作用

疫情防控长期化背景下，保持心态的健康、增强心理免疫力至关重要。中国共产党广州市天河区委员会组织部、广州动漫行业协会与广东中达励展文化产业有限公司联合创作了《天河区疫情防控心理调适指南》动画视频。该视频还通过《学习强国》平台进行报道，得到了广泛的传播。此外，腾讯动漫与《光明日报》合作进行抗疫宣传，创作了诸如《企鹅娘日常——抗击肺炎小贴士》《我是大神仙》《大王饶命》《急先锋》《斗破苍穹》《您的老祖已上线》《重生异世一条狗》抗疫番外篇等热点内容。[1] 随着线上线下的融合发展，人们都可以获得积极参加线上文化创作的机会。2020 年，一幅"全国美食为热干面加油"的漫画不仅被网友疯狂转发、点赞，更是被新华社、《人民日报》、央视新闻、共青团中央等主流媒体纷纷转发。漫画中，来自全国各地的美食守

---

[1] 36氪：《疫情下的国产二次元行业》，百家好，发文日期：2020 年 3 月 10 日，访问日期：2020 年 6 月 10 日。

在隔离病房窗外，为病床上的武汉热干面鼓劲。这幅漫画出自作者"陈小桃 momo"之手，给了大家治愈的力量。

三、对外贸易与国际传播

（一）出海：国产动画电影逐步崛起，赢家通吃局面明显

2018 年，中国共有 62 部动画电影上映，票房总量为 41.11 亿元，较 2017 年减少了 4.07 亿元，同比下滑 9.01%。其中，国产动画电影 36 部，票房总量 17 亿元，占总体票房的 40.5%；进口动画电影 27 部，票房总量 25 亿元，占比 59.5%。2018 年，国内共上映 67 部动画电影，约占国内电影市场作品总数的 16.22%；全年总票房约 43.23 亿元，约占国内电影总票房的 7.09%。2018 年，中国动画电影票房 41.11 亿元，至此，中国动画电影市场出现了连续两年的下滑。其中，进口动画电影票房为 25 亿元，国产动画电影票房为 17 亿元。从 2013 年起，国产动画电影与进口动画电影票房之间的差距不断缩小，呈现头部影片票房份额集中度较高的现象。

（二）电影引进票房下滑，呈现市场多元化

2016 年上映的《疯狂动物城》和 2017 年上映的《寻梦环游记》分别以 15.31 亿元和 12.3 亿元的成绩，登上了该年度动画电影票房冠军的宝座，成为质量上乘又拥有极高话题度的年度爆款，说明迪士尼在中国动画市场仍然保持稳定的地位。2018 年，《无敌破坏王 2：大闹互联网》以 2.71 亿元的票房成绩仅仅排名第四位，其原因在于口碑的两极分化和国产动画电影的崛起。2018 年，从动画电影引进的总体格局来看，引进的动画电影中有 7 部来自美国、5 部来自日本，而票房榜的前 8 名均来自美国或日本。最近，有越来越多来自美、日之外的优质动画电影被引进国内，呈现多元化。比如，有 7 部为多国合拍、3 部来自法国、2 部来自德国，另外还有来自俄罗斯、西班牙、泰国的动画电影各 1 部。

（三）文化出海，中国动画或是突围之路

近年来，中国动画电影在海外市场备受追捧，《喜羊羊》《熊出没》等动画电影都走出国门。2018 年，首部全球同步发行的中国动画电影《妈妈咪鸭》（*Duck Duck Goose*）颇受瞩目，由万达影业、江苏原力电脑动画制作有限公司

共同出品。《妈妈咪鸭》在第70届戛纳国际电影节上惊艳亮相，吸引了海内外观众，未上映就创下国产动画电影海外销售纪录和所有动画电影在欧洲的预售纪录，且在南美、北美、北欧、印度及东南亚等全球近20个国家和地区的Netflix平台上线。《妈妈咪鸭》成本2亿元，制作耗时2年，凝聚了原力动画来自中美两国近400名幕后工作人员的心血。作为中外合资片，《妈妈咪鸭》以中国原创故事为基础，以美国的技术手段为支撑，在制片过程中，原力旗下的国际化工作团队进行了紧密合作，并不断互相学习。中国成员学习到好莱坞工业化的制作流程，同时也将其进行了本土化，在解决问题方面更加变通、灵活，消除了好莱坞大型studio创作时死板的层级关系。影片的全美独家发行权归属于Global Road Films，在英国由Entertainment Film公司保底发行150万英镑，国际市场（不含北美）由GFM协助保底发行，截至2018年销售总额逾1000万美元，超过此前"华语"影片在海外发行760万美元的收入纪录。[1]

此外，视频网站爱奇艺宣布，全球顶级儿童媒体尼克儿童频道（Nickelodeon）已经买下动画片《无敌鹿战队》的海外独播权。该片是尼克儿童频道全球预购的第一部由中国公司出品的动画片。未来，《无敌鹿战队》将在包括北美在内的全球160多个国家和地区通过80多个频道播出，成为首部被国际知名电视媒体预购并大范围播放的国产动画。这意味着中国原创动漫作品逐渐走向海外市场。在动漫内容输出的早期，漫画家夏达的作品《子不语》于2009年在日本集英社杂志 Ultra Jump 上连载，成为中国漫画海外输出的重要代表。暴走漫画出品的动画电影《未来机器城》于2018年9月7日在Netflix全球上线。腾讯动漫国际版于2019年3月上线北美之后，陆续上线东南亚、欧盟等32个国家及地区。[2]

（四）中国动漫IP产业加速国际化

2017年，在法国戛纳，国际电视艺术与科学学院颁发了第五届国际艾美奖儿童奖，由中国动漫企业奥飞出品的《超级飞侠》入围，这是国内首个IP动画获得国际一线大奖提名。截至2017年，奥飞已经与"一带一路"沿线20

---

① 搜狐：《〈妈妈咪鸭〉："国际风"中国动画出征全球市场》，http://m.sohu.com/a/225730264_247520，访问日期：2019年12月30日。

② 艾瑞：《2020年中国动漫产业研究报告》，百好家，发文日期：2020年5月25日，访问日期：2020年6月15日。

多个国家成为合作伙伴, 在动画播映、玩具销售、IP 授权、国际项目等方面展开了一系列合作。作为中国最大的玩具品牌商, 奥飞的玩具销售范围也遍及六大洲的 50 多个国家。2016 年, 受超级飞侠、爆裂飞车等一系列精品 IP 驱动, 奥飞玩具全年收入、单品销量均创历史新高, 玩具销售收入达 19.32 亿元, 同比增长两成, 销售玩具达 1 亿件。

同样, 中国动漫知名 IP《熊出没》2018 年第 7 次参展戛纳电影节, 证明了中国典型动漫 IP 的力量, 向国际传播中国文化。在本届影展上,《熊出没》系列动画片现场签约俄罗斯等近 10 个国家。在国内创下 6.05 亿超高票房的大电影《熊出没·变形记》也现场签约韩国、中东等 10 余个国家和地区。此外, 还要加上已经发行的美国、新加坡、马来西亚、印尼、柬埔寨等。[①]《熊出没》在欧美国家表现比较出色。在北美, 电影《熊出没之熊心归来》和系列电视剧《熊出没之春日对对碰》等内容于 2018 年 2 月登陆世界最大的收费视频网站 Netflix。在拉丁美洲,《熊出没》2016 年签约索尼影业开启战略合作, 索尼影业持续购进《熊出没》动画电影, 发行覆盖整个拉美地区。

中国动漫产业坚持 "1+3 战略", 以 IP 为核心, 实现了精品化、数字化、国际化。我们通过围绕 IP 进行的 3 次表现比较出色的转型升级, 打造了 IP+全产业链运营平台这一独特的商业模式。我们不仅生产内容、产品, 关键在于围绕 IP 进行立体式产业开发。

第五节　演艺产业

一、政策环境

（一）宏观政策助推行业发展规范, 简政放权、外资试点激发市场活力

2015 年 7 月 11 日, 国务院办公厅发布《关于支持戏曲传承发展的若干政策》, 提出要从培养、保护、发展、传承、普及等方面, 支持并推动戏曲的振兴与发展。同年 6 月 12 日, 文化部发布《关于实施中国（广东）自由贸易试

---

① 网易:《国产 IP 受关注 中国动画电影〈熊出没〉海外热播》, http://ent.163.com/18/0522/16/DIE2KVIQ000380D0.html, 访问日期: 2019 年 12 月 30 日。

验区、中国（天津）自由贸易试验区、中国（福建）自由贸易试验区文化市场管理政策的通知》，10 月，国务院发布《关于在北京市暂时调整有关行政审批和准入特别管理措施的决定》，都指出允许设立外资演出经纪机构。

2019 年，由文化和旅游部出台的《关于促进旅游演艺发展的指导意见》表明要注重旅游演艺产业的转型发展，计划到 2025 年形成繁荣、成熟的市场，并且打造出具有示范意义的品牌，带动价值链不断提升。

（二）政府助力演出市场，实行补贴与政策扶持

2018 年，中央财政向中央文化企业注资 15 亿元，也在各地相继执行了"政府给补贴、观众看好戏"的政策。此举在国家层面上，是对文化发展的支持；在企业层面上，是对文化创新的支持，有利于提高中国文化宝库的版权价值，形成知名的品牌标杆，并且推动文化与科技的融合。2018 年，共有 93 部剧目受到了政府部门累计 796 万元的助力，收获的票房达到 3400 万元，文化演出消费的人数也呈指数型上涨。在政府的扶持下，大众的文化消费潜能正在不断被挖掘。

2015 年至今的政策变迁不断地规范行业的发展。政府机构简政放权，对外资试验区给予支持，同时也给予一定的补助措施和政策，进一步激发了人们的文化消费潜力和市场发展的活力。

二、产业现状

（一）演出市场总规模微增，各类型演出收入持续上涨

2018 年，演出市场的总体经济规模为 514.11 亿元，2017 年为 489.51 亿元，同比上升 5.03%。其中，演出票房收入同比上升 3.03%，达到 182.21 亿元；农村演出收入同比上升 10.22%，达到 29.02 亿元；娱乐演出收入同比上升 1.99%，达到 78.56 亿元；演出衍生品及赞助收入同比上升 5.16%，达到 35.68 亿元；经营主体配套及其他服务收入同比下降 3.89%，降至 52.89 亿元；政府补贴收入同比上升 9.07%，达到 135.75 亿元。[①] 据前瞻产业研究院发布的《中国演艺产业市场前瞻与投资机会分析报告》预测，2019 年我国演出市场总体

---

① 中国演出行业协会：《2018 中国演出市场年度报告》，2019 年 7 月 26 日，http://www. capa.com.cn/news/showDetail/143425，访问日期：2020 年 6 月 5 日。

经济规模将达到 538 亿元，2023 年将达到 652 亿元。

从演出主体机构收入来看，2018 年末，全国共有 17123 个艺术表演团体，比 2017 年末增加 1381 个。全年演出场次达到 312.46 万场，同比增长 6.4%，其中国内观众达 13.76 亿人次，同比增长 10.3%。[①]2018 年，全国文艺表演团体总收入 230.77 亿元，同比增长 7.20%。专业剧场演出总场次 10.15 万场，同比增长 9.14%，总收入 165.25 亿元，比 2017 年上升 7.41%。全国演出经纪机构总收入 164.62 亿元，同比增长 8.64%。

从演出主要市场类型来看，主要分为音乐类演出（音乐会、演唱会、音乐节）、舞蹈类演出、戏剧类演出（话剧、音乐剧、戏曲、儿童剧）、曲艺杂技类演出、旅游演出及互联网演艺。2018 年，前 5 类演出场次分别为 2.68 万场、0.64 万场、5.81 万场、1.05 万场、6.31 万场，票房收入分别为 54.19 亿元、9.25 亿元、48.5 亿元、10.95 亿元、37.47 亿元。与 2017 年相比，除戏曲类演出外，其他类型的演出都呈现出较好的上升趋势。

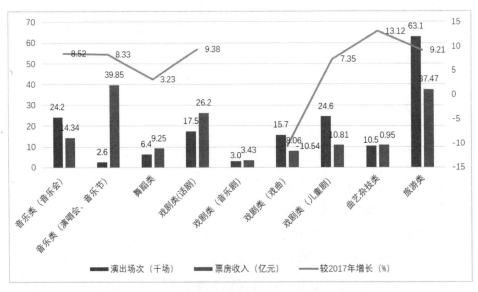

图 1-10 2018 年中国演出市场类型分类下的总场次与收入

来源：中国演出行业协会《2018 中国演出市场年度报告》，2019 年 7 月 26 日，http://www.capa.com.cn/news/showDetail/143425，访问日期 2020 年 6 月 5 日。

---

① 郑荔鲤：《中国音乐与演艺产业发展报告（2018）》，2019 年 10 月。

（二）新业态助力行业转型升级

自 2015 年以来，演出行业开启了诸多新的业态探索，并不断发展，逐步推动行业的转型升级。2015 年被称为"IP 元年"，不断涌现出改编自热门文学、影视、游戏 IP 的舞台作品，例如，由游戏 IP 改编而来的舞台剧《剑网 3·曲云传》、由经典文学 IP 改编的音乐剧《摇滚红与黑》等。剧目的题材、形式不再受到局限，而是不断注入新的活力。同时，剧目向影视作品方向的转化也开始呈现大热趋势，并于 2016 年达到了井喷，如根据话剧《夏洛特烦恼》改编的同名电影。

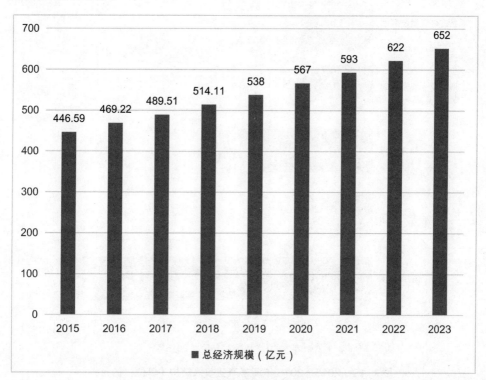

图 1-11 2015—2023 年演艺产业市场规模及预测

来源：中国演出行业协会《2018 中国演出市场年度报告》，2019 年 7 月 26 日，http://www.capa.com. cn/news/showDetail/143425；前瞻产业研究院，https://wenku.baidu.com/view/1e5d02080d22590102020740be 1e650e53eacf78.html，访问日期 2020 年 6 月 5 日。

2018 年，演出产业形成了"文化＋地产"的新趋势，通过联动商业中的其他业态，带来商业价值的复合式增长。如 2017 年，上海虹桥南丰城与开心麻花合作,在商场内部设立儿童剧院,同时加入了一批与受众相符的商业店铺相互附能,其年销售额同比大幅度增长。开心麻花的剧场院线除了具有戏剧演出功能,还拓宽了教育、参观、普及等功能。[1] 中国文化地产的发展通过将本土文化品牌与商业品牌进行结合,逐步形成联动共赢的产业链。

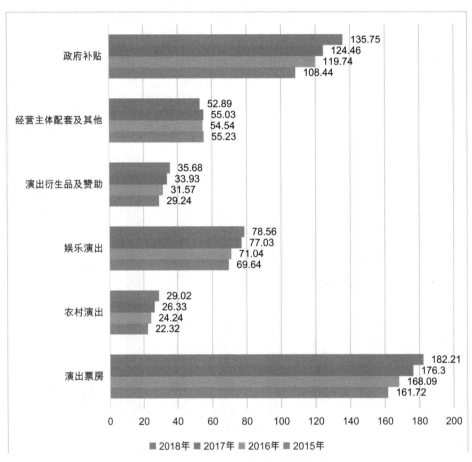

图 1-12 2015—2018 年演艺产业收入结构(单位:亿元)

来源:中国演出行业协会《2018 中国演出市场年度报告》,2019 年 7 月 26 日,http://www.capa.com. cn/news/showDetail/143425,访问日期 2020 年 6 月 5 日。

(三)网络直播与演出相互赋能,科技改变传统演出行业

2018 年,"直播+"成为热门词。直播与演出的深度融合,赋予了直播

---

① 中国演出行业协会:《2018 中国演出市场年度报告》,2019 年 7 月 26 日,http://www. capa.com.cn/news/showDetail/143425,访问日期:2020 年 6 月 5 日。

更高的价值，也拓宽了演出发展更多场景的可能。2018年，网络演出直播的用户规模达到4.35亿，互联网用户使用率为53%，市场营收超过400亿元。2017年，市场营收为304.5亿元，同比增长了约31%。网络演出直播在影响力、观看数量、经济收入等方面都大幅度上升。此外，诸多专为线上直播而举办的演唱会、音乐会不断涌现，拓展出新的行业形式。自2014年以来，网络演出直播也在逐渐被演出行业、专业机构及观众所接受。技术的进步使传统演出行业不断升级。但是，也存在着因网络延迟导致观看效果不佳等现状。随着5G时代来临，对于不足的现状也将加以改进，同时在虚拟现实、沉浸式方面的全新体验也同样值得期待。

三、对外贸易与国际传播

（一）与国际接轨更加全面与紧密

2018年，来到中国演出的国外知名乐团、剧团、舞蹈团逐渐增多。其中既有多次来华的世界名团，也有诸多首次访华进行演出的国际名团。同时，一些中国剧目也进入了海外主流市场，例如，中国舞剧《朱鹮》亮相林肯艺术中心，《大红灯笼高高挂》《过年》等芭蕾舞剧在海外市场大受欢迎，获得观众的关注。多个中国舞团受邀参加国际知名舞蹈艺术节并带来巡演，推进了国际化发展与交流。[①]

2019年国家艺术基金资助项目中，共有166项传播交流推广资助项目，其中有27项在国（境）外组织实施。这些项目资助支持各大艺术团体向国际展示中国文化魅力，成为对外交流的文化纽带。如中央芭蕾舞团的舞剧《过年》在亚洲、大洋洲巡演，中央民族乐团的民族器乐剧《玄奘西行》在美国巡演。[②]

（二）海外演出结合非遗与旅游元素，彰显文化自信

2018年被称为"文化与旅游深度结合元年"，同时也是非物质文化遗产受

---

① 中国演出行业协会：《2018中国演出市场年度报告》，2019年7月26日，http://www.capa.com.cn/news/show Detail/143425，访问日期：2020年6月5日。

② 国家艺术基金：《国家艺术基金2019年度资助项目立项名单》，http://www.cnaf.cn/gjysjjw/tztg/201812/dfd8da0bc045463db09a30c2905f62e7.shtml，访问日期：2020年6月5日。

到关注和重视的一年。将文艺创作同本土特色文化与非物质文化遗产进行融合,成为各地文艺团体的创作方向,得以将中国传统文化伴随艺术作品带到世界观众面前。例如在"2018 中加旅游年"活动中,四川省曲艺研究院带来了"蜀风雅韵"主题专场演出,其曲艺节目富有巴蜀文化特色,吸引了当地观众的关注。

"一带一路"倡议使得中国与沿线国家在旅游演艺方面的交流合作日益加深。例如山水盛典文化产业股份有限公司与越南 GAMI 集团共同创作了大型实景演出《越南往事》,在"一带一路"的重要站点越南会安成功首演,实现了作品与两国文化精神的融合。[①]

2019 年,政府大力扶持了诸多优质剧目的海外巡演,中国文艺表演"走出去"涵盖了民族音乐、交响乐、戏曲、杂技、曲艺及大型歌舞剧等多种演出形式,让海外观众通过舞台艺术感受中华文化的魅力。

(三)"一带一路"沿线国家交流主题化

2017 年,文化部印发了《文化部"一带一路"文化发展行动计划(2016—2020 年)》,指导中国与"一带一路"沿线的 60 多个国家签订文化交流合作协定。

近年来,演艺产业方面建立了诸多联盟,如"丝绸之路国际剧院联盟""丝绸之路国际艺术节联盟"。同时也在 10 多个"一带一路"沿线国家设立了中国文化中心,为"一带一路"国际文化交流活动发挥重要作用。文化部计划到 2020 年海外中国文化中心总数超过 50 个,举办以演艺活动为主的文化活动,为传播新中国形象贡献力量。在两个联盟的带动作用下,自 2017 年起,丝绸之路国际艺术节、海上丝绸之路国际艺术节、丝绸之路(敦煌)国际文化博览会等活动连年在参展参演国家和地区总数、演出场次、参展数量、成交额等方面创出新高。[②]

---

① 中国演出行业协会:《2018 中国演出市场年度报告》,http://www.capa.com.cn/news/showDetail/143425,访问日期:2020 年 6 月 5 日。

② 马明、李晓唱:《"一带一路"演艺娱乐业合作发展分析》,2020 年 4 月 8 日,http://www.doc88.com/p-17516960543347.html。

第六节　音乐产业

一、政策环境

2015 年，国家版权局出台《关于责令网络音乐服务商停止未经授权传播音乐作品的通知》《关于开展网络音乐版权重点监管工作的通知》等文件，持续优化中国音乐的版权环境，也对网络数字音乐中的侵权乱象进行了大力整治。12 月 1 日，国家新闻出版广电总局发布的《关于大力推进我国音乐产业发展的若干意见》中指出了当下促进音乐产业发展十项重要任务，计划到"十三五"末，音乐产业实现整体 3000 亿元产值的目标。这些政策意见全面推进产业综合体系建设，重拳整治音乐版权环境，持续优化音乐创作环境。

2018 年 3 月，人民音乐出版社启动了"国家音乐产业优秀项目奖励计划"，以落实国家新闻出版广电总局《关于大力推进我国音乐产业发展的若干意见》的文件精神，对于优秀音乐项目进行评选与奖励，鼓励营造良好的产业氛围，引导音乐产业的良性发展。

由此可见，出台的相关文件精神都指向对于音乐版权环境的重拳整治及持续优化，全面推进了音乐产业综合体系建设，营造出良性发展的产业氛围。

二、产业现状[①]

（一）产业各层产值增长，整体规模增长态势强劲

2018 年，中国音乐产业总规模达 3747.95 亿元，同比增长 7.98%。音乐产业分为核心层、关联层和拓展层，产值分别为 813.47 亿元、1834.4 亿元和1100.08 亿元，同比增长 5.28%、6.78%、12.21%。

核心层包括：音乐图书与音像出版、音乐演出、数字音乐和音乐版权经纪与管理。其中，音乐图书与音像出版产业对民族音乐作品加大了扶持力度，

---

① 中国音像与数字出版协会：《2019 年中国音乐产业发展报告》，2019 年 11 月 8 日。

同时儿童音乐专辑的出版成为新风向。音乐演出行业开启"音乐+"模式,将音乐与科技相融合,实现基于音乐的跨界融合及多样化的商业模式。随着数字专辑规模的扩大,版权运营、音乐社交、泛娱乐、UGC等盈利模式日趋成熟。版权经纪与管理产业均得到相关政策的加持。虽然版权经营日益规范,但在版权法规的执行效力、维权和大众的付费意识上依旧存有不足之处。

关联层包括:乐器、音乐教育培训和专业音响产业。乐器产业与人工智能相融合,拓宽了乐器消费的结构,并且与教育、服务等产业相融合,推进了更广阔的战略布局,促进了产业规模化、智能化与差异化。音乐教育培训市场表现十分活跃,但师资力量的缺乏是该行业的主要瓶颈,依托人工智能的"线上+线下"融合互补的教育方式将成为新方向。在专业音响产品中,智能音箱、无线耳机等产品因其兼顾音乐、互动和家用性能而发展迅速,且占据较大市场比重。演艺音响设备逐渐集成化,声光机械也在不断融合加强,将为观众营造出沉浸式的音乐体验场景,以满足观众日益增长的音乐文化消费需求。

拓展层包括:广播电视音乐、卡拉OK,以及影视、游戏、动漫音乐产业。

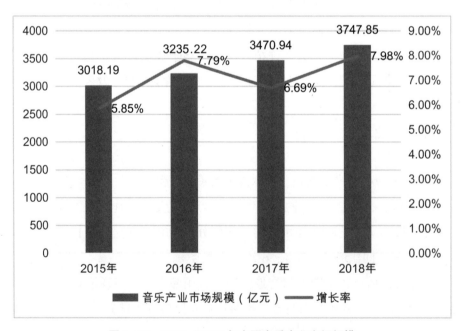

图1-13 2015—2018年中国音乐产业市场规模

来源:中国音像与数字出版协会《2019中国音乐产业发展报告》,2019年11月8日。

在广播电视音乐产业中，车载智能网络系统的快速发展大大增加了汽车音乐的多样性；电视和网络中的音乐综艺节目也伴随着音乐产业的发展而衍生出多种形式。在卡拉 OK 行业中，传统的 KTV 市场拓展了智能化、大众化的商业模式，同时拓宽了"线上 + 线下"的联动。其中，网络在线 K 歌、音乐社交、打榜娱乐等场景已经形成。未来，卡拉 OK 娱乐体验的提升有着无限的想象空间。在影视、游戏、动漫音乐产业方面，也实现了"影音 +"的战略整合，与数字音乐平台的结合，实现了制作、宣传、发行的一体化，强化了视听资源互通，为 IP 发展赋予了更多可能。

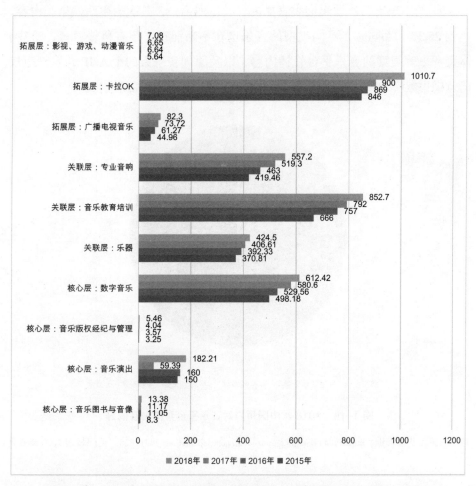

图 1-14　2015—2018 年中国音乐产业细分行业的市场规模（单位：亿元）

来源：中国音像与数字出版协会《2019 中国音乐产业发展报告》，2019 年 11 月 8 日。

（二）"互联网+"催化产业新机制新增长

2018年，数字音乐产业规模达到612.42亿元，用户规模5.5亿人，同比分别增长5.5%、5.1%，主要聚集在数字音乐平台、线上K歌平台、短视频和直播平台，盈利的模式也扩展到版权运营、音乐社交互动、泛娱乐、UGC等多种渠道。

此外，音乐也是泛娱乐直播行业的重要内容。自2016年起，数字音乐平台加入了短视频的板块，以时尚娱乐的形式增强用户的互动与黏性，进一步提升消费能力，激活数字音乐产业链。2018年，网络音乐用户达到6.75亿人，其中移动网络的音乐用户有5.53亿人。据艾媒咨询数据对内容偏好的显示，26.57%的用户更喜欢演唱会类直播内容，位列第一，其次为生活娱乐类内容，达到25.3%。[1] 同时，不同类型的音乐也在不断涌现，还有科普教育、游戏、体育赛事等类型的音乐平台直播内容，以及原创音乐人的个人IP开发、版权运营销售数字专辑等商业模式，催化数字产业的新机制和新增长。

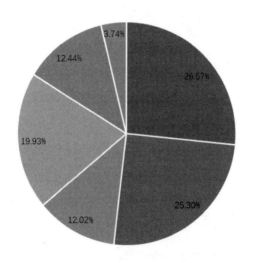

图1-15　2018年中国用户对音乐平台直播内容偏好

来源：艾媒咨询，https://data.iimedia.cn/page-category.jsp?nodeid=24711825，访问日期2020年6月5日。

---

[1] 艾媒咨询，https://data.iimedia.cn/page-category.jsp?nodeid=24711825，访问日期：2020年6月5日。

（三）逐渐形成"音乐 +"的产业融合形态

自 2015 年以来，音乐与其他产业或产业内部细分行业逐渐形成"音乐 +"生态体系。如"音乐 + 造星"实现了粉丝经济的复合化；"音乐 + 互联网"将演出搬到线上，与直播相互赋能；"音乐 + 科技"将音乐向智能化升级；"音乐 + 旅游"使文化得以融合发展；"音乐 + 影视"促进了 IP 的开发与改编。随着音乐产业壁垒的逐步打破，产业边界不断拓宽。

2018 年，"音乐 + 生活"成为音乐产业发展的新方向。音乐正在以多渠道渗透进人们的生活场景中，各大音乐平台也以开发场景消费为发展目标，实现"音乐 + 生活"的应用场景，用户可以在线听音乐，获得社交、表演等多元体验。

三、对外贸易与国际传播

（一）"一带一路"倡议推进行业对外贸易与国际传播

《关于大力推进我国音乐产业发展的若干意见》对于音乐产业的对外贸易与国际传播作了指示：一方面，要建立和完善音乐产业国际合作和对外交流机制，鼓励我国音乐人和企业利用丰富的文化资源，与海外音乐人和企业开展更多的创作合作，开发具有更多"中国元素"的民族音乐产品；另一方面支持对海外人才和商业模式的"引进来"与借鉴学习，发展具有中国特色的音乐项目。

为了响应"一带一路"倡议，丝绸之路沿线国家音乐学院成立了教育教学合作音乐联盟，通过合作办学、教师培训、学生互换访学等音乐教育交流与合作机制培育相关人才。同时，每三年与相关国家一同开展"丝绸之路"国际音乐论坛，由不同国家的音乐学院或音乐机构轮流举办。

随着"一带一路"倡议的不断推进，政策还鼓励音乐企业与沿线国家开展合作，形成资源、渠道、内容的共通共享，通过交流合作打开音乐创作的新格局。另外还可以通过博览会、艺术节、音乐节、交易会等展会，以及国际音乐赛事的举办，进一步加大版权、音乐及相关作品的输出力度，推动中国优秀音乐产品"走出去"，积极参与国际市场竞争，提高国际竞争力。

（二）政府加以扶持，发展音乐集聚区

2017 年 5 月，《国家"十三五"时期文化发展改革规划纲要》出台，指出当前音乐产业的发展至关重要。在政府的扶持下，截至 2019 年我国已在北京、上海、广州、成都、浙江等地相继创建国家音乐产业基地，其他地区也相继建设了音乐集聚区。与此同时，依托国家"一带一路"倡议的实施，加强了中国音乐"走出去"和"引进来"的力度，在国际领域进行更深层次的传播。通过打造诸多国际音乐节、音乐主题活动，实现集聚区"自我造血"功能，开拓国际交流与合作。

2018 年，国家音乐产业基地总资产达 275.89 亿元，主营业务收入为154.26 亿元，同比增长约 27%，入驻企业总数突破 1000 家。基地重点发展音乐类特色产业，剔除了园区中不相关的其他产业，加强对音乐氛围的营造，同时形成音乐产业资源在园区内的共通共享，使音乐生产力量集聚。国家音乐产业基地园区肩负着越来越重要的使命，首先要从源头加强优质内容的输出，创新商业模式，打造音乐品牌。发展原创和民族音乐也刻不容缓，以打造中国音乐对外传播的"中国名片"。

第七节　设计产业

一、政策环境

"十三五"规划指出，要以产业升级和效率提高为导向，发展工业设计等产业，深化流通体制改革，实施高技术服务业创新工程，建立与国际接轨的生产性服务业标准体系，提高国际化水平。2017 年，科技部印发的《"十三五"先进制造技术领域科技创新专项规划》中强调了工业设计在结构转型中的重要作用。2018 年 7 月，工业和信息化部发布《国家工业设计研究院创建工作指南》等文件，以响应《中华人民共和国国民经济和社会发展第十三个五年规划纲要》要求。

全国各省市也积极响应并推进工业设计行业的发展，如 2019 年河北省工业设计发展工作领导小组印发《河北省工业设计 2019 年工作要点》，明确指出全年要引进与培育的设计企业数量目标，提出到 2019 年底建成一批设计载体平台，发展一批设计服务机构，促成一批对接合作成果，推出一批设计应用明星产品等 4 个一批目标，初步展现工业设计的力量和成效。[①] 再如 2020 年 4 月，北京市科学技术委员会发布《关于 2020 年北京工业设计促进专项征集的通知》，聚焦助力全球科技创新、设计产业创新能力提升、产业融合等方面，以启动北京工业设计促进专项申报工作。[②]

可见，工业设计产业的发展日益成为重要任务，诸多国家及省市政策都在指向产业及效率的升级，通过结构转型与研究院建设等改革工作创新体系，针对性地采取转型措施，开展创新扶持等工作，与国际接轨，以期提高国际化水平。

二、产业现状

（一）设计产业初具规模，众多城市发展设计产业作为"立市之本"

各地对于设计产业的范围界定不一，且设计产业在我国国家统计层面没有明确的产业数据。从设计产业重要领域——工业设计的产业数据来看，截至 2017 年底，我国工业设计企业与工业园区的数量快速增长。我国拥有完整工业设计研发部门的企业和专业工业设计公司近 14 000 家，专业化工业设计产业园区超 60 家，以工业设计为主营业务的文化创意类和制造服务类产业园区超过 1200 家。[③] 工业设计就业规模及开设专业的院校数量也在持续扩大，全国已有超过 60 万的工业设计从业人员，600 多所高等院校开设了工业设计专业。在赛事与奖项方面，全国范围内已设立有百余项。同时，专利的注册数量也不断提升。

在我国，将发展设计产业作为"立市之本"的城市越来越多，北京、上

---

① 中国政府网：《河北省出台工业设计 2019 年工作要点》，http://www.gov.cn/xinwen/2019–04/21/content_5384906.htm，访问日期：2020 年 6 月 7 日。

② 北京市科学技术委员会：《关于 2020 年北京工业设计促进专项征集的通知》，http://kw.beijing.gov.cn/art/2020/4/29/art_736_517582.html，访问日期：2020 年 6 月 7 日。

③ 中国报告网：《2020 年中国工业设计行业分析报告》，http://baogao.chinabaogao.com/wentibangong/387750387750.html，访问日期：2020 年 6 月 7 日。

海和深圳均被联合国授予"设计之都"称号。国家统计局 2019 年发布了全国规模以上文化及相关产业企业营收数据，数据显示文化新业态发展势头强劲。其中，工业设计服务营收的增长速度在 20% 以上。[①] 2017 年，我国工业设计产业的市场规模已发展到近 1200 亿元，而且根据预测这一市场规模在 2023 年将达到 5083 亿元左右，2019 年至 2023 年的年均复合增长率约为 26.44%。

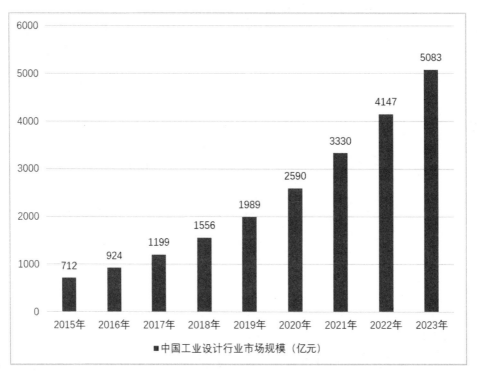

图 1-16　2015—2023 年中国工业设计行业市场规模统计情况及预测（单位：亿元）

来源：前瞻产业研究院，https://bg.qianzhan.com/trends/detail/506/190517-8aafb2f7.html，访问日期 2020 年 6 月 7 日。

（二）我国工业设计行业存在三大短板

我国设计产业的产业规模较小，还未形成标杆性的品牌企业。除此之外，我国设计产业行业中从业人员的创新意识和动力不足，资金有所缺乏，整体产

---

① 国家统计局：《国家统计局社科文司高级统计师殷国俊解读 2019 年上半年全国规模以上文化及相关产业企业营业收入数据》，http://www.stats.gov.cn/tjsj/sjjd/201907/t20190731_1682993.html，访问日期：2020 年 6 月 7 日。

业竞争力处于较弱地位。

近年来，我国工业设计企业更加注重产品外观的新颖，而未将其与产品的功能、用户的生活习惯及使用形式等方面进行深层次结合，所以完善现代设计体系尤为重要。为此，企业要加强员工在工业设计领域的专业知识和技能培养，不仅要掌握，更要将其灵活运用到产品研发、生产和服务环节中。与此同时，还要加强对社会大众生活方式的研究，以使创新更符合大众的需求。

除此之外，工业设计企业应用意识不足，存在盲目引进技术而不注重技术的现实应用的思维惯性。企业需要将工业设计作为产品研发过程中重要的一环，加强在品种开发、原型培育、制造流程优化等方面的深层次研发。[①]

三、对外贸易与国际传播

（一）21 世纪以来我国设计产业对外贸易增长迅速，持续处于出超地位

据联合国贸发会议统计，2015 年中国设计产业出口额达 1223.57 亿美元，占市场份额的 65.86%，2003—2015 年年均增长率为 14.86%。到 2020 年为止，中国是设计产品的主要出口国，在发展中经济体中排名第一，占发展中国家出口总额的 65%。2003—2015 年设计产业年均增长率在所有文化艺术产品类别中排名第一，达到 14.86%。其后分别是视觉艺术 14.77%，出版和印刷媒体 13.54%，手工艺品 12.9%。[②]

（二）我国设计产业仍然未达到国际先进水平

我国设计产业的发展水平并未像联合国贸发会议数据展现的那样乐观，中国大部分设计企业都是为国外企业服务的代工生产现象（OEM）不容忽视。大量 OEM 虽然使出口总量大幅上升，但同时也使我国企业对国外企业产生了依赖。另外，虽然我国很多设计品牌都有自己的知识产权，但实际缺乏自主研发能力。由于我国知识产权申请制度尚不完善，许多国内企业以"借鉴"的名义申请专利，他们只对国外设计稍加修改或者只改变了外观。这种基本上接近

---

① 前瞻产业研究院：《2019 年中国工业设计行业市场现状及发展前景分析》，https://bg.qianzhan.com/trends/detail/506/190517—8aafb2f7.html，访问日期：2020 年 6 月 7 日。

② 联合国贸发会议：《创意经济展望和国家概况》，2018 年 3 月。

复刻的方式,不仅在国际上难以打开市场,而且进一步削弱了中国设计企业的自主创新能力,形成恶性循环。①

(三)"一带一路"背景下,设计产业持续发力

宋慰祖曾表示,中国工业设计发展了 30 年,其中以讨论工业设计表面的、造型的、艺术的人居多,而进行跨界融合集成创新的人才还不够。面对"一带一路"所开创的巨大市场,国内的工业设计必须加快进入创新设计时代,以跟上发展步调,在世界具有引领性的产品上拥有中国工业设计成果,用自主创新的设计产品占领各方市场。

"一带一路"倡议走向世界,要有自主创新的设计产品与服务模式。首先要掌握完备的专业知识与跨界能力,在提高自身的同时,也要能够会聚各领域人才,构建相互配合、相互合作的团队。其次是扶持中小创意设计公司,支持组建联盟合作,推动专业能力及创新能力共同提升。同时,企业也应逐渐具备咨询与智库水平,推动企业产品创新发展。最后,强化合作联动意识,不管是

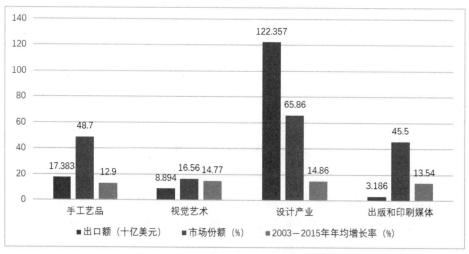

图 1-17 2015 年中国创意产品细分产业对外贸易

来源:联合国贸发会议《创意经济展望和国家概况》,2018 年 3 月。

---

① 文化部对外联络局:《中国对外文化贸易年度报告(2014)》,北京:北京大学出版社,2014 年版。

行业内部，还是跨界之间，都应加强群体合作，实现共享共赢。①

对于人才方面，在"一带一路"倡议下，沿线国家不同语言、不同文化、不同需求要求全方位培养设计师的才能。设计师不仅应掌握专业方法论，更应充分了解文化与需求，并且融入前沿科技、传统艺术等发展路线，创造设计出具有"中国名片"式的高品质产品。正如宋慰祖所说："工业设计俨然不再是一门技术，也不是一门艺术，而应该是一门哲学。这需要设计师转变思想，提升能力。"

"一带一路"倡议为中国文化"走出去"提供了良好氛围，从而推动了设计产业人才"走出去"的步伐，使得国际交流、合作与融合逐步常态化。这是不同文化、背景、语言甚至思维方式的交流碰撞，更是西方传统世界对于中国创造、中国设计认知的转变。

第八节 美术产业

一、政策环境

2016年，文化部对《艺术品经营管理办法》进行了重新修订，对艺术品经营规范、进出口经营活动、审批程序等作出了严格规定，明确提出艺术品经营单位不得有伪造艺术品来源证明等欺骗性行为，以加强行业秩序建设。

2017年2月，《文化部"十三五"时期文化发展改革规划》发布，提出要完善文化艺术产品市场，就要建立完备高效的文化要素市场，构建以信用管理为核心的监管体系，提高文化市场综合执法能力，以使现代文化市场体系更加完善。时任文化部部长雒树刚提出若干"十三五"文化改革发展重点，指出要发挥市场在文化资源配置中的积极作用，增强文化市场发展的内生动力。

总体来看，我国对艺术品经营等文化产业的管理日趋完善，从对艺术品经营中的造假行为作出的明确规定中可见一斑。与此同时，文化部当时也对文化产业整体布局作出规划，强调要发展多层次的文化艺术产品市场。在这些政

---

① 中国产业经济信息网：《机遇广阔 工业设计如何融入"一带一路"》，http://www.cinic. org.cn/xw/tjsj/，访问日期：2020年6月7日。

策的扶持下，我国文化产业正向着规范化、多元化的方向稳步前进。

二、产业现状 ①

艺术品购买力增速放缓。与 2017 年、2018 年相比，2019 年我国艺术品产业购买力增速放缓，主要原因是艺术投资的减少，而艺术投资在艺术品购买力当中担任着"主力"角色。除此之外，艺术的收藏，尤其是企业收藏的消费能力持续提升，对艺术品市场的收入贡献日益凸显。

政策、诚信、行业规范及体制的创新制约了我国艺术品市场的发展。在政策方面，出现了政策与艺术品市场当前发展阶段不匹配的现象。同时，对于已出台政策的连贯性保持也有待加强。在诚信方面，应建立起健康的交易诚信体系。我国艺术品市场存在着诸多违约和违法行为，比如在买受人方面存在对款项的拖欠现象，以及假拍等违规行为，亟待解决。在行业规范方面，国内艺术品鉴定评估存在标准不统一等乱象。要解决这方面的问题，需要建立健全评估鉴定的标准和审查、奖惩制度。

三、对外贸易与国际传播

艺术品出口额同比下降，国家支持日渐凸显。2016 年的国务院关税税则委员会《关于 2017 年关税调整方案的通知》以及 2018 年的国务院关税税则委员会《关于降低日用消费品进口关税的公告》中，对艺术作品及包括艺术品在内的日常消费品降低了进口关税的税率，税率由原来的 12% 降至 3% 甚至 1%。国家颁布的政策推动了海外艺术品的回流，对我国艺术品市场起到了扩充、保护的作用。

2019 年，艺术品出口额为 34 亿元，较 2014 年的 41.18 亿元同比下降 17.4%，较 2013 年的 63.5 亿元同比下降 46.5%。②

---

① 《〈2019 中国艺术品市场年度报告〉出炉》，https://www.zmkm8.com/zixun-9465.html，访问日期：2020 年 6 月 7 日。

② 林朝霞：《两岸艺术品市场报告（2018）》，2019 年 10 月。

中国倡导的"一带一路"建设不仅可以带动沿线各国的经济发展,同时也促进了沿线各国的文化艺术交流。作为文化大国,中国对文化艺术品市场的扶持力度正在逐年加大,中国文化软实力正在逐年凸显。

艺术品产业由于其唯一性和稀缺性,随着时间的推移产生了市场价格的增值效果。在过去,由于人们的收藏观念不强,也没有多余的流动资金用于购买艺术品,所以中国的艺术品市场形成较晚。在国际市场,在"一带一路"的背景下,艺术品市场成为继股票、房地产之后的第三大投资产业。

在"一带一路"倡议下,文化艺术产业逐步上升为国家倡导产业,日益成为生机勃勃的朝阳产业。为响应"一带一路"的号召,推动全球文物艺术的交流合作,中国艺术品行业举办了诸多国际活动。如"'一带一路'国际艺博会",与世界诸多国家形成战略合作,邀请各界重磅人物前来参加,向世界展示中国文化艺术。再如于香港举办的"文物艺术品高峰论坛",旨在向全世界全面阐述"文物艺术保护及交易"的战略理念,弘扬中华民族五千年的文明。此类文化交流活动使我国文化艺术组织更多与海外艺术家、拍卖行、博物馆及机构展开深入合作,促进中国文物艺术产业向全球市场延伸,逐步形成覆盖全球的生态圈。①

---

① 紫荆网:"一带一路"文物艺术品高峰论坛在港举行,https://baike.baidu.com/reference/22349119/7e4aKDdTYQknb3AwWhjbvLSRa9lEXuPb0rCXVyJBIn RUvurXp3xVuewF1q DGwEyEV9nFzLABOhOmgsTeX6pkeJKhtwlZpkQJ,访问日期:2020年6月7日。

第二章 "一带一路"视角下
艺术领域的组织创新力

曹林菁 陈菁菁*

　　"一带一路"沿线国家和地区民族和宗教众多，政治立场、利益诉求、市场机制、行为模式都存在巨大差别。在"一带一路"沿线文化传播与贸易的过程中，面对多种多样的国际文化艺术市场，我国文化艺术组织必须选择不同的发展战略。根据与贸易国的文化亲近度与市场规模，文化艺术组织要灵活且快速地作出战略规划，并进行不断的调整以应对多变的国际市场。在这个过程中，组织创新力发挥着至关重要的作用。

　　"一带一路"视角下的艺术产品对外贸易与国际传播，应在全球化语境下寻找普遍存在的文化共识。文化艺术组织应根据区域性的国际文化艺术市场，调整其区域市场的输出内容。一方面避免文化硬输出，另一方面让"一带一路"沿线国家和地区的消费者对艺术产品所承载的文化内涵产生价值认同与共鸣，在推动艺术产品的贸易发展的同时，促进沿线国家和地区人民对中华文化的理解，消除偏见、增进共识，这便需要组织创新力的持续作用。本章将在组织创新力理论溯源的基础上，构建"一带一路"视角下艺术领域的组织创新力分析模型，并运用模型对完美世界股份有限公司的组织创新力进行评估。

第一节　组织创新力的理论基础

　　组织创新力与内容创意力、艺术传播力、国际竞争力、市场营销力一起形成了互相作用的动态机制，并共同决定了艺术产品的对外贸易与国际传播

---

* 曹林菁，北京大学艺术学院艺术管理与文化产业方向 2018 级硕士研究生；陈菁菁，北京大学艺术学院艺术管理与文化产业方向 2014 级硕士研究生。

力。组织创新力并不能直接体现在贸易数据上，但它决定了组织发展的活跃性，形成了组织文化，是贯通艺术组织内容创意、对外传播、培养消费者、市场营销等的润滑剂。然而，组织创新力在众多国际文化传播力或文化贸易的研究中往往被忽视，极少被提及。

一、文化艺术组织的内涵

文化艺术组织是在文化艺术或相关的服务领域里为了一定的目标而组合起来的群体协作系统[①]，是指组织业务涉及文化艺术产品的生产、展示、传播、交易等相关环节的团体形态，是艺术机构、文化企业、艺术组织等常用概念的交替集合。

（一）分类标准

根据不同的标准，我们可以对文化艺术组织进行不同的分类，以进一步界定文化艺术组织的内涵与定义。

1. 所有制标准

按所有制标准，可将文化艺术组织分为政府组织、企业组织与私人组织。[②]由于归属关系的不同，文化艺术组织在系统结构与运作特点上有较大的区别。政府组织在所有文化艺术组织中占有相当比重，是主流艺术形态的代表，通常体现了官方的政策意志，由于其浓厚的行政色彩和丰富的行政资源，具有较高的社会影响力。企业化的文化艺术组织通常是营利性的商业机构，具有较高的市场活力。私人性质的艺术组织在设立宗旨与运作风格方面更具特色，更多地体现了创设者的愿望和意志。

2. 商业模式

另一种划分是按照商业模式进行划分，可以分为营利性组织与非营利性组织。营利性组织的文化艺术目标和商业目标都是很明确的，在组织结构、运作方式和效率要求方面与非营利性组织有很大不同。非营利性文化艺术组织的

---

① 耿纪朋、郑小红、龚珍旭：《关于艺术机构的思考》，《青年作家》2014年第12期，第79–82页。

② 同上。

工作目标和价值取向通常以社会效益为主，这与其经济来源有直接关系。非营利性组织的经费通常来自政府拨款和社会捐赠，更多地体现了公益性和捐赠者的意愿。本章主要讨论营利性文化艺术组织的组织创新力。

3.经营模式

根据文化艺术组织的经营模式，特别是业务范围，可将其分为艺术机构（主要有创作类、展示类、交易类等）和艺术相关机构。"艺术机构"是指在艺术领域为了一定的目标而组合起来的群体协作系统；"艺术相关机构"是指在艺术相关的服务领域里为了一定的目标而组合起来的群体协作系统，即在文化产业环境下以创意、生产、交换、营销艺术相关产品为方式，以获取商业利润为目的的组织，多为工商组织。可见，艺术机构的分类建立在人们对传统艺术领域机构归总的基础上，包含生产、展示、交易等日常生活所见的各类艺术产品的组织，既可以是非营利性的，也可以是营利性的，也包含了以艺术创作、展示、交换为主营业务的企业。这里将"艺术相关机构"专门提出分类，是具有合理性的。由于当下在"文化 +"新常态背景下，出现了很多复合型业务的文化企业，其业务内容包含艺术相关产品经营的各个环节，企业经营模式并非以艺术为主要内容。这类艺术相关机构还存在将艺术元素融入企业文化的特质，包括跨界融合构建全产业链的大型文化企业，如迈入"影游融合"的完美世界、构建影视生态的万达集团等。常见的文化艺术组织有国有文化艺术事业单位、国有文化企业、民营企业、行业协会、工作室等。

（二）概念界定

文化艺术组织还有诸如文化艺术机构、文化组织、艺术组织、文化企业等名称。通常语境下，文化艺术组织与文化艺术机构是等同的概念。在本文中，为方便讨论，将艺术机构规定为文化产业核心层的文化艺术服务组织，包括以艺术创作、展示、交换为主营业务的非营利性组织与营利性组织；将艺术相关机构规定为文化产业外围层与相关层，业务范畴涉及艺术文化相关的领域。①

文化艺术组织的概念是包含艺术机构与艺术相关机构的并集。文化艺术

---

① 向勇：《文化产业导论》，北京：北京大学出版社，2015 年版，第 61 页。

组织的范畴大于艺术组织，本文所讨论的文化艺术组织业务并不包含新闻服务、出版发行和版权服务等文化领域。文化企业与文化艺术组织的交集是在艺术或艺术相关的服务领域的企业，是工商组织类别。文化企业的范畴等同于营利性企业化的文化艺术组织范畴。

二、组织创新力的内涵

熊彼特创新理论是组织创新理论的理论根源。熊彼特（Joseph Alois Schumpeter）提出创新是"将一种从来没有过的关于生产要素的'新组合'引入生产体系"。在广泛意义上，各种可提高资源配置效率的新活动都属于创新。[1] 德国学者万德文（Van de Ven，1986）将创新定义为发展和实施包含技术、产品、工艺、管理各种层面在内的新思想，对创新的对象范围作出了更宽泛、更具体的界定。威廉·鲍莫尔（William J. Baumol）认为资本主义推动经济增长的内在动因并不是价格竞争，而是创新。创新通过三种途径推动增长：一是企业内部的创新活动；二是企业之间在创新过程中的竞争；三是企业之间在创新上的协作。[2] 达曼珀尔（Damanpour，1991）进一步将创新研究与组织结构相结合。创新的对象可以是产品、服务、技术、组织结构与管理系统，或是计划战略及程序。创新的采纳包括新思想或行为的产生、发展和实施三个阶段。[3]

在经济发展与市场竞争日渐激烈的全球市场，各种变化与机遇层出不穷，组织要在变化中保有长久的贸易竞争力，是否具有创新力就是一个至关重要的因素。国内外学者对于创新力的研究大致经过了三种演化过程：从创新水平研究到创新类型研究、从个体创新力研究到组织创新力研究、从环境影响创新研

---

① ［美］约瑟夫·阿洛伊斯·熊彼特：《经济发展理论》，叶华译，北京：九州出版社，2007 年版。

② ［美］威廉·鲍莫尔：《资本主义的增长奇迹——自由市场创新机器》，郭梅军等译，北京：中信出版社，2004 年版。

③ Damanpour, F., "Organizational Innovation: A Meta - Analysis of Effects of Determinants and Moderators," *Academy of Management Journal*, 1991, 34 (3): 555-590.

究到主观对创新环境感知的研究。[1] 从熊彼特 20 世纪初期开始讨论创新理论,之后经过"经济合作与发展组织"(OECD)的一系列阐释,《奥斯陆手册》将创新定义为"在商业实践、组织内部的工作现场或外部关系中的一种新颖而有价值的改进提升,一种针对产品(包括商品和服务)、工艺流程、营销模式或组织方式的改进提升"[2]。根据这一定义,创新可以根据对象细分为产品创新、过程创新、营销创新和组织创新。组织创新成为与产品创新、过程创新与营销创新并列的创新类型。

理查德·伍德曼、约翰·索耶、瑞奇·格里芬(Richard W. Woodman, John E. Sawyer, Ricky W. Griffin, 1993)将组织创新力定义为"一系列广义上的创新",将广义上的组织变化作为创新的特征。对组织创新力的理解包含创新过程、创新产品、创新主体、创新情景及以上因素的相互作用。[3] 在达曼珀尔(Damanpour, 1998)对创新定义的基础上[4],本文将组织创新力定义为在组织层次上(创新主体为组织本身而非个人主体)使新思想或行为产生与实现的能力,创新力同时代表着组织在某一特定情景中实现巧创新的过程。巧创新是"以科技创新为表征的硬创新"与"以文化创意为表征的软创新"的高度融合(向勇,2012)。创新力是组织变革的能力,是组织对外界环境变化作出反应或者是为引导环境的变化而预先行动的能力。

三、组织创新力的理论基础

(一)基于成员角度的组织创新力研究

20 世纪 50 年代到 80 年代,受社会心理学影响,早期对组织创新力的研究主要从组织成员的角度切入。此种以个体为中心的界说方式认为个人创造能

---

[1] 翟青:《企业创新力研究的学派比较》,《科技管理研究》2010 年第 14 期,第 16 页。

[2] 经济合作与发展组织、欧盟统计署:《奥斯陆手册:创新数据的采集和解释指南》,高昌平等译,北京:科学技术文献出版社,2011 年版,第 37 页。

[3] Richard W. Woodman, John E. Sawyer, Ricky W. Griffin, "Toward a Theory of Organizational Creativity," *The Academy of Management Review*, 1993, 18(2):293–321.

[4] Damanpour, F., Gopalakrishnan, S., "Theories of Organizational Structure and Innovation Adoption: The Role of Environmental Change," *Journal of Engineering and Technology Management*, 1998, 15(1):1–24.

力的高低往往是影响其所在组织能力的重要因素。源于这一流派的创新力研究，往往存在过于重视个人主体作用的问题，因此从 20 世纪 80 年代起逐渐受到学界的质疑。

（二）外部环境的影响

从 20 世纪 80 年代起，一些学者意识到，创新力研究不能仅局限于个体，他们开始尝试从组织环境的角度解释创新力。自此，环境氛围对于创新力的影响备受关注。如斯坦伯格·鲁伯特（Stemberg Lubart）、西蒙顿（Simonton）等都从社会学和组织学的角度，研究了社会环境与创新力的互动作用，并在进行创新力评估时选用环境氛围指标。环境因素首次被引入创新力研究中，创新力研究也从个体层面逐渐向团队及组织层面扩展。①

（三）组织结构

达曼珀尔（Damanpour，1991）提出了 13 种影响组织创新力的决定性因素，包括专业化（specialization）、功能分化程度（functional differentiation）、职业化（professionalism）、正规化（formalization）、集权程度（centralization）、锐意改变的管理态度（managerial attitude toward）、终生管理制度（managerial tenure）、技术知识资源（technical knowledge resources）、管理密度（administrative intensity）、宽松资源（slack resource）、外部沟通（external communication）、内部沟通（internal communication）、垂直层级分化（vertical differentiation）。以上决定组织创新力的因素可以归为两类：一类反映组织复杂性，如专业化、功能分化程度和职业化；一类反映官僚控制程度，如正规化、集权程度、垂直层级分化。②

汤姆·彼得斯和罗伯特·沃特曼（Tom Peters & Robert Waterman，1982）在《追求卓越》一书中首次提到了"宽严并济"（simultaneous loose-tight）的概念，具体指组织营造集权与分权适中的环境，采取督导与自治平衡的管理。他们指出，在一个组织中，内部关键部门应是高度集权的，但同时应在其他部

---

① 翟青：《企业创新力研究的学派比较》，《科技管理研究》2010 年第 14 期，第 16 页。

② Damanpour, F., "Organizational Innovation: A Meta-Analysis of Effects of Determinants and Moderators," *Academy of Management Journal*, 1991, 34 (3): 555-590.

门允许基层员工发挥个人自治、自由创新和创业精神。[1] 克里斯·比尔顿和斯蒂芬·卡明斯（Chris Bilton & Stephen Cummings，2010）进一步提出，宽严并济的原则包括官僚主义和自由流动元素并存的二元组织理论；同时推行机械的、有导向的和模糊灵活的结构；强调精简组织结构，简化结构设置可以鼓励个人和团队在基础原则下有把握地去行动，并逐渐适应这种自作主张的特定环境。[2]

弗雷特·罗杰斯（E. M. Rogers，1983）关注基于组织结构视角的创新采纳过程，包括创新启动和创新实施两个阶段。[3] 在他的理论基础上，达曼珀尔和高帕拉克里斯南（Damanpour & Gopalakrishnan，1998）发展了创新的两阶段理论，提出高的复杂性、低的正规化和集权程度有利于创新的启动，而低的组织复杂性、高的正规化和集权程度有利于创新的实施。由此可见，结构复杂性对创新的启动起到正面作用，而官僚控制则恰恰相反。[4]

（四）技术创新与管理创新

1988 年，迈耶（Meyer）和胡斯（Goes）提出组织是技术创新的基础，技术创新的发生以组织为载体。组织的不同结构特征，决定了企业内部资源配置方式、协调与控制模式的差异，从而影响企业技术创新的启动和实施。因此，技术创新能力要在组织层面上进行讨论。[5]

1978 年，达夫特（Daft）提出的双核心理论（the dual-core theory of innovation）在技术创新的基础上，更加强调了管理创新的作用，认为技术与管理是组织的两个核心，分别保障组织的生产和运营。技术层面与管理层面的创新思想，从产生到实施的路径不同。管理的创新思想往往产生于组织顶层并从上往下流

---

[1] ［美］汤姆·彼得斯、罗伯特·沃特曼：《追求卓越》，胡玮珊译，北京：中信出版社，2012 年版。

[2] Chris Bilton, Stephen Cummings, *Creative Strategy: Reconnecting Business and Innovation* (Wiley, 2010), p.199.

[3] 朱伟民：《组织理论与组织创新研究》，《商业经济与管理》2006 年第 1 期，第 36 页。

[4] Damanpour, F., Gopalakrishnan, S., "Theories of Organizational Structure and Innovation Adoption: The Role of Environmental Change," *Journal of Engineering and Technology Management*, 1998, 15 (1): 1-24.

[5] Meyer, A.D., Goes, J.B., "Organizational Assimilation of Innovations: A Multilevel Contextual Analysis," *Academy of Management Journal*, 1988, 31 (5): 897-923.

动；技术创新则更多地来自组织底层，并自下而上交流。高决策集权程度和高正规化水平有利于从上至下地开展管理创新；高专业技能、低集权程度和低正规化水平则有利于开展从下至上的技术创新。[①] 双核心理论主张，适应创新的组织结构既可能是机械的，也可能是有机的，这取决于创新的类型。这一理论更适用于大型层级组织中。

（五）从卓越组织原则到组织美德

引领组织发展的原则或美德，是决定组织战略管理的方针，也为组织创新力制造了内部的有机成长环境。上文所提及的由汤姆·彼得斯与罗伯特·沃特曼合著的《追求卓越》一书，指出了优秀组织所应遵循的 8 项原则，包括：

1. 崇尚行动，积极决策；

2. 贴近客户；

3. 自治域创业家精神；

4. 以人促产；

5. 身体力行与价值驱动（管理者）；

6. 坚守本业；

7. 组织结构简单，管理人员精干；

8. 宽严并济的特质。

然而，上述 8 项原则却没能全经得住实践的考验，唯有第 8 项原则成为一种革命性的洞见，直接向组织理论的最佳方式发出了挑战。[②] 比尔顿与卡明斯在"宽严并济"这一理论概念提出后，受 8 项原则的启发，进一步结合丹尼·米勒对彼得斯和沃特曼的主张所提出的反对意见，以及亚里士多德伦理学中对美德的定义，提出了战略组织化的 7 项美德，涉及组织战略管理的 7 个领域：文化、政治、学习、创意生产、职业导向、组织机构和变化方向，通过"过紧—合适—过松"的三类评价级别，对艺术文化组织战略管理的 7 个领域进行评价，进而显示出其战略管理对组织创新力的影响与作用。

---

① 朱伟民：《组织理论与组织创新研究》，《商业经济与管理》2006 年第 1 期，第 36 页。

② ［英］克里斯·比尔顿、［新西兰］斯蒂芬·卡明斯：《创意战略：商业与创新的再连结》，向方勇译，北京：金城出版社，2015 年版，第 219–221 页。

（六）小结

本节梳理了组织创新力研究的发展脉络。对组织创新力的研究可分成外部和内部两个方面。现有针对组织创新力外部环境影响的研究，主要从社会学与组织学的角度，分析其环境氛围要素。对于组织内部，早期研究主要以社会心理学角度关注个体成员。20世纪八九十年代，受组织复杂性理论等影响，学者对组织创新力的研究开始转向对组织结构变量的考虑。达曼珀尔（Damanpour，1991）提出了13种影响组织创新力的决定性因素，首次较为系统地提出了考量组织创新力的指标体系。随着管理学与创意管理理论的发展，比尔顿与卡明斯看到了战略管理对组织创意的影响，并在彼得斯与沃特曼的"宽严并济"的概念基础上，提出了创意战略组织化的7项美德。

表 2-1　战略组织的 7 项美德 [①]

领域	过分宽松	美好品德	过分紧绷
文化	瓦解的	适合的	同质化的
政治	民主的	精英领导的	独裁的
学习	幼稚的	二次学习	专业理性的
创意生产	空洞的	来自每一处	主观的
职业导向	分心的	多任务的	目光狭隘的
组织机构	开放式的	灵巧的	封闭意识的
变化方向	停滞的	稳重的	不断变化的

第二节　艺术组织创新力的评估模型

一、分析框架

对于组织创新力的研究大致可归于两大学派：过程学派和内容学派。前

---

① ［英］克里斯·比尔顿、［新西兰］斯蒂芬·卡明斯：《创意战略：商业与创新的再连结》，向方勇译，北京：金城出版社，2015年版，第227-228页。

者关注创新在潜在接受者中的扩散，研究对象是创新本身；后者集中研究引发组织创新的动因，以组织为研究对象。本文所探讨的文化艺术组织创新力，主要基于后者的理论范式。从组织理论出发的组织创新研究探讨了组织成员、组织结构和环境变量的影响。这些理论贡献者主要包括达曼珀尔（Damanpour，1988，1991）、金麟洙（Kim Linsu，1980）、金伯利和伊万尼斯科（Kimberly & Evanisko，1981）等。

对于文化艺术组织创新力的研究，需要兼顾外部环境维度与内部组织维度的考量。以文化艺术组织为研究对象，我们将在外部环境中对组织创新力产生影响的因素称为基础因素，将源自组织内部的影响因素称为核心因素。基础因素基于社会学与组织学对于组织创新力的研究，以及经济学中产业组织理论对市场势力的考量，主要评估社会环境或组织外部环境与创新力的互动作用。从组织所处的市场环境中，通过对市场结构的评估，反映组织的市场势力，并同时对企业间横向与纵向协作的合作机制，以及产学研的合作创新状况进行评价，以此解释外部环境对组织创新力的影响。

核心因素主要揭示组织创新力在组织形态中的动态作用机制。在社会心理学对组织内部成员的创新研究基础上，参考管理学中领导特质理论与认知学派对个人创新的研究，首先我们将创新个体作为核心因素之一，其次是组织结构因素。这里基于达曼珀尔（Damanpour，1991）对结构变量的研究，在对组织复杂性和官僚控制两组分析的基础上，调整并提出"组织复杂性"与"控制体系"两个层面的指标。此外，还要考虑"宽严并济"的理论概念，将包容度作为另一组结构指标。最后，使得组织得以有机动态运作的战略管理，成为另一个核心因素。以"宽严并济"为主要原则，通过对艺术组织4项美德的评价，审视不同组织内部战略管理与创新力之间的互动机制。

相对于组织创新力研究成果的广泛性和深入性，对文化艺术领域的组织创新力的相关研究相对较少。对于其组织创新力的研究在基于上述理论范式的基础上，需考虑文化艺术组织本身的特性。由于组织创新力研究本身仍然存在着不稳定的因素，如难以区别不同类型的创新、对创新采纳的过程存在多结果多阶段的影响、对同一变量学界存在不同的测量方法等，这都对文化艺术组织创新力的研究构成了挑战。

二、指标体系的构建

（一）类型与原则

组织创新力指标体系，为对外贸易与国际传播力指标体系下属单项指标系统。只针对我国文化艺术组织在组织创新方面的评价，为避免与内容创意力这一单项指标体系重合，并使得对外贸易与国际传播力这一总体指标体系的构建得以有机集合，在组织创新力的指标体系中，所选择的指标不包含内容层面的技术创新因素。

依据指标体系的内在逻辑关系，组织创新力的指标体系主要以描述性指标体系的形式，反映系统的实际状况或条件，具有以下几个基本功能：

1. 汇集描述组织创新力状况与在文化艺术领域的组织发展趋势的基本数据；

2. 作为搜集组织创新力（艺术组织）数据的框架；

3. 构成各项统计协调统一的基础。

根据组织创新力的性质、层次和存在形态，对其评价不能基于单个指标数据而完成，须考虑诸多方面的因素。因此，本章节的指标体系在构建时应遵循现实评价与预期评价相结合的原则。现实评价即为对组织创新力的已实现指标的评价，预期评价即为对组织创新力的发展空间的评价。基于这一原则，现实评价对应于文化艺术组织的现有创新力和短期创新力，预期评价对应于文化艺术组织的潜在创新力与长期创新力。

（二）基础要素与核心要素

本文以达曼珀尔（Damanpour，1991）提出的 13 种影响组织创新力的决定性因素为蓝本，并综合参考社会心理学、经济学、管理学、产业组织理论等多领域学者的研究成果与文化艺术领域发展的实际情况，对组织创新力下的指标进行了增减整合，使其更加全面、科学和符合我国文化艺术组织创新力发展的实际情况。

本文提出的文化艺术组织创新力的评价指标体系由五大要素组成。

1. 文化艺术组织创新力的基础要素

文化艺术组织创新力的发展有赖于一定的市场环境与基础要素。外部市场结构与组织间合作机制两大要素构成了文化艺术组织的发展环境和前提条件，成为文化艺术组织创新力成长的决定因素，具有客观性和基础性。

（1）市场结构

市场是创新要素与创新成果的重要载体，在贸易中是创新资源的主要配置方式。作为创新主体的艺术组织（以营利性组织为主），一方面依赖市场获得创新要素流动空间和路径，另一方面通过市场为创新成果转化和创新效益实现提供渠道和保证。1970年，哈佛学派的代表学者谢勒（M. Scherer）在贝恩的基础上提出了"结构—行为—绩效"三段式范式，即SCP分析框架。这一范式认为市场结构决定厂商行为，厂商行为决定市场绩效。随着产业组织经济学的进一步发展，研究学者也越来越关注这三者之间的双向关系与动态变化。这里的市场结构，是指影响竞争和垄断性质及程度的市场方面的因素[①]。虽然在20世纪70年代后SCP范式逐渐走向低潮，芝加哥学派的价格理论分析框架开始发展，但是SCP框架仍然是一个有生命力的分析框架。无论是在反垄断实践中，还是在司法实践中，市场结构仍然成为衡量组织行为与市场绩效的重要因素。

可以肯定的是，"市场结构"对组织行为起着至关重要的作用，而组织行为本身即是组织创新力的体现。因此，本文将市场结构作为影响及决定艺术组织创新力的外部基础要素，由市场集中度、进入壁垒、产品差异性、政府管制等因素决定。（其中，考虑到文化艺术组织的特有属性，虽然政府管制是影响市场结构的重要因素，但在本文中将其放入政策推动力的指标体系中进行专门考量。）需要提到的是，对外贸易的文化艺术组织有很大一部分都面向国内市场与国际市场。不同区域的市场结构、进入壁垒、与竞品的产品差异性，以及各区域政府管制的力度与方式都各不相同。因此在考虑外部市场环境对组织创新力的影响时，应该结合多区域市场的状况进行分析。

（2）组织间合作

正如上文所提及的，本章讨论的组织创新力，以营利性的文化艺术组织为主。因此我们将从两个维度对文化艺术组织与外部组织的合作环境进行考

---

① 黄桂田：《产业组织理论》，北京：北京大学出版社，2012年版，第8页。

量。这两个维度分别是企业间合作与产学研合作。

①企业间合作

企业间合作创新的对象众多，可大致分为两类。一类是具有横向关系的竞争者之间的合作，另一类是具有垂直关系的客户与供应商之间的合作。不同性质的合作主体其信任程度、知识吸收与传递的效果不尽相同，因此其对组织创新力的影响也各不相同。向勇（2015）认为文化艺术组织的创新驱动就是文化创新与科技创新的双轮驱动，即"巧创新"的驱动模式。文化艺术组织所依赖的文化技术可以分为硬技术和软技术，对应的创新模式可以分为"硬创新"与"软创新"。前者是以科技为主导的创新，后者是针对产品文化机制的创新，是改变产品象征价值和符号价值的创新。文化艺术组织的创新，要超越"硬创新"，关注"软创新"，从而实现在审美价值创新和产品的功能差异创新这两个层面上的"巧创新"。[①]

各学者对这两类企业之间合作对创新力的影响各持观点，且大多聚焦于针对硬技术的硬创新。阿霍·G（Ahuja, G., 2000）、米奥蒂和萨克瓦尔德（Miotti & Sachwald, 2003）、涅托和圣玛利亚（Nieto & Santa Maria, 2007）认为垂直关系的组织间合作对创新力具有正向影响。阿霍·G（Ahuja, G., 2000）认为横向关系的组织间合作仅对创新力产生次要影响[②]。米奥蒂和萨克瓦尔德（Miotti & Sachwald, 2003）提出行业竞争性越强，竞争者间的合作越频繁[③]。对科技型企业而言，英克彭和皮恩（Inkpen & Pien, 2006）认为横向关系的合作对组织创新力具有正面调节的作用[④]，格耶瓦里和派克（Gnyawali & Park, 2011）提出巨头间的合作对提升技术创新方面是有益的[⑤]，但詹森

① 向勇:《文化产业导论》，北京：北京大学出版社，2015年版，第151页。

② Ahuja, G., "Collaboration Networks, Structural Holes, and Innovation: A Longitudinal Study," *Administrative Science Quarterly*, 2000 (3): 425–455.

③ Miotti, L., Sachwald F., "Co-operative R&D: Why and with Whom?: An Integrated Framework of Analysis," *Research Policy*, 2003 (8): 1481–1499.

④ Inkpen, A. C., Pien, W., "An examination of collaboration and knowledge transfer: China‐Singapore Suzhou Industrial Park," *Journal of Management Studies*, 2006 (4): 799–811.

⑤ Gnyawali, D. R., Park, "B. J., Co‐Opetition Between Giants: Collaboration with Competitors for Technological Innovation," *Research Policy*, 2011 (5): 650–663.

（Jensen，2007）认为与竞争者的频繁交往和较低的创新水平相关[①]。

本文根据巧创新的两个层面，结合合作创新理论，认为对于审美价值创新而言，无论是横向还是纵向的组织间合作，都具有较高的正外部性。对于硬技术创新而言，审美价值创新的技术壁垒较低，对组织创新力的影响是正向的。对于产品功能差异创新而言，横向关系的合作机制并不利于突破性创新的产生，仅能产生次要的影响；而垂直关系的合作机制，则与文化艺术组织创新力具有显著的正相关性。

②产学研合作

自20世纪70年代起，产学研合作就成为促进社会经济发展的重要形式，其对创新的推动作用更是引起了广泛的关注。产学研合作是指企业、科研院所与高等学校之间的合作。当前，协同创新成为我国理论发展与实践道路的共识战略，产学研合作在成为协同创新重要组成部分的同时，亦是影响组织创新力的重要外部因素。国内外学者对产学研合作的研究，多集中于对产学研合作机制、合作模式、知识管理及合作主体的诉求、影响因素等方面，[②] 对于艺术组织所参与的产学研合作研究相对较少。本文将产学研合作作为存在于组织外部的因素之一。

如何有效评估产学研合作的效果，一直都是政策制定者和各界学者讨论研究的重点。一般来说，产学研合作绩效评价主要是从合作各方在合作中的贡献度、预期目标的完成度及合作各方的满意程度等几个方面进行。本文认为，对于产学研合作的绩效评估，应特别考虑其对于组织创新力的影响，尤其是文化艺术领域。

2. 文化艺术组织创新力的核心要素

从组织的最小组成单位——个体，到构成企业根本的群体组织形态，再到领导并推动组织使命与愿景产生的战略管理，这是构成组织从有形到无形的三个层面。同样，对于文化艺术组织而言，这三个层面的发展也对组织创新

① Jensen，M. B.，Johnson，B. Lorenz，E.，"Forms of Knowledge and Modes of Innovation，" *Research Policy*，2007（5）：680–693.

② 赵铮、陈洪转：《国内外产学研合作理论研究概述》，《管理观察》2016年第7期，第144页。

力产生了至关重要的作用与影响。因此，创新个体、组织结构与战略管理共同组成了直接参与艺术组织创新力构成的核心要素，将决定艺术组织的创新力程度，具有较强的主观性与选择性。

（1）创新个体

受社会心理学影响，学界早期对组织创新力的研究长时间聚焦于组织的创新个体，其研究内容涉及认知理论、发散思维理论与联想层次理论等，代表学者有雷蒙德·菲弗（Pfeiffer，1978）[1]。直到 20 世纪 80 年代，研究者才逐渐将视线转移到个体之上的维度。个体特征，特别是个体的创新性特征，是影响组织创新行为乃至组织创新力的重要因素。本文肯定个体创新的作用，并尝试从创意与天赋和内在动机这两个方面的因素定性衡量创新个体在文化艺术组织中的作用，及其与组织创新力之间的动态作用关系。

（2）组织结构

考虑到达曼珀尔（Damanpour，1991）所研究的组织结构变量，结合克里斯和斯蒂芬（Chris & Stephen，2010）对"宽严并济"的研究成果，本文将结构复杂性、控制体系与包容度作为组织结构要素中的三组考量影响因素。其中，结构复杂性包括专业化、功能分化程度和职业化；控制体系主要包括正规化、集权程度和垂直层级划分三方面因素；包容度指部门间对员工发挥个人自治、自由创新的包容度。

在以达曼珀尔（Damanpour，1996）为代表的早期研究中，结构复杂性等同于组织复杂性，被看作是由组织结构客观决定的特征。通过测量结构复杂程度就可以确定组织复杂性水平，提出了专业化程度、功能分化程度和职业化程度等测量结构复杂性的维度。后来，随着复杂性理论的不断发展，一些学者开始从认知视角理解组织复杂性，认为结构的复杂或简单程度不是依赖于结构本身，而是依赖于人们认知和描述它的方式，为复杂性研究注入了主观因素。除了组织结构外，组织复杂性还应考虑决策过程、目标系统、关系网络、组织内外部复杂性等因素。为避免概念混淆，基于本文将组织结构作为文化艺术组织

---

[1]　Raymond Pfeiffer, "Scientific Concept of Creativity, " *Education Theory*, 1979（2）：133. 转载自王占军：《大学创新力的影响因素分析》，《高校教育管理》2008 年第 3 期，第 52 页。

创新力的核心要素，因此将结构复杂性作为体现组织结构的一个静态衡量因素，由专业化程度（组织中人才的专业化程度）、功能分化（伴随着组织结构而产生的岗位分工）与职业化程度（以群体为单位，形成一定的工作习惯、组织规模，在市场上具有一定权威性的职业化程度）构成。

达夫特（Daft，1978）认为，控制体系是组织管理核心中的重要考量因素。在这里，我们将其纳入对组织结构的分析因素，体现组织结构中的动态机制。组织的正规化为控制体系的构建奠定了基础，而集权程度体现了组织在"宽"与"严"中选取的平衡点。过度集权的组织会明显削弱其组织创新力，而过分自由的组织常因决策机制的过度民主化，导致决策与工作效率缓慢，难以推进创新。因此，集权程度也体现了不同组织内部控制体系的核心情况。垂直层级划分程度决定了控制体系无论是自上而下还是来自中层领导力的动态控制机制，是否能够有机运行。过度扁平的组织结构会使得组织松散，对创新的激励降低，而过多垂直层级的组织则难以激发组织基层的创新力。

特定组织的包容度，体现在组织结构中反馈机制的设定，以及对员工个人自治与自由创新的制度设定。我们不严谨地将上述三个因素进行比喻，那么结构复杂性就是骨骼，控制体系决定了骨骼外包裹的脂肪与肌肉的比例，而包容度就是其中连接并激发运动的软组织。这三者结合形成了组织结构。

（3）战略管理

在《追求卓越》8项原则及伊卡洛斯命运的启发下，根据亚里士多德对美德进行的描述，比尔顿和卡明斯（Bilton & Cummings，2013）提出了战略组织所应具有的7项美德，即对培养创意战略来说非常重要的组织特征。那么，战略管理与组织创新力是否是紧密关联的呢？战略管理从以下7个领域：文化、政治、学习、创意生产、职业导向、组织机构和变化方向对组织不断进行着平衡，在两个极端（集权与分权）之间找到最适于自己组织的平衡点（宽严并济）。本文认为，这种平衡点的选择将对组织创新力构成直接影响，因此将战略管理作为组织创新力的核心因素。这里所提倡的战略管理应是宽严并济的。我们将前4个指标与7项美德中的重合部分进行整合，并特别选择了其中的4项美德，以体现并评价战略管理与组织创新力的相互作用关系。

表 2-2　战略组织的 4 项美德 [①]

领域	过分宽松	美好品德	过分紧绷
文化	瓦解的	适合的	同质化的
学习	幼稚的	二次学习	专业理性的
组织机构	开放式的	灵巧的	封闭意识的
变化方向	停滞的	稳重的	不断变化的

三、组织创新力的评价指标

本文坚持系统性、全面性、可操作性的评价指标选取原则,建立了两大板块(构成组织创新力的基础要素与核心要素),5 个二级指标(市场结构、组织间合作、创新个体、组织结构、战略管理),15 个三级指标,共 40 个指标(见表 2-3)。

表 2-3　艺术组织创新力体系表

指标板块	二级指标	三级指标	
基础要素	市场结构	市场集中度	国内市场
			海外市场
		进入壁垒	经济壁垒
			文化壁垒
		差异化	定价
			技术
			功能
			文化

---

① 〔英〕克里斯·比尔顿、〔新西兰〕斯蒂芬·卡明斯:《创意战略:商业与创新的再连结》,向方勇译,北京:金城出版社,2015 年版,第 227-228 页。

续表

指标板块	二级指标	三级指标	
	组织间合作	企业间合作	横向关系合作
			垂直关系合作
		产学研合作	创新成果量
			创新目标完成度
核心要素	创新个体	创意与天赋	
		内在动机	
	组织结构	组织规模	员工人数
			销售额
			资产总额
		结构复杂性	专业化
			功能分化
			职业化
		控制体系	正规化
			集权程度
		包容度	
	战略管理	文化	
		学习	
		组织机构	
		变化方向	

第三节 艺术组织创新力案例分析与发展建议

不同于一国或者某行业的竞争力或创新力可进行深度的行业调研,并进行实证分析,组织创新力的指标体系主要服务于不同的组织。这一指标体系能帮助组织领导者及管理者更好地了解其组织创新力的现状,了解其短期内组织创新力的发展情况,并进一步制定组织创新力的长期发展战略,从而促进我国文化艺术产品的"一带一路"贸易合作。在本节我们主要以游戏与影视行业为背景,特别关注影游融合领域的发展现状,以完美世界(北京)网络技术有限公司(以下简称完美世界)为主要研究对象,通过对客观指标的比较分析,验证艺术组织创新力的基础要素指标,并通过多次对完美世界的员工进行访谈,结合相关文献分析,对完美世界组织创新力的核心要素指标进行验证。

一、案例选择

在全球化的浪潮下,游戏与影视作为中国文化艺术产业的两大领域,近年来在"一带一路"文化艺术产品对外贸易方面展现了绝对的实力与不可估量的发展潜力。中国自主研发网络游戏在海外市场的实际销售收入加速增长,在2019年达到115.9亿美元,同比增长21%。游戏出海已成为中国游戏企业的重要收入战略,海外游戏市场已成为中国游戏企业的重要收入来源。[①] 目前,我国网络游戏行业的主要竞争者包括综合性互联网企业、游戏研发企业和游戏运营企业三大类。由于在资金、客户基础和技术积累等方面占据规模优势,我国网络游戏行业呈现整合趋势,大型综合性互联网企业在行业内独占鳌头,基本覆盖游戏研发、发行与运营的全产业链。具有代表性的企业有腾讯、网易、盛大、完美世界等。

近年来,国内网络游戏市场增长迅速,随之而来的是行业竞争的加剧。随着国内网络游戏研发技术的提高和市场的逐渐饱和,自研游戏出海已经成为国内游戏企业的共同选择。在对外贸易中,自研游戏具有高利润率和高附加值,拥有自主知识产权和较大的文化承载力,在实现经济效益的同时促进了中国文化的对外交流。在中国文化艺术产品的出海征程中,一些大型文化企业陆续将"外向型"发展作为企业的主要战略方向,完美世界便是影游行业中的先行者和优秀典范。作为第一批走出国门的游戏公司,从2006年起,完美世界已在游戏出口贸易领域深耕十余年,开拓了广阔的国际市场,将旗下的游戏、

---

① 央广网:《2019中国游戏产业报告发布》,https://baijiahao.baidu.com/s?id=16534025167
99087310&wfr=spider&for=pc,访问日期:2020年3月12日。

影视、教育等文化艺术产品出口至 100 多个国家和地区，并在欧洲、北美、日本、韩国、东南亚等地设立了 20 多家子公司。目前，完美世界已经连续多年蝉联中国网游出口第一名，其在国际市场的长期突出表现与对中国文化传播的持续助力得到了广泛认可，荣获"中国时间"2018 年度"国际发展奖"。[①]

伴随着市场版图的扩张，完美世界已从最初的网游公司成长为国际化的文化集团，覆盖文化内容的生产、出口和本土销售运营的全流程，成功摸索出了一套文化艺术产品出口模式。作为具有高度适应性及快速调整能力的大型文化企业，特别是对于更新迅速的游戏领域而言，完美世界的组织创新力十分值得研究。希望通过对完美世界组织创新力的评估，也能给我国文化艺术组织带来一些有益的借鉴与启发。

"作为创意文化产业的代表，我们一直在推动中国文化与我们的产品一同走出去；在解决了生存和发展的问题后，我们更加感受到自身的使命感，坚持以大国心态推动全球性、开放式、可持续发展的大文化产业的形成和发展，让中国文化通过网游在世界文化领域中占据重要的位置。"[②] 中国当代动漫艺术展在莫斯科举行开幕仪式时，完美世界官方发言人王雨蕴曾公开表示。

二、基础要素评估

（一）市场结构

在对完美世界的外部环境考量中，至少需要区分国内市场与海外市场不同的市场结构，以及处于不同区域的市场结构组合中，外部环境对完美世界组织创新力的影响作用。

1. 国内市场

近年来，国内游戏行业发展势头强劲，迅速成长。根据历年中国游戏产

---

① 完美世界：《出海 10 年传播中国文化 完美世界荣获国际发展奖》，完美世界官网，http://www.wanmei.com/wmnews/wmnews2019/20190306/217013.shtml，访问日期：2020 年 3 月 1 日。

② 文汇报：《中国游戏在俄罗斯打开"完美世界"》，中国新闻网，http://finance.chinanews.com/it/2013/10-07/5346986.shtml，访问日期：2020 年 3 月 1 日。

业报告披露的数据，我国网络游戏市场销售收入在 2009 年仅为 256.2 亿元[①]，到 2019 年这一数字达到 2308.8 亿元[②]，在十年间翻了近十倍。但是，随着市场竞争的加剧和政策监管的收紧，近年来国内游戏市场销售收入增速渐缓，市场空间在不断缩小。

在游戏出海的过程中，我国的游戏企业逐渐形成了两类不同的发展方式。一类以自主研发为内核，同时构建海外发行体系，开拓国际市场，一般体量较大，如完美世界、智明星通等；另一类则专注为中小型研发企业提供专业化海外运营服务，将国内精品引入海外市场，推动海外收入的增加，如易幻网络。

2. 海外市场

随着国内游戏市场的逐渐饱和，为了规避市场竞争，在强市场监管下享受政策红利，越来越多的企业开启了海外市场的拓展。2019 年，中国自主研发网络游戏海外市场实际销售收入达 115.9 亿美元，约合人民币 825 亿元，同比增长 21%，增速远高于国内销售市场。[③] 仅七年的时间，这一数字就从 2012 年的 5.7 亿美元增加了 19 倍有余，可见我国游戏产品对外贸易的飞速发展。

具体来看，我国游戏出口的地区集中度下降，覆盖面更广。早年东南亚地区占据中国网游出口约 70% 的份额[④]，到 2019 年中国自主研发游戏最主要的海外市场已成为美、日、韩，这三国的销售收入总计占海外总收入的 67.5%。[⑤] 这说明我国自研游戏的技术水平不断提高，在游戏产业传统强国的市场竞争力提高。

我国网络游戏企业的国际竞争力迅速成长，尤其是在移动游戏领域取得了全球领先成就。据伽马数据和 Newzoo 合作完成的《2018 年全球移动游戏企

---

① 腾讯游戏：《〈2009 年中国游戏产业报告〉发布》，腾讯网，https://games.qq.com/a/20100120/000469.htm，访问日期：2020 年 3 月 1 日。

② 新浪游戏：《2019 年度中国游戏产业报告发布》，新浪游戏，http://games.sina.com.cn/y/2019-12-19/ihnzahi8554477.shtml，访问日期：2020 年 3 月 1 日。

③ 新浪游戏：《2019 年度中国游戏产业报告发布》，新浪游戏，http://games.sina.com.cn/y/2019-12-19/ihnzahi8554477.shtml，访问日期：2020 年 3 月 1 日。

④ 镐军亚、周云：《中国网络游戏出口俄罗斯的市场环境与拓展策略》，《对外经贸实务》2016 年第 2 期，第 83-85 页。

⑤ 新浪游戏：《2019 年度中国游戏产业报告发布》，新浪游戏，http://games.sina.com.cn/y/2019-12-19/ihnzahi8554477.shtml，访问日期：2020 年 3 月 1 日。

业竞争力报告》显示,在全球移动游戏企业 35 强中,中国企业包揽前两名,共入选 13 家。[①]

（二）进入壁垒

在传统产业组织理论中,进入壁垒是指潜在的进入者在进入某市场时所受到的阻碍,反过来说,也可以理解为产业中原有企业对于潜在进入者的优势。传统产业组织理论认为,构成进入障碍的主要因素包括：

①绝对成本优势障碍；

②规模经济障碍；

③政策和法律导致的进入障碍。

对于文化艺术领域而言,在对进入壁垒的考量中,还缺少了十分重要的一个因素,即文化壁垒。由于文化艺术产品的特殊性,在考虑出口国际市场时,不可避免地存在"文化折扣"现象,即所谓的文化壁垒。在亚洲热卖的游戏,在北美地区是否能够被接受,除了考虑成本优势、规模经济、政策法规之外,或许更为重要的是其面临的文化壁垒。由于文化认知差异的存在,受众在跨文化接受文化艺术产品时,其兴趣、接受程度、理解程度等都会大打折扣,这就是所谓的"文化折扣"现象。越是富含民族性的文化艺术产品,遭遇的文化折扣可能越大。因此,文化艺术产品在出口时必定面临着比一般产品更高的"文化折扣"。

不难理解,已经成熟的美国游戏市场的经济壁垒远高于新兴的东南亚地区。美国本土的龙头企业已经凭借高超的技术积累、独特的世界观、强大的运营和渠道能力垄断了大部分市场份额,本土竞争已然十分激烈。在这种情况下,中国企业要想顺利入场,不仅需要在技术研发方面具备超强实力,还要拥有足够的资金实力,积极拓展渠道资源。

那么对于致力于出口美国市场的我国游戏品牌而言,如何在存在较高经济壁垒的情况下,创新性地打开中国游戏的一片天地呢？影游融合或许将成为答案。2016 年是 IP 使用的爆发年。从美国本土游戏品牌来看,Kabam 与好莱坞进行深度合作,引领系列品牌和电影进入游戏世界,打造了多款全球化游

---

① 伽马数据：《2018 年全球移动游戏企业竞争力报告》,中国互联网数据资讯网,http://www.199it.com/archives/823186.html,访问日期：2020 年 3 月 1 日。

戏，如《霍比特人：中土王国》《速度与激情 7》《漫威格斗：冠军之争》及最新推出的《星球大战：崛起》。[①] 在 Kabam 看来，影游融合是品牌营销的升级武器，有助于过滤市场"噪音"，提高品牌声量，进而使得游戏下载量大幅攀升。

完美世界同样看到了影游融合背后的创新效应，于 2016 年正式宣布将完美世界打造为"影游融合"综合体。在这一综合体内，整合了影视制作公司与游戏开发运营商。前者具有创意和制作团队，在影视方面具备 IP 资源创作能力，而后者自主开发的数十款游戏不仅在国内发行，还出口到全球 100 多个国家和地区，在游戏方面具有较强的 IP 原创能力。2016 年 6 月，完美世界获得《反恐精英：全球攻势》（CS：GO）的独家运营代理权，12 月又代理了俄罗斯的 DIY 载具对战网游《创世战车》。同时，完美世界也累积了丰富的研发经验，成功推出过多款作品，如客户端游戏《诛仙》《武林外传》，移动游戏《射雕英雄传 3D》《倚天屠龙记》。其中，《武林外传》截至 2015 年 9 月依然能维持 30 万人左右的月活跃用户，充值金额在当月达到了 1200 万元；《倚天屠龙记》则长期占据畅销榜前十名。完美环球参与创作及发行的优秀影视作品超过 50 部，收获专业奖项 70 余个，其中《北京青年》《打狗棍》《钢的琴》《失恋 33 天》《咱们结婚吧》《灵魂摆渡》都是"叫好又叫座"的佳作。2016 年，完美世界官方发言人王雨蕴表示，完美世界将与好莱坞六大电影公司之一的环球影业合作，参与其未来 5 年的电影投资，数量不少于 50 部。[②] 完美世界计划借助游戏的全球化经验，助推中国电影进一步"走出去"。在未来，两者的用户数据可以相互利用，共同宣传推广，深入挖掘用户价值，通过互相协调，减轻单向推广中在沟通和协作上的负担。

在影游融合的战略发展前提下，为突破文化壁垒的阻碍，让我国的文化艺术产品走出国门，还需要将中国文化与当地文化相结合，并且以目标市场的目标群体所能接受的方式进行产品贸易与价值输出。完美世界在过去 10 多年

---

① 刘华立：《全球游戏市场迎整合，中国游戏市场规模有望首次超过美国》，腾讯新闻，http://games.qq.com/a/20150828/174250.htm，访问日期：2019 年 4 月 3 日。

② 《完美世界高级副总裁兼官方发言人王雨蕴：推动数字娱乐产业抱团出海》，中国企业网，http://www.zqcn.com.cn/qiye/201701/03/c490938.html，访问日期：2019 年 4 月 3 日。

中，对于文化壁垒深谙其道。完美世界官方发言人王雨蕴表示："用户接受外来文化肯定是有障碍的。国外用户不可能全盘接受中国的文化元素。我们非常注重中国文化与目的国文化的结合。"[①] 为了降低"文化折扣"的影响，完美世界游戏中的女主角，在日本推广时便改成了当地人更喜欢的名字；在中东推广时，将游戏中血液的颜色改成了绿色。从这种具有针对性的小细节，可以看出完美世界对目标市场的文化具有极高的敏锐度，且在组织内部，从市场部门到研发设计部门保持着高度配合。

在完美世界刚刚迈向国际市场时，海外市场强手如林，竞争激烈，市场陌生且利润率远低于国内，这让完美世界的选择在当时显得十分另类。在国内国外发展形势并不顺利的情况下，无法抓住不同地区的文化特质与需求，就无法突破文化壁垒，更不能走入国际市场。如果说环境造就了一个人的性格，那么以内外局势均不明朗的 2006 年为起点，近十余年的国内与国际游戏市场的文化差异与快速迭代等特质，也造就了完美世界强有力的文化洞察力与细节创新力。

（三）差异化

哈佛学派的代表人物贝恩考察了企业产品差异化优势的三种可能来源（以规模较大的企业为主）：

①买方对现有品牌和产品具有强烈偏好；

②专利给予现有企业产品的合法垄断权；

③现有企业控制了主要的批发和零售渠道。

如果某一厂商的产品具有差异化，其产品将面临较少的替代品，企业拥有市场势力，并且能够有效阻止新企业进入。对于出口国际市场的中国文化艺术组织而言，要通过艺术产品差异化的方式切入国际市场，并与本土产品进行竞争。结合这一特点，分析贝恩所提出的三种可能来源，会发现我国出口的艺术产品在初步进入市场时，面临与当地本土品牌的差异化竞争。在本土竞品具有合法垄断权或控制了主要销售渠道的情况下，使国际市场的目标消费者对我国出口的艺术产品产生较为强烈的偏好，就成为产品差异化的核心目标。在

---

① 文汇报：《中国游戏在俄罗斯打开"完美世界"》，中国新闻网，http://finance.chinanews. com/it/2013/10-07/5346986.shtml，访问日期：2019 年 4 月 1 日。

差异化竞争的过程中,组织创新力又受到了怎样的影响,并产生了怎样的作用呢?我们可以从以下四个方面来看。

1. 定价

对于国际游戏市场,低价策略显然不是我国游戏企业的发展之道。由于不同国家市场之间的用户获取成本差异巨大,放之四海而皆准的差异化定价策略几乎成为妄想。仅从移动端游戏用户来看,国际市场中以日本地区用户成本较高,其次是美国、加拿大等地,中国内地与韩国等地区相对较低,东南亚地区用户成本最低。① 用户成本的差异,反映了全球不同地区移动游戏市场的发展程度。虽然对于我国游戏企业来说,价格较低的初期市场更具备开拓优势,但是从完美世界的欧美地区布局不难看出其对西方发达市场的野心,也不难看出其在差异化定价方面较难找到新的出路并有所创新。

2. 技术

面对起步远超中国的国际游戏市场,完美世界不断坚持自主研发核心技术及引擎。通过多年积累,完美世界自主研发了 Element 3D、Angelica II、Cude、Raider、EPARCH 等引擎,以及 3D 建模与渲染等核心技术,同时推出了多款广受大众欢迎的明星游戏产品。完美世界从客户端游戏出发,先后进入了网页游戏、移动网络游戏、电视游戏、VR 游戏领域,推出了《完美世界》《武林外传》《完美世界国际版》《诛仙》《神魔大陆》《神雕侠侣》《笑傲江湖 OL》《无冬 online》等客户端网络游戏,Touch 等网页游戏,《神雕侠侣》移动版、《神魔大陆》移动版、《魔力宝贝》等移动网络游戏,《无冬 OL》Xbox 版等电视游戏,《深海迷航》等 VR 游戏,并代理了 DOTA2、CS:GO 等国际知名电竞产品。完美世界对移动游戏产品《轮回诀》《云梦四时歌》进行了 AR 深度应用的技术尝试,力求全面呈现沉浸式虚拟场景,也对《梦间集天鹅座》进行了 AR 技术探索,可以即时捕捉玩家面部表情,并实时投射到游戏中,为玩家带来更加沉浸式的游戏体验。由史克威尔·艾尼克斯公司正版授权,完美世界联合开发的大型 3D MMOARPG 手游《最终幻想:觉醒》曾入围

---

① 中国音数协游戏工委:《2016 年中国游戏产业报告》,搜狐游戏,http://mt.sohu.com/game/d20161219/121998140_502900.shtml,访问日期:2019 年 4 月 3 日。

Google Play 2017 年度最佳特辑。[①]

在高度强调自主研发核心技术的行动背后，是完美世界初入国际游戏市场的快速领悟与调整。一个组织的创新力会受其所在外部环境的影响，同时，一个组织创新力的体现，也在于其对外部环境的互动作用，甚至是主导作用。通过收购国外顶级工作室，完美世界进一步增强了全球研发能力。比如公司旗下北美地区的 Cryptic Studios、Runic Games 等工作室对 3A 级 PC、CONSOLE 游戏研发积淀深厚。这些收购行为背后，是完美世界在面对国际市场激烈竞争的情况下，对其组织创新力，特别是技术研发能力的积极提升。

3. 功能

对于艺术产品而言，大部分目标消费者对产品的功能性需求弹性偏高。一是由于文化艺术产品本身并不是必需品，二是因为作为携带外来文化基因的艺术产品，对当地的消费者而言，并不具有低弹性持久的需求。从功能上看，艺术产品相互的可替代性高。同样是休闲娱乐的游戏产品，其功能与竞品的差异并不太大。完美世界也选择从文化的角度进行投入，而非进行功能性的差异化投入。

4. 文化

强调将中国文化与国际文化相融合，是完美世界始终坚持的原则。完美世界致力于创造出让世界能够接受的东方文化形象，让文化与产品深度契合，同时也通过文化的差异性提高消费者的忠诚度。从文化的角度进行差异化竞争，让一个看似格格不入的舶来品大大提升了竞争力。完美世界成功推出了《山海经》《赤壁》《口袋西游》《笑傲江湖》《神雕侠侣》等一系列具有浓烈中国传统古风的经典产品，并广受海外市场欢迎。如今，完美世界产品已出口到全世界 100 多个国家和地区，成为中国国内向海外出口游戏数量最多、覆盖区域最广、海外收入最高的网络游戏开发商之一，一度占到中国网络游戏出口总额的近 40%。

[①] 完美世界：《完美世界又有大动作 联手 Google 推进游戏出海》，完美世界官网，http://www.wanmei.com/wmnews/wmnews2019/20190315/217195.shtml，访问日期：2019 年 4 月 4 日。

（四）组织间合作

1. 企业间合作

我们将企业间合作创新形式分为两类，一类是具有横向关系的竞争者之间的合作，另一类是具有垂直关系的客户与供应商之间的合作。在第二节中已提到，不同性质的合作主体其信任程度、知识吸收与传递的效果不尽相同，因此其对组织创新力的影响也各不相同。如何衡量企业间合作对组织创新力的影响？我们首先根据其创新内涵的不同，将企业间合作的创新分为审美价值创新与硬技术创新。企业间合作若能实现双赢或者多赢的创新结果，那么说明组织在其中获得了组织创新力的正效应，这种合作是有利于组织创新力的发展，并且是有益于整个行业生态的。我们可以将这种正效应的企业间合作，理解为是一种帕累托改进。

完美世界在横向关系的企业间合作方面，早在 2010 年就起到了行业引领的作用。2012 年，完美世界宣布为网络游戏产品进出口打造 PWIE 平台（Perfect World Import & Export Platform，完美世界海外进出口平台），提出了"抱团出海"的发展战略，在帮助国内的游戏厂商实现游戏产品进出口的同时，以中国游戏的集体姿态向国际市场发声。在 2012 年底，入驻 PWIE 平台的产品超过 180 款。然而，发展至今，这一平台主要以对接国内外运营商与研发商的服务为主，更加偏向于向垂直企业间合作的形式上发展。PWIE 平台的相关成果与信息，在 2012 年至 2016 年更新甚少。可见，首先，对于企业间合作的平台模式，是否能实现有效的行业发展推动及行业创新，仍需时间与实践的检验。其次，对于产品功能差异创新而言，横向关系的合作机制并不利于突破性创新的产生，仅能产生次要的影响。正如上文所提到的，游戏产品差异化存在双核的现象，即"技术—文化"双核心。因此，横向的企业间合作具有较高的正效应，特别是当企业以企业集群的姿态进入国际市场时，这种合作也能够起到一定的保护作用。此外，在与竞争者进行合作的同时，也能激发组织在围绕"技术—文化"双核心差异化创新过程中的潜力与动力。

与此同时，完美世界从 2007 年开始在海外开设子公司，相继在北美、欧洲、日本等地成立分支机构，提出"全球研发，全球发行，全球伙伴"概念，整合国际化资源，将自主运营权紧握手中。同时在全球和伙伴展开深入合作，如与 Hi-Media、华西村等机构展开合作。华为作为中国软硬件最大的出口企业，与完美世界的合作在全球渠道方面可谓强强联合；完美世界与微软 Xbox One 的平台合作，也表明完美世界正将"全球研发，全球发行，全球伙伴"的发展战略逐步进行延伸与深化。2019 年 3 月 14 日，完美世界游戏出海战略再次升级，借助 Google 在全球的广泛覆盖、洞察和智能化的营销解决方案，完美世界将向全球用户奉献出更多高品质的互联网文化娱乐精品。①

2. 产学研合作

当前，协同创新成为我国理论发展与实践道路的共识战略，产学研合作很好地连接了企业、科研院所与高等学校之间的合作，成为协同创新的重要组成部分。产学研合作的动态环境，也是组织创新力不可忽略的影响因素。产学研合作一方面可以促进组织创新力的快速发展，另一方面也能对组织创新力的核心要素产生影响，特别是在人才储备与培养方面（这里特别指"创新个体"因素）。

完美世界对产学研合作的理解更为先行。在积极投入人才储备的同时，完美世界与地方政府合作，成立美术学院，建立企业与国内学院培育的合作链条。同时，与新加坡国立大学、莫斯科大学等国际高校达成战略合作协议，共同培养人才，联合造就未来游戏产业所需要的技术人才和管理人才，为产业的发展和提升提供人才保障。2018 年 4 月，完美世界教育与英国阿伯泰大学合作推出"在职游戏开发专业硕士（Work-based MProf）"项目，目前，已正式启动招生。此前，完美世界教育与阿伯泰大学合作推出的"游戏开发专业硕士（MPPOP）"项目已成功招生三届。两个项目在游戏开发领域分别为想要从事游戏开发的应届生及行业内的在职人员提供了优质的学习和提升的平台。② 公司旗下的数字艺术学院也正在筹备建立，数字艺术学院专注于培养大量文化创意产业技术及管理人才，提升国内文创产业的水平，推进数字互动娱乐产业的发展。学院也将承担较多的科研辅助任务，与完美世界的技术研究形成闭合的

① 完美世界：《完美世界又有大动作 联手 Google 推进游戏出海》，完美世界官网，http:// www.wanmei.com/wmnews/wmnews2019/20190315/217195.shtml，访问日期：2019 年 4 月 4 日。

② 完美世界：《完美世界教育与阿伯泰大学强强联手》，完美世界官网，http://www.wanmei. com/wmnews/wmnews2019/20190301/216946.shtml，访问日期：2019 年 4 月 5 日。

链条。针对游戏未来的发展，完美世界已经在广东成立了下一代互联网技术研究院，重点研发下一代互联网娱乐技术，为产业的发展提供技术支撑。

三、核心要素的评估

（一）创新个体

文化艺术组织具有一个非常重要的特征，即对企业而言个体创意和天赋都是十分重要的资源。对于游戏领域而言，首次生产投入（技术研发、形象设计等）非常大，再生产投入就会显著减缓，特别是在自主研发领域。其次，如游戏等文化艺术产品在国际市场是否能够成功，其实很难控制。这取决于一些变化多端的主观体验和流行趋势。因此，高风险、难以收回成本，是艺术产品对外贸易中常常面临的问题。这就需要一个弹性的生产组织负责减少陷入式投资和潜在的损失，创新个体在这里承担着十分重要的作用。

"版权创造的核心是创新，而创新的根本是人才，是企业的员工。因此，企业对员工的管理模式将直接影响企业的构思能力、构思转换能力、产品开发能力及商业化能力。"[①]从完美世界 CEO 萧泓的这一段采访中，可以看出他对于人才创新十分看重。

1. 创意与天赋

创新个体并非带着能量充足的创新热情进入一家公司，也非当即开始为其组织创新力服务。组织内部设置创新激发机制能很好地与员工的个体创意和天赋产生化学反应。完美世界建立了一整套创新、研发孵化机制鼓励员工创新。从工作氛围上，搭上"游戏公司"的标签：轻松自由，灵感迸发。让个体创意与天赋在这样的工作环境中得以尽情施展，并触发在完美世界工作环境中所特有的创作灵感，同时伴随着个体创新的热情。完美世界将这一创新激发机制分为四个阶段，对每个阶段进行有针对性的支持与鼓励。比如，公司支持员工在能完成本职工作的前提下，尝试包括游戏开发在内的与互动娱乐相关的创新；有意愿创作的团队或个人经过立项审批后会得到资金、IP、引擎技术、美

---

① 素雅：《完美世界：坚持原创为作品"出海"掌舵》，东方头条，http://mini.eastday.com/a/160804195712164-2.html，访问日期：2019 年 4 月 5 日。

术、运营、人事等方面的支持。"这套孵化机制不只针对完美世界的员工,也针对全球人才。"[①]萧泓表示。

2. 内在动机

创新个体和声望建立的行业机制是同时发生的。首先,创新个体在工作的过程中成就自我实现,能够很好地与企业进行绑定,并对其产生期望和信任感,让他们更有动力去工作。这使得企业的组织创新力能够最大限度吸纳创新个体的力量,吸引他们最大限度地投入工作,同时保持具有活性的、不僵化的持续创新能力。在组织形态下制定长远的愿景或确定内容创意时,文化艺术的品质、趋势标准的观念对于这种愿景制定非常关键,这种观念也离不开个人的创新思路和工作安排。对组织而言,需要重视对组织最小构成单位——个人的联结。极具创意的个体员工,往往会成为组织中的趋势领导者,他们将决定企业的文化导向,并进一步决定艺术产品的生产。在创新个体的日常工作生活中,个体间的合作与他们在组织中的嵌入性影响,牵动着个体的行为,反过来,组织的架构和集体性行为也固化着个体。

在完美世界,组织内部对不同部门员工通用的创新激发机制,同样也起到了激励创新个体实现自我成就的作用。在本职工作之外的创新意向,能够获得支持,除公司组织编制外的个人可以自发组队进行项目研发之外,这些公司官方的支持很大程度上能让创新个体对公司文化更具认同感,在热爱游戏的氛围下不断地实现内在自主驱动性创新,进一步盘活整个组织内部的创新氛围。

(二)组织结构

1. 组织规模

从管理学的角度讲,组织规模的大小有所不同,其管理规范化的程度也不尽相同。通常情况下,大型组织的规范化程度更高,会通过制定和实施严格的规章制度,以便于管理,并按照一定工作程序实现标准化作业,以保障绩效。然而这类标准化管理模式却不利于鼓励创新,对于文化艺术组织而言不甚适用。另外,小型组织的规范化程度相对较低,人治强权管理往往会代替制度规范化管理,此类企业的组织形式更加灵活,但在管理和决策上通常不够严

---

① 素雅:《完美世界:坚持原创为作品"出海"掌舵》,东方头条,http://mini.eastday.com/a/160804195712164-2.html,访问日期:2019 年 4 月 5 日。

谨。文化艺术组织在早期发展的过程中都会经历这个阶段。可见企业组织规模的大小会直接影响组织的战略管理模式,而企业特定的战略管理模式又对培养该企业的组织创新力起到了决定性的作用。

根据《部分非工企业大中小型划分补充标准(草案)》,"文体、娱乐企业"规模划分标准如下表:

表 2-4 文体、娱乐企业大中小型划分补充标准

行业名称	指标名称	计算单位	大型	中型	小型
文体、娱乐企业	从业人员数	人	600 及以上	200—600	200以下
	销售额	万元	15 000 及以上	3000—15 000	3000以下

(1)员工人数

完美世界现在全球有大概 5000 名员工,无疑属于我国文体、娱乐大型企业的分类。在文化产业领域,完美世界是巨兽型企业。其中所占比重最大的是研发团队,约占员工总数的 1/3。

(2)销售额

截至 2014 年,完美世界稳占中国出口海外游戏总额第一的位置长达 8 年之久,随着 2016 年完美世界在影游融合战略下进行重组,虽然销售额增长稍稍放缓,但其发展趋势仍被看好,且游戏产品收入仍占完美世界总销售额的大头。根据完美世界发布的 2019 年度财务业绩快报,报告期内公司实现营业收入 80.38 亿元,剔除并表调整影响后,2019 年全年营业收入同比增长 6.78%。其中,公司游戏业务实现营业收入约 68.3 亿元,同比增长 25.99%,游戏业务实现净利润约 18.8 亿元,同比增长 37.41%,[①] 增长势头强劲。

(3)资产总额

从注册资本来看,完美世界当初注册资本为 131 467 万元。2016 年,完美

---

① 中国经济网:《完美世界发布 2019 年报业绩快报:游戏净利润增长强劲》,http://ex.chinadaily.com.cn/exchange/partners/82/rss/channel/cn/columns/snl9a7/stories/WS5e4f51d3a3107bb6b57a14ae.html,访问日期:2020 年 4 月 20 日。

环球以 120 亿元收购完美世界，交易完成后，完美环球实际控制人、董事长池宇峰身价一夜跃至 158.63 亿元。2016 年 6 月，完美环球对外宣布，将原上市公司名称正式更名为完美世界股份有限公司，开始迈向游戏与影视深度融合的新时代。这意味着完美世界完成了上市体系影游业务的全面重组，全新影游综合体宣告诞生。2016 年 7 月 26 日，公司证券简称由"完美环球"变更为"完美世界"。同年，完美世界以现金 13.53 亿元收购今典集团旗下今典院线、今典影城及今典文化 100% 股权，交易对方及其关联实体对标的公司、其控制的下属公司持有的目标债券。[①] 此次收购的三家公司业务各有分工，又相互支持，今典院线已打造全国布局，今典影城旗下则拥有 86 家全资影院。

从员工人数、销售额与资产总额来看，完美世界已经成为影视游戏领域一头不容忽视的"巨兽"。如此大型的企业规模，如何培养其组织创新力，并使其保持活力，成为巨大的挑战。正如上文所提到的，组织规模的大型化意味着管理模式的规范化，而规范化管理模式往往被认为是扼杀员工个性化，造成同一性的根本原因。

2. 结构复杂性

本文将结构复杂性作为体现组织结构的一个静态衡量因素，由专业化程度、功能分化与职业化程度构成。

（1）专业化

专业化，是指组织中人才的专业化程度。专业化程度对组织创新力的影响有利有弊，过分细分工作领域容易造成部门之间的沟通壁垒，并不利于跨部门的创意激发。而对于注重自主研发的完美世界而言，其技术研发人才的专业化要求又需要达到较高的行业标准。从完美世界对技术人才的招聘方向来看，主要分为三类。

①纯研发技术类。负责游戏平台研发、客户端研发等工作，分类和跨度较大，覆盖市场上常用的开发语言和平台。

②美术类。主要包括场景原画、动作、建模等。从网络客户端起家的完美世界资源丰富，特别是在美术方面。

---

① 白金蕾：《完美世界收购今典院线 影院整合时代来临？》，经济观察网，http://www.eeo.com.cn/2016/1208/294900.shtml，访问日期：2019 年 12 月 7 日。

③策划类。包括数值策划、系统策划、文案策划等。

（2）功能分化

功能分化是指伴随着组织结构而产生的岗位分工。精细化分工有利于提高生产效率，但同时也会产生组织内部沟通不流畅的问题，难以激发组织内跨部门间的创新。2016 年，全面发展"影游融合"的完美世界选择投入更多的沟通时间成本，以将公司原有的游戏开发与新增的影视内容团队进行最大限度的融合。为此，完美世界成立了专门的影游联动组，负责影视与游戏双方的即时沟通。从生产初期开始进行影游融合设计，一方面满足了两边制作人和导演对审美、对专业领域的要求，另一方面又能让影视与游戏更好地结合一体，提高了影游联动的效率。

（3）职业化

职业化，是指以群体为单位形成一定的工作习惯、组织规模，在市场上具有一定权威性的职业化程度。然而对于创新型的文化艺术组织而言，如何在具有高职业化程度的同时保持组织创新力的活性，成为核心问题。在工作时，过于分心或过于专注，对于创新的滋养而言都会有所损害。精神不集中虽然会造成工作无效率，但并不一定总是具有坏的影响。事实上，周旋于多个事情之间或者多任务的工作模式也有利于创意的产生。当员工在工作的过程中采用双回路的学习模式时，会在手头上的工作任务与其他的事情之间周旋，这在凯斯特勒（Koestler）看来是"双向思考开发系统"的创意方式。亨利·庞加莱（Henri Poincaré）提到了一个"潜伏期"的过程，指的是我们在放松意识的情况下，允许我们的潜意识或者"后脑"对一个问题进行思考。这为我们解释了同时给一个人安排超过一件工作所带来的价值。一个多样性的工作导向，有助于贡献耦合性创新的战略过程，同时有助于平衡企业家精神的勤勉努力式与业余爱好者的内在矛盾。分心和专注可以同时发挥作用——例如，打破常规路线有助于集中工作注意力。

完美世界力图打造轻松自由的工作氛围，而非过分压抑的单一工作空间，以更好地激发员工的创作灵感和主动创新的热情。目光狭隘的工作导向在这里是不被认可的，部门无界的主张也让不同部门的员工能够在日常的工作中打开眼界，进行跨部门的创新。

3. 控制体系

组织的正规化为控制体系的构建奠定了基础，而集权程度体现了组织在"宽"与"严"中选取的平衡点。过度集权的组织会明显削弱其组织创新力，而过分自由的组织常因决策机制的过度民主化，导致决策缓慢、工作效率低下，难以推进创新。因此，集权程度也体现了不同组织内部控制体系的核心情况。垂直层级划分程度，决定了控制体系无论是自上而下还是来自中层领导力的动态控制机制，是否能够有机运行。过度扁平的组织结构会使组织松散，对创新的激励降低，而过多垂直层级的组织则难以激发组织基层的创新力。

独裁，在能提供一个清晰关注点方面有时能带来一些短期的优势，但最终会走向灭亡。与此同时，虽然有着高尚的目标，但在没有强大领导力的时候，一个完全的或者直接的民主组织则会变成暴乱。因此，对于战略管理而言，介于民主与独裁之间的精英政治成为有效的控制体系。这种精英式的控制需要对组织内部的创新机制给予设计与支持。当一种创新出现时，可以快速透彻地理解并评估这一创新的价值与可行性。

评估，是控制体系中非常重要的关键点。虽然在如何评估和采纳员工的建议上并没有很清晰的模式，能够将富有创造力的建议变成有价值和新颖的创新行为，但是精英政治所提倡的广泛接纳建议并从中进行筛选，就如完美世界鼓励组织内所有部门的员工及组织外部的个体创新，同时也会成立基金会对这些创新意向进行筛选，再决定是否支持孵化一样。这是企业政治中不松不紧的"执政者"的美德。从完美世界的人才培养体系与晋升机制可以看到这种控制体系的存在，由此不仅能很好地管理员工，更会培养出一大批高质量的人才。对游戏行业而言，人才流失率极高是较为凸显的行业特性，而完美世界却始终保持着较低的人才流失率。只有从薪酬奖励及企业文化等人才较为看重的职业要素入手，才能留住人才。

4. 包容度

特定组织的包容度，体现在组织结构中反馈机制的设定，以及对员工个人自治与自由创新的制度设定。创新的想法或者观念应该来自组织内和组织外，这意味着高组织创新力的企业需具备较高的文化包容度，才能使源于组织内外的想法相互影响，从而激发更进一步的创新。专门依赖于外在的或者内在的创新,很难引起这种相互作用,并且容易出现"失衡"的现象。过度使用熟悉的(同样的)创新个体(顾问),不仅可能导致回报的同质化,也会导致过度强调专业知识。就像存在一个变得越来越依赖外部创新的危险,同时也存在着过度依赖所导致的失衡问题。

包容度体现在对组织内部能力与组织外部力量的平衡中。在创意生产的过程中,"顾问制""候补救世主""协同创新"和"众包"等模式的恰当运用,都能为组织创新力与战略制定提供有价值的线索与有效途径。有效力的组织需要联系和测试内部人员的想法,以此平衡来自组织外部时而明智时而空洞的声音。对组织创新力而言,是否能够建立一个合适的机制来实现这样的内外平衡,就成为评价的标准之一。在这一机制中,组织内部与外部的成员(创新个体)相互鼓励、交流和学习,产生了 1+1>2 的效果,而不是让一个声音淹没在其他声音中。还记得上文中提到的对创新个体的重视吗?我们认为,对于文化艺术组织而言,有利于组织创新力积累的创新个体绝不仅仅来自组织内部。在这一点上,完美世界也十分认可。

创新个体不必是组织成员。完美世界产业集群已与知名资产管理公司华融置业有限责任公司建立了文创项目孵化基金。该基金旨在发掘富有创意与商业潜力的文创 IP(无论是源自完美世界的内部创新还是外部创新),并对其进行相关扶持与投融资管理,从而让每一个热爱游戏并具有创新能力的人都成为完美世界的"员工"。从这里可以看出,完美世界对创新个体的重视并不仅仅局限于在组织内部提供自发创新的体系支撑,而且将这种项目孵化扩展到组织外部,与组织外的创新个体形成勾连,达成协作。

在文化艺术产业的个体创新者,具有两个关键性的共同点。

①艺术组织和个体的关系趋于临时性、自由化与非全日制。因此与其他产业相比,对创新要求更高的文化艺术产业,结构日趋松散。

②创新个体在生产过程的边缘地带存在易被替代的情况,同时创新个体的投入对于创新成果而言是至关重要的。

完美世界很早就意识到,这种与创新个体的合作,并不等同于个体创新者必须是完美世界成员。对于 IP 的研发、孵化、支持与保护意识,也成为完美世界能够成功出口国际市场十余载的原因之一。

（三）战略管理

对于组织而言，战略管理的一个决策就有可能对组织创新力造成至关重要的影响。我们基于比尔顿与卡明斯提出的"宽严并济"的理念基础，在这里探讨战略组织化的 4 项美德与组织创新力的互动关系，通过"过紧—合适—过松"的三类评价级别，对艺术文化组织战略管理的 4 个领域进行评价，进而显示出其战略管理对组织创新力的影响与作用。

1. 文化

战略管理中的第一项美德与文化领域有关，特别是对文化艺术组织而言。一个组织的文化应该服务于企业整体充分的一体化，以提供清晰的群体身份认同，但是同时也应该保持足够宽松的氛围，以促进多样性、挑战性及对其周围正在改变的世界的适应性，进而保证组织创新力的鲜活度。以日本企业为例，日本企业的合作文化提供了一种很强的"黏合剂"，十分强调员工对公司的忠诚、集中的目标、持续进步的驱动力及员工的一致性。但是这样"强势"的文化也具备硬币的两面。其消极面是造成群体的同质化，并不利于创新与改革。

完美世界将企业文化称为"完美文化"，其价值观为"有你才完美""快乐完美""完美正能量"。从完美世界的企业文化中，我们可以看到一种不松不紧的适度文化主张。

（1）避免过分宽松

过分宽松的企业文化难以保持企业的整体性，效率与创新能力也会因此而降低。从完美世界的文化主张中，我们可以看到对员工追求成就的激励，以及"没事找事"的工作主张。在给予员工极大的创新自由度的同时，完美世界还不忘强调工作积极性，并将工作积极性与员工的个人利得进行绑定，最终将员工的个人利得与公司成就进行进一步绑定。这样就能避免过分宽松的文化产生。事实上，在对完美世界的调研过程中，也可以看到员工的随性与工作的高效并没有任何冲突。餐厅工作时间一直开放，下午 3—4 点仍有用餐的员工。对于工作的热情，使他们忘记了午餐时间，而完美世界为这些充满热情的"工作狂"提供了百分百的支持。

（2）避免过分紧绷

随着完美世界的逐步扩大与发展，组织结构势必日趋复杂多层，那么如何能够避免上文所提到的日本企业所遇到的创新僵化的问题呢?完美世界提到了"部门无界"的概念。跨部门的合作,对 2016 年以来的完美世界而言,更像是跨界的合作。首先,横向上部门无界的主张,让庞大的团队能随时很好地沟通理解。除了上文提到的完美世界对所有部门创新项目的支持以外,在影游融合发展战略下的完美世界选择以强调"沟通"的方式,避免文化僵化的情况发生。其次,纵向自下而上的沟通文化,也有效地瓦解了由组织结构所造成的沟通壁垒。"有话直说,想知直问,想批直提",作为完美世界企业文化的三条金律,对亚洲人本能的委婉沟通思维说"不"。这种并不直接的沟通方式,某种程度上也是日本企业文化僵化的病根之一。让员工都以主人心态进行工作,上下级之间直接坦白地进行反馈与沟通。虽然我们无法完全了解这一金律的执行情况是否真如其预先强调的那样"直接",但这无疑让我们看到了完美世界从战略层面对企业文化的设计偏向。

2. 学习

早在 1974 年,克里斯·阿基里斯和唐纳德·舍恩(Chris Argyris & Donald Schön,)就提出了"单回路""双回路"和"二次"或者"第二次系统"的学习。"单回路"学习关注于增量变化,能够解决问题,但是忽视了对起初问题为何产生的质疑。"双回路"或者"生产"学习关注于转变性的改变,这种改变可以改变身份、现状。它用对过去行为结果的反馈来质疑假设或者构成现在观点的"支配变量"。二次学习作为一种组织美德,是将单—双回路学习进行改善,使组织学习变得更好的二次系统,这是一种制定和挑战游戏规则的能力。二次学习的美德要求我们能够联想思考,识别出不同的参考系之间的联系,而不仅限于它们内部。这与领导者进行预想战略的能力有关,从不同的角度去规划组织发展,不断选择新的视角,逃离僵化的舒适区。

3. 组织机构

灵巧结构可介于开放与封闭之间。20 世纪 90 年代之前,受弗雷德里克·温斯洛·泰勒(Frederick Winslow Taylor)的"科学管理教条"影响,办公空间的设计追求"理性化"的工作场所,掩盖所有个性化痕迹,将刻板和秩序化发挥到极致。之后,工作场所在建筑设计时开始考虑工作之余进行放松的功能设置。越来越多的工作场所设置了员工休息室和健身房。当互联网公司开始兴起，工作与玩乐之间的界限越发模糊。特别是对年轻一代创新个体而言，其工作更具个性化，赋予他们相对灵活工作的自由，这样员工们下班后的社交活动也成了工作日的强制性延伸。完美世界的办公场所是封闭空间和开放空间的组合，一方面能让员工独立、高效地完成任务，另一方面充分的自由聚集空间有利于协作并推动创意观点的产生。

4. 变化方向

最后一项美德与改变有关。有效率的或者战略性的企业必须处在完全改变和固定不变之间。它必须足够自信地表现出一种泰然自若的风度。如果需要有所改变，可以随时做出改变，这背后需要强大的组织创新力，但同时杜绝那些为了改变而改变的形式主义做法。安娜·博迪（Anna Bodi）、格伦·麦格斯（Glenn Maggs）和唐·埃德加（Don Edgar）认为，许多企业在想与竞争对手保持步调一致的同时，很容易被困在一个永无止境的组织风潮循环中。但是当风潮像菜谱中的配方一般被研究、得到并被使用时，这些企业的员工反而变得越来越愤世嫉俗和悲观失望。因为他们总是与引领风潮的企业有着一步之差。因此对企业发展而言，创新改变的关键往往只是少数的改动，介于不断变化与停滞间的平稳改变。"在达到可以对付一切困难的管理顶峰时，及时抽身并及时走向下一个顶峰。"① 变革管理意味着在及时应答的时代，要有勇气真正地实施领导和管理，这需要摆脱风潮循环的创新意识，从所提供的选项中选择一个能确保整体保持协调一致的改变计划，必要时还需要对计划做出修改和改变，然后从经验中学习。

在 2016 年完美世界提出"影游融合"的概念背后，有着完美环球在国内外影视领域的积累与探索。当一个组织想要做出根本性改变时，首先应该改变它的基础原则。管理者们必须持续不断地温习企业的基本特征，才能做好相应的准备，并使其基本特征适应变化的环境。对此，完美世界根据"影游综合体"的新定位需求，在影视与游戏部门建立充分的沟通机制，实现 IP 互连，同时平衡企业对改变和稳定的需求。在保存公司现有力量的同时，寻求富有创新的改变，以实现价值增值。与其冒险而阻碍企业获得成功，好的组织倒不如

---

① C. Hamilton, R. Denniss, *When Too Much Change Is Never Enough*（Sydney: Allen & Unwin, 2005）.

寻找组织内部已经存在的好基因并将其发展起来,而不是寻求来自企业外部的意识风潮。组织在过去所形成的基本特征不应该被质疑,在权衡是否要放弃它们之前,领导者应该先欣赏它们。

在面对来自改变的众多压力时,保持平稳不是一件容易的事情,它要求组织要有自信。这就回到了第一项美德中描述的中心领导的观点,即要有一个清晰而合适的文化身份。因此,战略管理的美德在这里实现了循环,在这一循环中,与组织创新力存在着相互作用机制。

四、艺术组织创新力发展建议

基础要素的评估,主要考虑文化艺术组织所在的外部环境,以及评估组织在面对现有外部环境时所做出的创新性应对,以体现其组织创新力。明确文化艺术组织所在的市场结构是首要任务。然而,对于出口艺术产品的文化艺术组织而言,应对所涉及的国内外市场进行区分考虑。当下我国大力发展文化产业,并积极鼓励艺术产品走出国门,国内市场的出口企业之间同样存在着激烈的竞争。这时,是否具有对国际市场中目标群体的文化敏感度,就成为关键所在。文化洞察与细节创新,将成为文化艺术组织突破文化壁垒,缓解"文化折扣"现象的有益尝试。

一方面,组织间的合作,能很好地激发创新,并且推动整个行业的发展与对外贸易。然而,合作并非都是有益的,或者说是利于组织创新力的发展的。横向企业间合作是一个值得尝试的方向,但伴随着很多合作模式的创新,我们也看到了推进的困难。更多的文化艺术组织仍然选择深化垂直领域的企业间合作,以打造稳固的产业链条,作为艺术产品出口的坚实后盾。另一方面,协同创新成为我国理论发展与实践道路的共识战略。作为协同创新的重要组成部分,产学研合作既可以促进组织创新力的快速发展,也能够对组织创新力的核心要素产生影响,特别是在"创新个体"与"战略管理"方面。产学研合作,对于当下文化艺术组织"走出国门"具有战略意义上的帮助。

对文化艺术组织核心要素的评估过程,能够很好地帮助我们从一个组织的最小单位开始,了解组织结构以及组织整体的文化与战略,从这一过程去剖析组织创新力的产生因素以及活性与影响力。文化艺术组织特别需要注重将创新个体在工作中的自我实现与企业的价值进行绑定。这一做法能够最大限度地吸纳创新个体对工作的投入，同时保有个体的热情与活力。一个完善的人才培养机制可以帮助上述需要的产生。对于艺术产品出口文化艺术组织而言，减少人才流失，成为维持组织创新力的重要方式。同时，组织内部反馈机制的建立，也有利于员工的个人自治与自主创新的制度设定。创新并不仅仅来自组织内部，这是文化艺术组织需要明确的。面对竞争日益激烈的出口市场，文化艺术组织应该具有较高的包容度，将组织内部与外部的创新想法进行融合，并进一步激发创新产生。

在对文化艺术组织进行战略管理的过程中，需要明确企业文化的自我认同，同时将员工的个人利得与公司成就进行绑定，以"宽严并济"的企业文化，在效率与创新之间寻找微妙的平衡点。此外，一个好的办公空间也具有超乎想象的作用。特别是对于中国的文化艺术组织而言，尝试一下开放和封闭相结合的办公空间，或许比一味地强调宽松以寻求灵感的空间更有利于组织创新力的强化。一个具有创新力的组织，离不开能够摆脱风潮意识的领导管理。在快速变化的国际市场中，及时应对并稳中求变，是文化艺术组织在未来对外贸易发展过程中的生存法则。

第三章 "一带一路"视角下
艺术产品的内容创意力

彭　之*

在"一带一路"沿线的艺术产品贸易中，内容创意具有非常重要的作用。历史文化资源、经典文化作品是艺术产品内容创意的重要来源，也是在国际贸易中最具识别度的创意符号。艺术产品的内容创意，可以影响人们的观念，培养人们的偏好，开创并引领新消费潮流。

第一节　艺术产品内容创意的相关概念

一、艺术产品内容创意的概念

"艺术产品是指创作者将自己的情感转化，并运用形象思维创造出来的、能满足消费者精神享受与愉悦的东西。"[①] 艺术产品的创造，需要艺术家凭借想象和才能技巧，这样才能使艺术产品具有审美和非审美的精神价值，满足人们的精神文化生活需要。"艺术产品的概念泛指使用艺术思维意识和艺术创造手段得到的用于市场交换的产品，是在艺术和艺术行为被无限扩大化之后的一段时期内产业化运作的投资现象，也是当前市场艺术的主要利益载体。对于艺术产品的定义，首先是一种人工制品，并且必须具有审美体验，这是艺术作品的基本定性之一。"[③] 跳出审美性的单一价值范畴，我们依然能找到其他功利

---

* 彭之，北京大学艺术学院广播电视专业 2018 级硕士研究生。

① 管顺丰、曹南南、李燕敏：《艺术产品价值评价的原则与方法研究》，《创意与设计》2012 年第 5 期。

③ 张志颖：《从投资过程看艺术产品的本体价值承载——以影视艺术产品为例》，《艺术评论》2011 年第 11 期。

性价值所在。由于存在时空、文化、民族、流派等差异，艺术家们所创造和发掘的艺术产品也各有不同。

艺术产品的内容创造，对应的对象是欣赏者和消费者，因此艺术接受是构成艺术活动的重要环节，艺术的创造与接受共生共荣。受众是解读艺术作品的核心。受众对艺术作品的欣赏、批评、分析、解读，都能促使创作者继续进行艺术产品的生产。因此，"读者是英雄（reader as hero）"，艺术接受反作用于艺术创造，并为其不断提供灵感。艺术接受可能持有四种立场：主导—支配立场、对抗立场、协商立场和变异立场，这些立场都是受众在理解艺术客体时，依据自己的符码体系与解码习惯对艺术产品进行解读，对艺术本体的接受，也是在解密或阅读作者的"优先信息"的基础之上进行研究，也就是说，接受者参与了艺术产品的意义创造。

南京大学国家文化产业研究中心张道政认为，内容创意是文化产业价值的根本所在①。艺术作品从膜拜价值，到展示价值，再到如今具有体验属性，其中的在地性、原真性、唯一性在生产者的创造过程中以另一种形式再度复归，因此消费者对于这类体验抱有极大的消费热情。如今，文化产品的体验性为艺术的想象、创造、探索赋予了可触可感的实体，使得自身的价值产生了巨大的弹性。

遍查艺术产品定义中所划分的门类，我们希望发现在不同门类的艺术产品中传播比较广泛及商业表现良好的部分，在国际传播和贸易中具有某些共同的内容特点。本节希望通过分析表现优异及不够好的艺术产品的内容特点，找出艺术产品针对国际传播的内容创意策略，试图找到艺术产品内容创意受欢迎的模式。

二、内容创意与艺术产品形式

学者普遍认为，艺术产品主要分为两大类，即具有具体物质形态的和不具有明显物质形态的。

具有物质实体的艺术作品存在不同的物质载体，如文学作品以纸张油墨

---

① 张道政：《基于价值创造的文化产品创意分析》，《经济论坛》2010 年第 4 期。

为载体,具有书籍、刊物等物化形态,画作同样通过纸张颜料等物质实现存在。而歌曲、舞蹈、戏剧、曲艺、杂技多以现场表演的艺术形式存在,是具有活动性质的艺术劳务。

事实上,如果我们继续考察所谓不具有具体物质形态的艺术作品,就会发现它们往往也有自己的独特艺术形式,如身体、化妆、舞台、灯光、美术、道具等。因此,"艺术产品作为艺术劳动的成果,总要附着于一定的物,归根到底要体现为某种物质形式"①。

这就让我们不得不讨论艺术产品的内容创意与具体的艺术形式之间的关系。在艺术作品中,内容与形式是最简单也是最为经典的二元关系,这个观点广泛地被学者和艺术家认可。黑格尔提出,艺术产品是由内在意义和外在表现所构成的,即我们目前认同的由内容和形式所构成的。黑格尔认为,所谓内在意义包括情绪、意象、道德品质,具有主体性;而外在表现则包括内容的外在的客观存在形式和具体形象的外在因素。其中,外在的客观存在形式是指人物及其外部环境,具体形象的外在因素主要是指感性媒介和表现方式,由此构成了艺术世界。②

与福特主义下对于商品使用价值的重视相比,文化产业更重视针对消费者感受个性化的意义价值。文化产品所具有的故事内容、元素符号和文化象征,使其意义价值与商品价值相互促进。因此,内容的不可替代性和原创性是文化产业核心价值。

吉林师范大学姜开翔认为:"任何艺术作品,没有无内容的形式,更没有无形式的内容。所谓内容好、形式差或内容差、形式好的东西,都是艺术生产的劣品,世人无法从中得到审美享受;只有内容与形式和谐统一的艺术产品,才是佳品。"③

同时,新技术能够为艺术表达提供新形式。南京大学国家文化产业研究中心张道政认为,新型技术和新科技的组合还能创造出新的产业业态,引发

---

① 庞彦强:《艺术商品论》,《河北学刊》2003 年第 2 期。
② 王晋:《艺术产品之解读》,《产业与科技论坛》2013 年第 2 期,第 25—27 页。
③ 姜开翔:《艺术产品的审美特征》,《松辽学刊(社会科学版)》1987 年第 1 期。

新的产业盈利模式，拓展产业发展的外延和内涵。[①] 但需要注意的是，即使高新领域的先进技术获得突破，也不能陷入技术主义陷阱，而应考察其与文化产业内容与形式的契合程度。文化产业作为内容经济，其创新应当以意义内容为主，再辅以形式上的持续创新，不可主次颠倒。

最后，不同的艺术形式能够帮助艺术产品实现"一源多用"。一源多用是文化高端产品在产业链创新中实现价值提升的典型模式 OSMU（One Source Multi-Use），即通过打造 IP 产品，接通产业链上中下游，进行全链开发，有效拓展 IP 产品的成长空间，提升其价值创造能力。

三、内容创意与艺术产品风格

艺术风格是创作者在艺术创作过程中所呈现出来的独特创作个性与鲜明的艺术特色，或者说，艺术风格就是艺术作品在内容与形式等层面所表现出来的较为一贯而稳定的创作个性。影响风格形成的要素有很多，包括艺术家的个性、经历、时代、民族、地域、流派等，因此艺术风格也是一定文化的表征。正如鲍列夫所说："风格是某种特定文化的特征，这一特征使该种文化区别于任何其他文化。风格是表征一种文化的构成原则。"

艺术产品的风格是艺术产品的总体特征，显现艺术产品结构的综合特性。但是并非所有的特性都可以被称为艺术风格，被称为艺术风格的特性必须具有反复性，或者要有一定的数量。这些特性可能出现在一位艺术家的不同艺术作品中，或者从不同艺术家的艺术作品中能找到相同的艺术特性。三国时期由于世积乱离、风衰俗怨，以建安七子为代表的文人们，其文学风格被概括为"慷慨而多气""志深而笔长"。不同民族的艺术家个体受到地理环境、社会状况、文化传统、风俗习惯等因素的影响，在创作个性上自然烙印上了民族的色彩印迹，渗入了民族文化传统的基因，体现了本民族的审美理想与需求，展现出鲜明的民族性。意大利语的柔和甜蜜不自觉地渗入意大利的文学中，西班牙文学往往象征着华丽辞藻、丰富隐喻和庄严风格。

---

① 张道政：《基于价值创造的文化产品创意分析》，《经济论坛》2010 年第 4 期。

艺术风格的划分标准印证着人们对其认知的不同视角、立场和方法论。随着时间更迭，很多艺术风格已获得广泛认可，其概念被大量使用，以便简要准确地描述艺术产品的重要特征。一是以历史时期或朝代为标示，如唐代风格、古罗马风格、文艺复兴时期风格等；二是以地域或地区为标示，如中国西北风格、岭南风格、欧洲风格、北欧风格等；三是以个人或民族为标示，如鲁迅风格、鲁本斯风格、德国人风格等；四是以宗教为标示，如佛教风格、伊斯兰风格、基督教风格等；五是以某种抽象类型或特征为标示，如巴洛克、印象派、古典主义等。[①] 这些艺术风格的划分标准也许不够规范，但却在一定程度上便于人们理解某种艺术产品的风格，最终掌握艺术产品风格的特性或特征，以及各种艺术风格之间的复杂关系。

第二节　艺术产品国际贸易内容创意现状简析

一、国际市场艺术产品内容创意总体现状

文化贸易在国际贸易中极具特殊性，涉及货物贸易、服务贸易和知识产权贸易，而以文化产品和文化服务作为交易标的。[②] 联合国教科文组织对文化产业的定义是，按照工业标准生产、再生产、储存及分配文化产品和服务的一系列活动，即文化产业就是以文化产品和文化活动为主体对象，从事文化生产、经营、开发、管理和服务的行业。因此，文化产品及服务在社会属性与文化属性之外，必然也具有极强的经济属性，文化贸易的发展必然与文化产业的发展紧密联系。

近年来，美欧日对外文化贸易战略发展动向及其内在运行机制，为"一带一路"沿线的艺术产品贸易带来启示：未来文化贸易竞争的关键，在于实现基于文化内容主题的价值输出、积极投身国际化新兴文化业态及主动参与制定

---

① 王晋:《艺术产品之解读》,《产业与科技论坛》2013 年第 2 期, 第 25-27 页。

② 李嘉珊:《破解中国对外文化贸易出口瓶颈的关键问题》, 载中央文化企业国有资产监督管理领导小组办公室、中国社会科学院文化研究中心编《中国对外文化贸易报告 (2014)》, 北京: 社会科学文献出版社, 2014 年版, 第 51-63 页。

国际文化贸易规则。

上海社会科学院文化产业研究中心主任花建认为，在每一个全球范围的竞争回合之后，经济落后的国家总是被迫接受发达国家提供的发展模式。发源于西方的现代化已经有300多年的历史，它所逐步形成的两大发展支柱——经济增长竞争和开拓海外市场，已经不能适应新的发展要求。代表21世纪潮流的新发展模式，以创新为根本动力，以知识、智能和信息的开发作为生产要素，以经济、文化、生态和民生等协调发展作为主流，以全球化资源和全球性市场的统筹作为空间。谁能够把握这一潮流，谁就能在21世纪的发展竞争中位于前列。[1]

美国采取了汇集加工全球文化资源的战略，以提升自身文化软实力，通过跨国公司和大量企业对全球文化资源进行加工利用，不强调文化产业领域中的政府功能，倡导市场经济基础上的自由民主、平等竞争等观念，通过全球文化产品占据国际文化市场，获得国际文化贸易的绝对优势，在全球范围内产生持续的文化影响力。

欧盟通过整合区域文化实现文化软实力的整体提升，这一模式强调欧洲一体化的基础不仅在于经济和地缘，更在于古希腊文明、基督教传统所形成的共同文化基础，倡导以一致的文化根基发展的多元现代文明，通过发展创意经济和实施"创意立国"战略，建立各种文化协调机制，营造文化多元。

日本通过推动时尚贸易输出文化产品，发展文化产业，增强文化影响力，从而反作用于文化软实力，实施21世纪文化立国方略。日本将动漫的时尚资本转化为政治资本，不局限于单纯的经济效益考量，而是以强大的国际影响力与深厚的产业基础为支撑，使时尚贸易成为具有强大竞争力的国际文化外交策略。

文化软实力的提升，既要考量纵向时间维度，强化在继承历史文化遗产基础上的文化自信与独特表达；还要重视横向空间维度，以国际化视野反省自身在国际文化交流系统中的超越与创新。不同的国家和地区，依据各自的历史传统、地理环境、资源禀赋、国家利益和文化战略，需要不同的文化软实力发

---

① 花建等：《文化软实力：全球化背景下的强国之道》，上海：上海人民出版社，2013年版。

展策略。

国际文化贸易作为一种可持续的文化交流机制，不仅关系到中国参与国际贸易分工的竞争力，而且直接影响中华文化的国际影响力和中国国家形象的树立，是未来我国对外文化交流与合作的主要形式，是提升我国文化软实力的主要模式。

二、国际市场中中国艺术产品内容创意现状

2019 年，中国全年货物进出口总额为 315 446 亿元，同比增长 3.4%。我国与"一带一路"沿线国家进出口增势良好，对"一带一路"沿线国家合计进出口总额增长 10.8%，高出货物进出口总额增速 7.4 个百分点。文化产品进出口总额为 1114.5 亿美元，同比增长 8.9%。其中，对"一带一路"沿线国家出口总额增长 24.9%，对美出口总额下降 6.3%。

我国对外文化贸易规模不断扩大，在"一带一路"沿线国家的文化贸易市场中逐渐活跃，贸易总额持续增长，在国际贸易发展中的作用越发凸显。文化产品贸易在出口中仍占主要份额，且贸易结构不断优化。在文化产品出口方面，贸易伙伴更加多元。2018 年，我国对"一带一路"沿线国家文化产品出口总额已达 162.9 亿美元，2019 年增长 24.9%。同时，文化服务贸易体量快速增长，各大行业贸易发展趋势持续向好。其中，中国广播影视行业、游戏行业对外贸易以及图书版权对外贸易发展势头强劲，艺术品行业和动漫行业对外贸易的竞争力则有待增强。[①]

在由中国戏曲学院与中国艺术管理教育学会联合主办的第九届艺术管理教育年会暨传统艺术对外传播高峰论坛上，专家们普遍认为，当下传统艺术的对外传播脱离了初衷。在很多情况下，我们的传统艺术不是以一种交流对话的方式传播出去的，而是被强制推送出去的。

目前，在世界的艺术舞台上，基本以欧美等发达地区的评判标准来判断其价值体系下的各种奖项。因此，在对外文化交流过程中，我们一直处于被动

---

① 黄亚楠：《我国对外文化贸易发展形势持续向好》，《中国社会科学报》2019 年 5 月 31 日第 1 版。

状态，一来缺少确定自身艺术价值的权利，二来没有权威标准用以衡量传统艺术的地位。

我国文化企业在以往的对外文化交流中过分强调文化的民族性，夸大中外差异，导致跨文化传播受阻。如今在对外文化交流中，应该先找到审美共性与统一价值，在"求同"的基础上再强调差异和个性。

传统艺术作品之所以与国外受众的审美相脱离，是因为审美背景与价值观念存在差异，因此，传统艺术想被国外受众接受，就必须革新传统艺术的内容与形式。在创新的同时，也应当注重传统艺术发展的自身规律，处理好两者的关系非常重要。

从具体统计数据来看，《中国国际文化贸易发展报告（2019）》认为我国文化对外贸易主要有如下几个问题。

国家文化出口基地建设对创新文化贸易发展体制机制和政策措施具有重大意义。通过发挥全国文化出口基地在国际文化贸易领域的集聚、引领和辐射作用，总结适应文化贸易创新发展的模式和经验，培育一批更具国际竞争力的文化企业，形成更多具有更强联动性的国际文化交易平台，有助于推动我国对外文化贸易高质量发展，为提升中华文化软实力提供有力支撑。

世界各国文化经济的发展将加剧国际文化市场的竞争。文化贸易领域的大数据、互联网思维将逐步确立。国际文化贸易模式将发生变革，影响相关的产业链条、价值链条。中国对外文化贸易相关主体体量将持续壮大，贸易主体更加多元化，贸易结构也将进一步优化，中国文化产品与文化服务在全球文化贸易市场中的占比将大幅提升。[①]

三、影响内容创意的因素

在中国艺术产品的跨文化传播和国际贸易中会遇到很多障碍，其中对内容创意影响较大的有以下几点。

---

① 黄亚楠：《我国对外文化贸易发展形势持续向好》，《中国社会科学报》2019 年 5 月 31 日第 1 版。

（一）文化例外

"文化例外"（Culture Exception）是在 WTO 自由贸易规则下国家行使的文化多样性的保护性政策，是由法国提出的旨在保护本国文化不被其他文化侵袭的一种保护性贸易政策，强调文化产品的商品属性和文化属性，不能简单地同其他商品一样适用完全无限制的贸易政策，坚决反对国际文化市场的自由贸易。[①]

文化产品的生产和对外文化贸易不仅具有经济功能，而且能够传播意识形态、价值观念和文化理念。哈瑞·查坦德（Harry Chartrand）认为，文化产品和文化服务不像咖啡壶、汽车或银行卡等一般商品那样只具有某种实用功能，在本质上是价值观的携带者[②]。文化产品因其特殊的社会文化价值，并不能与市场调节规律完全适配。

文化艺术产品因具有较强的社会外部效应，不能简单地与其他普通功能性商品在同一体系内进行分析讨论。因此，在内容创作方面，艺术产品的内容创意者应主动把意识形态、价值观念、文化理念等纳入创作意图之中。

（二）消费偏好性

国际文化贸易受到文化产品消费偏好性的制约。[③] 所谓文化产品消费偏好性，是指人们在消费文化产品时，更倾向于消费那些在语言类型、文化内涵和价值观念等方面更为熟悉的文化产品。

在消费某一类文化产品的过程中，消费者的消费资本会随着消费该类文化产品的时间而增加，欣赏该类文化产品的时间越长，已经建立起来的消费资本就越多，消费者的消费资本增长也就越快。消费者对于消费资本的投入和消费起到了互相影响的作用，文化产品消费的边际效益会随着时间的增加而增长。如果人们长期欣赏某一类文化产品，在审美意图上就会对其产生依赖，即使欣赏水平不断发展，在个人收入和商品价格不变的条件下，人们的购买行为依然可能会增加。

---

① 向勇：《文化产业导论》，北京：北京大学出版社，2015 年版，第 364 页。

② Harry Hillman Chartrand, "International Cultural Affairs: A Fourteen Country Survey," *The Journal of Arts Management*, *Law*, *and Society*, 1992, Law（2）：134–154.

③ 同①，第 365 页。

消费资本也可分为个人消费资本和社会消费资本。个人消费资本是从个人的消费积累和其他相关的个人经验中得来的，社会消费资本是指他人对个人消费的影响，如周围朋友的影响。[①] 文化资本是社会消费资本中的一部分，对于社会中的个人来说，这种资本是既定的。个人只能通过选择不同的社会生活环境、不同的朋友圈子来实现十分有限的影响。这一原理说明，社会群体对文化产品的消费偏好具有趋同性，个人的消费会受到周围朋友的影响，最终形成该群体普遍认同的文化形式。[②]

消费偏好性是任何文化圈层内部所固有的，其改变过程是非常缓慢且保守的。因此，艺术产品的内容创作者应该注意到不同文化团体的不同消费偏好，在进行内容创作的过程中注意针对性地创作，并以保守的文化团体相对容易接受的方式进行创作，以发挥最大的文化传播和国际贸易效果。另外，相关文化产品的创意团队与政府组织应该有计划、成规模、按体系地输入与传播，逐渐对特定文化团体固有的文化消费偏好施加复合传播的影响，逐渐提高其对我国艺术产品的接受度，在可以预期的未来不断减少消费偏好对我国艺术产品的内在抵抗。

（三）文化折扣

因文化背景差异，国际市场中的文化产品不被其他地区受众认同或理解而导致其价值降低，因此，国际文化贸易会受到本土的自我意识和个人的自由选择所形成的文化折扣的制约。

欧美国家与我国从文化起源开始就有明显区别，在历经不同的社会发展路径之后，时至今日文化背景已经产生了极大的差异。因此，在文化产品创新的过程中，我们要时刻寻找东西方文化求同存异的切入点，既不可抛弃我国文化的传统特征，也要兼顾西方社会民众对我国文化的感知理解能力，尽可能地降低文化折扣。

在文化背景更加相似的东亚地区，我们更应该利用泛儒文化所缔造的相似文化血脉，在共同的文化基础上创新出更具差异的文化产品概念，利用各国

---

① 范周、陈曼冬：《大审美经济时代的文化产业突破》，《中国艺术报》2011 年 7 月 11 日第 8 版。

② 向勇：《文化产业导论》，北京：北京大学出版社，2015 年版，第 365 页。

的历史文化遗产进行中国式的创新生产，从而拉开一定的审美距离，以增强我国文化产品的吸引力，最终提高我国文化产业在一定范围内的市场影响力。通过将文化内涵与创新理念相结合，切实提高我国文化产品在世界范围内的市场竞争力，形成文化贸易的贸易顺差。

西方的文化产品在中国市场中已经积累了丰富的消费资本，这体现在外国文化产品来到中国的文化折扣极小，中国受众却能十分顺畅地理解其文化内涵。但与之对应的却是在西方文化市场中难以找寻的中国文化消费资本积累，中国文化对于西方国家的消费者来说是远在审美距离之外的文化产品，而且由于西方国家的消费者对中国文化接触极少，故而难以形成对中国文化产品的消费偏好，最终形成恶性循环。

事实上，文化折扣和消费偏好性具有密切的相关性。某一特定的文化团体对传统消费偏好的领域之外的其他产品具有先天的抵制属性，因此导致了文化折扣的产生。他们倾向于消费本地相应的产品，而不选择进口产品，因此文化折扣降低了艺术产品海外贸易和文化传播的价值。

（四）政治及宗教问题

政治与宗教是文化问题的重要组成部分，世界各地在不同的地理位置、经济环境、文化体系的综合影响下，发展出不同的政治及宗教系统，而政治系统和宗教系统在不同地区的不同地位和控制程度，毫无疑问会对艺术产品的跨文化传播和国际贸易造成强有力的影响。

中国电影集团公司周铁东在谈到电影的跨文化传播时，列举了影片 *GODOG* 作为例子论证了这个问题："这个英文片名挺有意思，但是有一个问题可能会涉及西方的敏感话题，尤其是面对基督教群体。就我这么多年做海外发行的经验来看，这个片名在海外可能会引起反弹，会被认为亵渎主。"①

政治问题和宗教问题可以看作是文化折扣的一个具体表现形式，特定的涉及政治或宗教问题的文化产品，需要在内容创作时注意到不同地区的政治管控度和宗教偏好性，从而避免撞上文化壁垒。

---

① 周铁东、郭俊立:《创意经济时代中国电影内容生产观察（上）——原创属于小众　剧本需要伯乐》,《当代电影》2014 年第 7 期。

第三节 艺术产品内容创意的产生

一、灵感论

灵感论是长期霸占艺术产品的生产来源的一种学说。苏格拉底第一次提出了"灵感说",英国哲学家、美学家鲍桑葵(Bernard Bosanquet)认为这是后来表现说的重要先声。[①]康德在《判断力批判》中也谈论了艺术与天才的问题,阐述了艺术与自然、科学工艺品、手工艺品的区别,认为美的艺术即天才的艺术。天才的特征有四点:天才不循规蹈矩,具有独创精神;天才不是靠人传授的,只能从天才的作品中窥见法则;天才仅限于艺术领域,不赋予科学;天才的作品皆具有典范性,可作为他人模仿的范本。艺术品创作的天才论是一种对艺术创作的朴素观点,但评判某人是不是天才的要素与社会定义天才的方式密不可分,对天才的定义标准会随着时空的改变而改变。因此,在艺术产品大规模生产并输出的时代,单纯强调天才论并不适合。

上海大学邵慧认为我国动漫产品的创作观念还比较陈旧,这主要体现在:(1)选题、编剧缺乏创意,在运用历史故事、神话传说的过程中,缺乏对原有故事的必要改造,以至于缺乏时尚感和生活气息,无法拉近与受众的距离,再加上刻意注入的教育内容,使动漫产品显得较为呆板。一些自创题材动漫作品,由于大多局限于对受众的知识普及,缺乏足够的娱乐性,所以对受众的吸引力不够。(2)动漫形象缺乏创意,不够可爱,过于模式化,缺乏个性,缺乏幽默感,使得情节缺乏娱乐性和感染力。[②]文化产品的核心应当是创意内容,其生产与制造应当全然建立在创意的基础之上,缺乏创意的文化产品缺乏核心竞争力,很容易被市场抛弃。

单方面地强调天才的灵感已经不合时宜,在艺术产品创作与生产的工业化时代,创意管理、创意人才、故事驱动等内容创意产生方式显得尤为重要。

[①] 彭锋:《艺术学通论》,北京:北京大学出版社,2016年版,第169页。

[②] 邵慧:《创意:内容产品的灵魂——谈中国动漫产业生态链中内容产品的发展核心》,《文艺生活(艺术中国)》2011年第3期。

二、创意管理

迅猛发展的文化产业让人们将目光逐渐转移到了如何管理创意这一问题上。英国学者克里斯·比尔顿(Chris Bilton)为创意重设定义,以期能更加符合时代与产业的特征:创意 = 创新 + 价值。创新,即制造或构想全新的东西,或重新组合已经存在的元素。价值,即新的想法具有合乎目的的适用性。创意管理就是要达到"创意必须产生出新的东西,创意必须产生出有价值或有用的东西"的目的。

向勇在《文化产业导论》中将创意管理的要素分为以下几点。

(一)创意管理是文化创意的内容管理,既要管理象征产品的创新价值,又要管理象征产品的使用价值。(二)创意管理是文化创意的过程管理。创意的进程就是两个不断制造矛盾、不断融合矛盾的过程,创意管理就是包容差异的过程管理。(三)创意管理是文化创意的结果管理。创意结果联结了于其中发生的领域或领地。(四)创意管理是集体组织的团队管理,要求从关注"个人创意的天才神话"转向"创意团队的集体模式"。(五)创意管理是创意系统和创意网络的生态管理,这是文化产业生产活动呈网络和集群特征的必然要求。(六)创意管理是放松管制的软管理(Soft Management)和适度控制的硬管理(Hard Management)相结合的巧管理(Smart Management),创意管理以人本需求、个人自治和自我实现为基础,是一种将传统管理(设置限定规范、控制预算和最后期限)和创意管理(解决问题、创新和增加价值)的功用结合起来的新式管理模式。(七)创意管理是定位战略管理与激励战略管理融合的创意战略管理,迈克尔·波特的定位战略就是为企业在现存的市场中找到竞争性优势和发展方向。战略是过程,而非静态的结果,是一种动态竞争战略。(八)创意管理是一种渐进式、群体式的组织变革管理。在比尔顿看来,不是突然增长,也不是组织纯粹的财务增加,而是多个细小步骤长期积累的结果。(九)创意管理是关于象征商品的创意营销和创意消费的价值和意义管理。(十)创意管理是注重基础设施、网络关系和相互协作的政策管理。

对创意及其价值的判断取决于某些特定的文化背景、区隔界限或参考系统，因此对创意进行管理就显得理所当然而且势在必行了。比尔顿说，"只有在特定的边界范畴内，创意工作才更可能与我们的标准吻合"，"只有定位在概念空间的边缘，创意才能被建构在已知及被理解的内容之上，同时拓展原有的边界范围"，并促进"最灵验的创意秘诀出现在不同元素之间意想不到的组合中"[①]。这些不同元素包括不同思维方式、不同程序与观点、不同文化背景等。这就是创意的条件性或者说背景性。

三、创意人才管理

当我们从管理学的视角出发时，就必须将艺术视为一种集体活动，从电影到绘画的所有艺术形式，都包含着很多人的努力。艺术创作过程中的所有环节共同塑造了最终的成果，许多人牵扯其中。因此，所有艺术形式都依赖于分工。一些核心人员更多地从事创造性工作，且这些核心人员也必须与组织保持联系，使组织完成对于创意人才的统一管理。

万达集团对创意人才的管理要求与对其他员工的管理要求相比具有较强的自由性。文化产业是万达集团新的业务板块，同时也是成长和增长最快的一个领域，管理模式上也具有较强的差异性。以影视传媒为例，万达引入了制片人制的模式，不以集权模式运营，而采用评审委员会的集体决策模式，投票决定对哪些影片进行投资，把各个相关领域的人才集中起来进行集体决策。同时，在影视传媒与舞台发行等方面的管理上，比较扁平化与灵活。举例来说，万达总部要求员工穿西装打领带，影视传媒部门可以休闲着装。在万达集团不同的企业与不同类型的公司会采用相对适合的方式进行管理。万达集团的文化产业部门既有万达自身执行力强的企业文化特点，同时又体现出文创业态自身的特点，不完全按照万达传统的地产模式进行管理。

文化贸易领域的专项人才缺乏是制约中国文化贸易发展的最大因素，如何培养这样的专门人才以改变当前文化贸易份额扩大而文化贸易高端人才短缺的现状，是迫切需要解决的问题。

---

① ［英］克里斯·比尔顿：《创意与管理》，向勇译，北京：新世界出版社，2010年版，第24页。

首先,要积极搭建文化贸易学科领域的基本架构,努力探索新型国际文化贸易专业人才的培育与运用,运用产学研一体化模式培养国际化、应用型、创新型的专门人才;其次,要加强学界对于文化贸易领域的社会服务功能,加大文化企业组织短期培训的力度,迅速提升现有人员经营管理素质,进一步发挥高校学科资源优势,深化产学研一体化模式,为培养文化贸易专业人才积累经验;最后,要建立健全文化贸易人才支撑发展体系。利用内部因素与外部环境以促进文化贸易的发展,涉及政府层面、企业层面及行业层面,并非一朝一夕能够完成,是一项系统工程,需要多方参与,积极配合。

四、故事驱动

随着文化创意产业的发展,越来越多的人认同故事本身(文化资源)不是最重要的,关键在于讲故事的方法(故事驱动)。文化资源在产业发展中的地位从来不是以量取胜,借用他地文化资源发展本地文化产业这类"借鸡下蛋"的故事不胜枚举。这说明文化资源对产品价值的影响并不在于数量多寡,而在于质量高低,最重要的是资源的可获取性和可加工性。

故事驱动所指称的故事,不仅是文化作品中所揭示的个人层面的苦恼及有关主体的问题意识,更是在特定的时间和空间中累积的人类的集体无意识和文化资产得以集中体现的原型。故事驱动的根基在于文化脉络与故事原型。虽然故事的内容在表面上变化不断,故事的形式在载体上也多种多样,但故事背后的本质都可以归纳到同一母题,展现出人类某种人格原型,就是"人内在生命追求意义与圆融的历程,乃至最终重新认识自己,建立认同,获得自在与平衡",各式各样的文化脉络和历史传统可以抽离出人类心灵共同的原型基础与精神动力。[1]

意义作为一种品牌资产,隐藏在故事原型之中,随着原型的变化不断为品牌提供发展动能。对于大获成功的品牌来说,其价值并不在于创新的特征或优点,而是将这些特征、优点内化为自身显著且独特的意义,使其成为一

---

[1] 邱于芸:《故事与故乡:创意城乡的十二个原型》,台北:台湾远流出版公司,2012年版,第11、27页。

种普遍且巨大的象征意义。"原型产品"直接与消费者的心灵相通,"原型意象"唤醒了消费者的共同情感,唤起了他们对品牌的共同记忆,深化了品牌的价值。①

邱于芸将原型营销品牌的概念运用于创意城乡的故事驱动,用传奇故事打造城乡品牌,总结了两个步骤。第一步,寻找城乡的灵魂、内涵与利基,为自己的城乡编写传记,寻觅当地特有的文化资源,以考古学的方式挖掘城乡最深层、最基本的价值,找出属于城乡自己的故事,并确保原型定位具备和产品或服务有关的、实际的、现代的事实基础。第二步,认识你的对象,必须针对不同族群的需求提供服务(在城乡的生活者、为外来旅游者服务的工作者、外地来的造访者、回到原来生活圈的旅游者),塑造地方品牌,根据归属(人际)、独立(自我实现)、稳定(控制)与征服(冒险)的价值取向,建构地方城乡的价值追求。邱于芸发展出了创意城乡的英雄神话的角色原型,分为四类,分别为向往天堂的狒喧型(包括天真者、探险家、智者)、刻下存在痕迹的征服型(包括英雄、亡命之徒、宽法师)、没有人是孤独的归属型(包括凡夫俗子、情人、弄臣)和立下秩序的稳定型(包括照顾者、创造者、统治者)。② 故事创意以角色原型为基础,承载了以人为本的精神力量。有了角色原型就会有故事,有了故事就会满足人们感动的期待,透过故事赋予生命体验以更多的意义和价值,进而改变人们的价值观念,最终创造人的生存意义。

基于人类共通的情感的故事原型不仅能够为故事提供内在驱动力,同时故事驱动的内容创意天然地满足了文化产品消费者对故事的需求,拉近了消费者和艺术产品之间的距离。故事驱动已经成为艺术产品内容创作的一个重要手段。

---

① [美]玛格丽特·马克、卡罗·S.皮尔森:《很久很久以前:以神话原型打造深植人心的品牌》,许晋福、戴至中、袁世珮译,汕头:汕头大学出版社,2003年版。

② 邱于芸:《故事与故乡:创意城乡的十二个原型》,台北:台湾远流出版公司,2012年版,第11、27页。

第四节　内容创意力评估维度体系

　　文化艺术产业属于文化产业范畴，主要是指为满足大众主观与情感需求，通过绘画、雕塑、音乐、舞蹈、戏剧、电影等方式表达的具有精神性与娱乐性的文化艺术产品的生产、流通、消费活动。[①] 在进行艺术产品的内容创意时，为适应"一带一路"沿线国家及其他地区的文化背景与市场需求，取得更好的出口贸易成绩，应该注意以下四大要点：增强产品娱乐性；提升产品的文化与社会属性；激发受众参与感；满足消费个性化的需求。

　　我们尝试提出了以下体系以评估艺术产品内容创意力（见表3-1）。

表3-1　艺术产品内容创意力评估指标体系

一级指标	二级指标	三级指标	
内容创意力	商业属性	市场接受度	投资回报比
		一源多用与跨媒介改编价值	
		审查与政治风险控制	
		标准化创意工具	
	文化属性	跨文化传播效果与文化折扣	文化折扣（公式）
		海外接受效果	问卷调查
			网络评价爬虫和语义分析
			海外获奖情况
	众创属性	用以被误读的细节	
		足够的解读空间	

[①] 　马漂：《"心"营销：文化艺术产业新媒体营销策略研究》，《新闻大学》2012年第5期。

一、商业属性

河北省艺术研究所庞彦强认为，艺术产品具有一般商品的共性特征：（一）艺术产品作为艺术劳动的成果，总要附着于一定的物，归根到底要体现为某种物质形式；（二）艺术产品是用来满足人们的精神需求的，主要是用来愉悦身心、陶冶情操、调整情绪、恢复与蓄积新的劳动势能等，同样具有使用价值；（三）艺术产品的价值，是艺术创作过程即艺术劳动在产品中的凝结，同一般商品一样，是一种物化了的劳动；（四）艺术产品有着与一般商品共同的社会基础。[①] 因此，我们也需要将艺术产品的商业属性视为其基础性价值的一部分进行研究和分析。

当我们考察了艺术商品化的历史之后，就会发现当前艺术的创作、传播、欣赏等环节都是在市场经济体制中运行完成的，我们无法摒除艺术产品中的商业属性而单论其审美功能。商业体制给艺术创作提供了坚实的物质基础，把艺术推向市场，为艺术家的自由创作提供了可能，对作品生产的分工非常明确，形成产业链条，在商业体制下不断催生出新的作品。同时，艺术的商品化发展也为国民经济带来了新的增长点，从政府高层到民间资本，都在产业政策和市场经营层面体现出越来越明朗的倾向性态度。

从另一个维度来看，影视艺术产品的本体价值在或多或少地减少，而本体价值之外的高附加值则通过媒体宣传、产品扩张等多种商业运营方式被推向新的高度。[②] 如影视艺术，在商业化传播机制下要抢占行业先机，提升收视率和流量，就必然要抓住观众。这种把受众和市场等同的观念，成为艺术创作低俗化的必然动因。

（一）市场接受度

市场接受度是衡量艺术产品商业价值的主要因素，其判断标准也是对艺术产品的内容创意力评价中少有的能够被量化的因素之一。

---

① 庞彦强：《艺术商品论》，《河北学刊》2003 年第 2 期。

② 张志颖：《从投资过程看艺术产品的本体价值承载——以影视艺术产品为例》，《艺术评论》2011 年第 11 期。

市场接受度的核心指标即其商业表现性,可以有多种判断标准,如其商业收益与同类型艺术产品商业收益均值的比值等。但"同类型"是一个需要专家判断的标准,与客观的定量指标要求不符。因此,我们选择投资回报比作为判断艺术产品内容创意力市场接受度的指标,其计算公式为商业收益 / 商业投资,投资回报比越高,市场接受度就越高。

这里有一点需要注意,艺术产品的收益包括商业收益和文化收益。在绝大多数情况下,作为准公共产品的文化产品的文化收益远高于商业收益。但在这里,我们仅考虑艺术产品的商业收益。

另外,艺术产品往往以产业链的方式生产和运营,时常出现某些作品本身的商业收益并不高,但能够起到为后续改编及同系列作品打下基础的作用。

（二）一源多用与跨媒介改编价值

近几年来,IP 开始成为业界年度词汇,也影响着当下电视、电影生产的格局和发展。IP 是英文单词 Intellectual Property 的缩写,意为"知识产权",指具备知识产权的创意产品。[1]

文化产业通过艺术与商业的联姻,将其存在"光韵"的膜拜价值转换为可复制生产的展示价值,甚至是具有娱乐性和互动性的体验价值。"一源多用"（One Source Multi-Use, OSMU）是韩国内容产业的经营精髓。在国内多被称为"IP 的全产业链开发",即通过经营一个 IP 项目,将影视、出版、电影、游戏、漫画、广播剧等产业链条上的各个环节都开发出来。这种内容产业策略是对美国迪士尼文化价值创造模式的借鉴。迪士尼娱乐帝国最重要的战略资产在于它的版权运营,迪士尼将文化产品开发和周边商品授权等相关竞争领域结合起来,进行跨媒介改编,促进融合发展。

虽然艺术产品具有大量一源多用与跨媒介改编价值,但其价值难以衡量,且不同的文化产品类型的改编价值也不尽相同,因此,现阶段尚未出现业界公认的 IP 评估体系。为了说明艺术产品改编价值的定性判断标准,这里引用一个尝试性的评价指标。北京大学何承艾、杜若飞提出了 IP 改编电影作品评估体系,分为三级指标。一级指标分为两类,即内容本身和 IP 价值,前者权重

---

① 彭侃:《好莱坞电影的 IP 开发与运营机制》,《当代电影》2015 年第 9 期。

低于后者。内容本身包括两个二级指标，分为故事和人物，二者权重随IP来源在40%—60%之间浮动。对于更注重情节的IP来源如小说等，故事的权重可以较大；对于更注重人物的IP来源如游戏等，人物的权重可以较大。这些权重的幅度可以由制片公司根据自己的投资与制片倾向进行调整。第二个一级指标是IP价值，下分四个二级指标（见表3-2）。[①]

表3-2 IP改编电影作品制片方评估表

一级指标	权重	二级指标	权重	三级指标	打分
内容本身	40%	故事	40%—60%	世界观易于理解和接受	
				内容无违法犯罪等审查相关问题	
				故事发展情节点安排恰当，适合电影改编	
				故事有合适的结尾	
				故事具有核心矛盾与冲突	
				情节发展逻辑性强	
		人物	60%—40%	人物性格丰富立体	
				角色有趣吸引人	
				人物关系恰当不牵强	
				人物有较强的明星属性或与公司旗下艺人气质搭配	
				角色有鲜明的特点	
				角色外貌服装等形象适合（真人）电影表现	

---

① 何承艾、杜若飞：《IP改编电影作品评估体系研究》，载司若主编《影视风控蓝皮书：中国影视舆情与风控报告（2016）》，北京：社会科学文献出版社，2016年版。

续表

一级指标	权重	二级指标	权重	三级指标	打分
IP 价值	60%	粉丝效应	20%	IP 持续时间	
				粉丝范围	
				粉丝黏性	
				原作粉丝与观影受众重合度	
		潜在受众属性	30%	是否有上一级故事原型或民俗传说	
				IP 价值观是否符合社会主流意识	
				目标受众的地域属性	
				目标受众的年龄属性	
				目标受众的性别属性	
		法律维度	10%	IP 持有者接受再创作改编幅度	
				IP 持有期限	
		可开发性	40%	改编适宜的投资规模	
				是否有同 IP 其他产品	
				原始 IP 形式是否符合改编电影产品	
				IP 售价	
				IP 生命周期	
				IP 属性:联合开发 or 单次授权	
				IP 改编电影类型竞争热度	
				是否适合改编系列电影	
				是否适合开发衍生品	
				可植入性	
				IP 改编电影类型是否适合公司操作	

（三）审查与政治风险控制

我国文化产品需要经过国家有关部门的审查和管控，因此，文化产品在进行内容创作时需要考虑到审查与政治风险控制的问题。

在我国当前的文化产品审核机制之下，文化产品制作方应在立项阶段就予以注意。诸如恐怖、惊悚、犯罪等反映社会阴暗面的艺术类型在进行创作时，要时刻保持自我警醒，避免在前期投入大量成本拍摄制作后无法上映，导致亏损。总之，风险评估中的类型指标应该以审查为主，同时综合市场规模、观众需求、竞争态势、政策法规、制作成本等各方面因素综合考虑，进行风险的细化测算。

（四）标准化创意工具

标准化是产业发展到一定阶段的需求。标准的本质是协调、统一，是重复事物的规律性体现，标准的制定、实施、反馈的过程就是标准化。从全球视角来看，文化产业标准化并不是新鲜事物，而是产业发展的保障。标准化可以为企业提供统一的技术规范。企业可以通过独特创意满足个别客户多样性的需求，但面向大众市场时依然需要依靠统一标准做好衔接工作。标准化不仅可以降低生产环节中的成本，也能减少贸易流通中的技术壁垒，使企业生产更有效率，从而提高企业的竞争优势；同时，标准化使创意项目的转换与兼容成为可能。准确性，是标准化在大多数时候所体现的最重要的技术特征。标准化为产业内部实现互换与兼容起到了极大的作用。互换性和兼容性在注重与互联网结合、注重技术创新的文化产业中，作用日趋凸显。

二、文化属性

艺术产品的文化属性和商业属性是一体两面的关系，但二者并不是简单的对立关系，而是处在不断的斗争和统一的辩证发展过程之中。

从最普遍的意义上来说，对艺术品的审美体验和感受，使人获得精神享受，心情放松。另外，艺术产品的文化属性还承担着对外交流功能。据统计，在韩国、日本以及世界上的其他地区，古玩街的商品近 80% 来自潘家园古玩艺术交易区。这些代表中国传统文化的文化商品通过跨文化交流和国际传播实现了中国文化的输出作用。如上文所说，跨文化传播具有很多难以逾越的文化障碍和交流壁垒。

中国电影集团公司周铁东形象化地将中国电影走出去的过程比喻为"把带刺的鱼肉做成鱼丸"的过程。他认为主流观众，尤其是商业化的主流观众不愿意进影院去思考，影院是娱乐，是逃避主义的娱乐。观众走进黑暗的影院，就是为了享受两个小时的避世娱乐，不愿意再思考，不愿意解读相关的历史文化。所以对这样的观众，你要把带刺的鱼做成鱼片，甚至添加其他原料做出鱼丸，把"文化鱼刺"给剔除掉，这样即便观众囫囵吞枣，也不会卡着脖子。反之，如果带刺，观众就没法吃。

鱼刺与鱼片的比喻正是将文化产品中难以跨文化传播的符号化简，提炼成能够畅通于不同文化市场，并且可以潜移默化地实现文化输出的艺术产品内容的创作过程。

（一）跨文化传播效果与文化折扣

在跨文化传播的过程中，国外电视节目或电影在价值上减少的百分比叫作文化折扣。一个特定文化产品的文化折扣可以用公式计算得出：（国内相应产品的价值 – 进口价值）/ 国内相应产品的价值。对于文化产品来说，文化接近性越高，文化折扣就越小，国际文化贸易就越密切。文化接近性与地理环境和语言因素有关，是地理距离、共同语言及交往历史等影响因素的综合函数。

（二）海外接受效果

艺术产品的海外接受效果是判断艺术产品内容创意力中文化属性的重要标准，中国艺术产品的跨国别、跨文化接受状况，可以说是评价文化产品国际贸易与文化交流完成程度和实施效果的最重要、最鲜活的依据。但由于语言、地域、媒体管理等多方面原因，在海外进行全面且直接的受众调查难以实现，因此出现了信息难以获得、标准难以量化等诸多问题。这里提出三种判断艺术产品海外接受效果量化标准的示例。

首先，可以使用的调查方式是问卷调查。通过对艺术产品的海外消费者进行问卷调查的方式研究艺术产品的海外传播与接受效果。问卷调查的难点是成本高昂、覆盖面窄、回收困难。另外，对于不同的中国艺术产品海外接受效果的问卷调查需要设计不同的问卷，重新展开问卷调研的过程。

因此，通过问卷调查研究艺术产品海外接受效果的方式具有诸多不便。在问卷调查之外，需要重新设计更加廉价、易行的调研方式。

较为简单易行的调研方式是网络评价爬虫和语义分析。在搜索引擎中，网络爬虫承担着从网络上采集网页信息的功能。它利用网页链接实现从一个网页的信息采集到另一网页的信息采集。网络爬虫的基本设计原理是：利用给定的一个或多个网址来获得更多的 URL，通过这些 URL 下载网络资源，再对其进行链接分析，找到其中包含的其他 URL，依此类推，直到满足设定的条件为止。

网络爬虫通常分为通用爬虫和主题爬虫。对于研究艺术产品海外传播接受效果的分析，应该使用主题爬虫技术，以挖掘和某一主题有关的网页设定为目标，为主要通过主题进行搜索的用户提供相关资源。爬虫可以有选择性地将某些与主题相关的内容存入数据库中。

在此基础之上，爬虫技术将对获得的文本内容进行文本分类，运用计算机程序在设定的分类体系下，对目标文本的类别进行确定。即文本分类的主要责任是通过计算机，为目标文本智能确定合适的类别。根据预先设定好类别的训练集合，建立文本类别和属性之间联系的模型，然后通过有指导的学习过程，得到最终的关系模型。通过对特定艺术产品在互联网上的评价和打分等信息的爬取和分类解读，我们可以得到艺术产品海外接受效果的粗浅判断。

此外，艺术产品的海外传播效果可以利用海外获奖情况进行判断。海外奖项意味着国际艺术批评与文化产业体系对艺术产品的评价和肯定。获奖情况比较容易获得，但为不同的奖项设置不同的权重较为复杂，需要构建客观的分级标准，并按时重新评级。

三、众创属性

众创属性是文化产品的价值属性之中很容易被内容创作者忽略的一个重要部分。创意时代是全民参与的时代，因为文化产品所创造的意义，以及它被使用的方式取决于它的消费者。即使是难以做到个性化生产的传统新闻媒体，也在积极借鉴大数据采集技术，通过引入内容设置等议程对内容理念进行处理，以增强对受众的吸引力。

克里斯·比尔顿提出，如果文化生产者和经营者要创造成功的文化产品，必须为观众抒发个人的、"替代性的"、"抵抗性的"阅读和误读留下空间。这也力证了建构多媒体经验是为了给创意消费提供原材料而非完成品，创意消费体现了生产者对于控制和权力的让渡。品牌的价值不再由生产者决定，生产者要设法让消费者参与品牌的构建，并在产品和品牌成型过程中，为其赋予新的解读和用途留下空间，即使这意味着信息偏离。

（一）用以被误读的细节

从营销角度分析，内容创意者主动在艺术产品内部植入供文化消费者进行误读的文献并不多见。绝大多数讨论误读的文献都将误读置于艺术产品内容创意与受众接受的对立面，反对误读的产生并力求铲除误读的出现。少数分析误读现象的文献将误读现象定位在文本阅读和消费内部，以在对文化产品的消费过程中出现的"误读—消除误读—形成反差"为分析对象。值得注意的是，这种误读现象是在文本消费过程中产生，并在此过程中由文本本身消除的，起到的效果是通过文本内部的反差制造喜剧效果或悬念。

广州大学周文萍认为，误读是电影行之有效的叙事策略之一。作为叙事策略的误读与电影的艺术本性和电影欣赏活动的特点密切相关。对于细节的误读会产生喜剧效果，对于情节的误读会产生悬疑效果，对于主题的误读可以引发观众的回味，对于视点的误读则可以引起观众的思考。

以内容创作与商业营销联动的角度研究误读与局限在内容创作本身研究误读不同，前者的误读指的是在艺术产品的内容创作中，创作者有意识地加入在文化产品的消费过程中提供给消费者进行自主阐释的细节，这些"误读"并不会在任何阶段被权威话语澄清和消除，而是作为消费者主动参与文化产品意义建构和主动传播的一部分。

（二）足够的解读空间

北京大学白晓晴、杜若飞将其称为"明星 IP 开发的环路构建"。明星 IP开发的表现形式通常是"一源多用"的系列文化产品开发。"一源多用"的目的是通过拓展文化商品的形式最大化满足用户需求，促进用户消费，进而实现企业利润的提升。比尔·瑞恩（Bill Ryan）将文化商品分为三种形式，分别是私有产品（Private Goods）、准私有产品（Quasi-private Goods）和准公共产品（Quasi-public Goods）。私有产品可以被消费者以个人的形式占有，如书籍、光盘、动漫手办等;准私有产品以私有商品的形式出售,但是消费者不能完全占有,需要以公共的形式消费,如影院电影(以个人形式购买电影票却需要在电影院观看)、网络游戏等;准公共产品以公共商品的形式出售,但是消费者可以进行个人消费,如电视节目、网络文学、网络视频(消费者可以向有线电视或视频网站支付费用而在家中收看节目)等。

根据准公共产品、准私有产品和私有产品三种产品的特性,可以组成一个用户文化消费的准入沙漏模型,消费者通过准公共产品的低准入消费进入IP 的内容生态系统。在第一层消费的用户群体中,部分用户会被文化产品所吸引,成为文化产品爱好者或内容平台的忠实用户,进而趋向于消费私有产品。还有一部分用户可以进入沙漏的颈部,该层级的用户人数较少,这些人最后转化成了文化产品的忠实粉丝。文化消费沙漏的三层作用分别是用户流量入口、用户向粉丝的转化及最后的以粉丝商业变现。以上三个层级是消费的过程,而粉丝的意义不只在于消费,粉丝在文化消费之后还能够通过众筹等方式参与文化生产的投资,并自行生产更多的粉丝文本,成为文化企业生产产品的补充性文化产品,同时为新产品的生产提供反馈意见。这些新的文本又形成了新的流量入口,从而吸引更多的受众成为文化产品的消费者,进入沙漏模型之中(见图 3-1)。

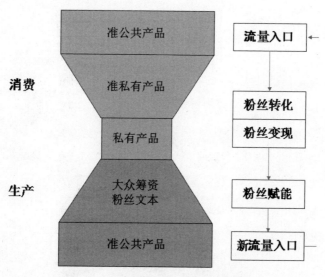

图 3-1 文化消费与生产的沙漏模型

投资的预先性与不确定性使其同时存在收益可能与风险可能,而文化资本的投资由于受到生产者、消费者、传播渠道等诸多因素的影响,风险性最大。商品及其形象在消费主义异化的驱使下形成一个外表光鲜的能指系统,不断刺激人的欲望,使消费被盲目的、过度的、非理性的欲望驱使。文化资产是以趣味为基础的货币,包含有关艺术与知识、能力与技能等方面。人们需要用身体或思维进行实证或诠释,以一定的时间精力来践行这种体验。受众对于意义和象征符号的消费难以预测也并非出自理性需求,因此难以量化评估。

第四章 "一带一路"视角下
艺术产品的市场营销力

黄彬彬*

在"一带一路"倡议下的艺术产品跨国贸易中，文化艺术组织与企业在进入新的市场时面临着文化折扣、渠道垄断、信息不对称等贸易壁垒。除了内容端的优化，中国的艺术组织和企业还需要凭借市场营销的力量，推动我国艺术产品走出国门，提升在跨文化语境当中的市场竞争力，实现目标的市场效益或社会效益。

艺术营销作为特殊领域中营销的一种具体应用，是一个并不陌生的词汇，但其定义和内容却不全然为人所知。西方的艺术营销研究始于第二次世界大战之后，艺术组织从全然非营利状态开始向市场化方向悄然改变，这期间关于营销理念在艺术组织中应用的研究，西方学界已经有了相当完整的体系和不断流变进展的理论。相比之下，现今中国的艺术营销研究还存在诸多问题，例如概念界定不清、含义冗杂、有价值的文献零落等，总体还处于比较混乱和落后的研究状态，艺术营销方面的经典书籍和教材基本都是翻译和借鉴外文文献而来的。在中国知网上以"艺术营销"为关键词搜索到的文献本就不多，并且其中多有重复或完全与艺术营销领域无关，且文献质量大多不高。名为艺术行业营销探究，实则大多数只是对中国一级、二级艺术品市场的总体概览，既缺乏理论支持，又没有实证研究支撑。有些文献中还存在对营销基本概念界定不清的严重问题，出现营销、组织管理等概念混淆；有些文献大部分篇幅都仅限于讨论宏观层面的中国艺术品市场（一级市场如画廊，二级市场如拍卖行，以及博物馆、艺术品金融机构等）的发展现状，而未能将目光聚焦于艺术品生产企业

---

* 黄彬彬，北京大学艺术学院在读研究生，宣汉文化创意、发展促进会（白马花田营造社）常务副秘书长。

的营销理念和营销行为。

与理论滞后相反的是,中国的艺术营销实践探索相对蓬勃兴旺。无论有意识或者无意识,方法单一还是多样,将营销作为简单的广告促销技能还是组织必不可少的管理哲学,艺术营销都已经在事实上被广泛地应用于艺术产品的推广销售,更有不在少数的企业通过市场调研和消费者行为分析,直接将营销融入了从产品开发设计到生产再到销售和售后的全部环节。然而,由于系统理论支持的缺乏,艺术营销中又先天存在固有矛盾,艺术组织的艺术营销实践有时会出现令人困惑的局面,从而无法在产品生产和销售上对企业进行有效的指导和辅助。

在笔者搜索文献的范围之内,中国还鲜有将艺术营销的完整理念尤其是其中的"导向困境"在针对中国艺术生产组织的实际研究中加以运用的研究先例。针对艺术机构营销的分析不在少数,但大部分停留在单纯的营销手段,并未梳理清楚营销的真正系统概念,更遑论对艺术营销特殊性的考察。也有部分研究不断强调中国艺术组织当下内容生产的缺失和产品质量提升的必要性,其观点值得肯定,但是在当前市场化大环境下,消费者文化娱乐选择权宽泛,不考虑消费者吸引力而单纯谈论艺术内容生产的做法无异于闭门造车。唯有切实意识到艺术营销领域的产品导向和消费者导向之间不可避免的实际矛盾,并运用行之有效的方法对这种矛盾加以调和削减,我国的艺术组织才能在产品生产和销售之间寻求一种平衡,既避免盲目跟从消费者喜好而使得艺术产品流于庸俗和哗众取宠,又不至于将艺术生产限制于艺术家和领域内专业人士的小范围孤芳自赏,或因曲高和寡而无人问津。

从理论层面上讲,西方的艺术营销源流清晰可见,成果遍地开花,并非简单从属于市场营销,而是具有自身鲜明的特色。与此同时,国内在艺术营销方面的研究乏善可陈,不但未能形成生发于我国具体国情的完整理论体系,甚至连基本概念和界定都有待厘清。本章首先在理论上较为系统地梳理了西方浪漫艺术观念下的艺术营销理论的重要文献,在此基础上进一步完善与补充,呈现了相对完整的艺术营销理念脉络,并将其运用于中国表演艺术组织的组织行为之中进行实践探究。

第一节 艺术产品市场营销的理论基础

一、经典市场营销理论

市场营销（marketing）又简称营销，是应用经济学的重要组成部分，从经济学角度看待生产者和消费者之间的双向互动关系。营销学的发展也经历了一系列概念变迁的过程，尤其是营销概念的泛化和范围扩大，本章会在后面详加阐述。美国市场营销协会（American Marketing Association，AMA）对于营销这一公众知晓和通用概念的形成功不可没。AMA 的 CEO 丹尼斯·杜兰普为营销的官方定义整理和修订作出了不可磨灭的贡献。市场营销的第一版官方定义为："市场营销是引导货物和劳务从生产者流向消费者或用户所进行的一切企业活动。"这一定义是在 1935 年由 AMA 的前身——美国营销教师协会所采用的，1948 年被 AMA 正式采用。1985 年的修订版本成为现在普遍公认的定义："市场营销是计划和执行关于产品、服务和创意的观念、定价、促销和分销的过程，目的是完成交换并实现个人及组织的目标。"

在学界，麦基特立克（McKitterick，J.）已经较为系统地建立起了关于营销的经典理论，斯蒂德森（Stidsen，G.）又对其进行了完善。营销是建立在经济学意义基础上的生产者和复杂多元的外部消费者之间进行的交易过程中，生产者为了推广和销售产品所采取的手段和方法。这里的消费者可能是公众、大众市场或者细分市场，货币价值是生产者提供商品或服务时，也就是在交换产品时最看重的回报。营销的核心焦点在进化发展历程中曾多次产生转移，经历了以商品为中心——包括农产品、矿产、工业制造商品和服务；以机构为中心——包括生产者、销售者、零售商、中介商；以功能为中心——包括买卖、促销、运输、储存、定价；以管理为中心——包括分析、计划、组织、控制；以社会为中心——市场效率、产品质量、社会影响。每一种核心焦点的说法都各有支持和反对的声音，每一次营销中心的讨论都伴随有营销概念的修改和扩充。

科特勒（Kotler，P.）、利维（Levy，S.）和巴哥蔡（Bagozzi，R.）延伸了

营销交换的概念，使营销挣脱了纯粹的经济学范畴，被定义为通过为他人创造和提供价值来获得渴望回报的一系列有章可循的任务。交易可以在任意小到个体、大到国家的组织行为系统之间进行。科特勒提出营销不仅可以被应用于传统经济学意义的营利性个人之间的交易，其准则更应该被扩大到适用于一切个体或行为组织之间的交易，尤其强调了营销概念在非营利组织中的适用性。这一扩展在 20 世纪 70 年代已经得到较为普遍的认可。科特勒和阿姆斯特朗（Armstrong，G.）的《市场营销原理》中将营销概念明确做了狭义和广义的区分。狭义的营销被限定在商业语境之下，指企业为顾客创造价值和建立密切的顾客关系从而获取回报的过程；在更广义的层面，营销是个人和群体之间通过创造和交换价值来获取其所需的一个社会化的、管理的过程。营销牵涉到生产者、消费者及社会其他方方面面的利益，当这些利益产生冲突时，在保全何者和牺牲何者之间如何进行选择，是营销概念中重要的导向理念。营销导向有生产导向、产品导向、销售导向、市场导向和社会导向五种，其侧重点各有不同。现在营销界公认市场导向为绝大部分营销行为应该遵循的准则，这一导向也称消费者导向。科特勒在书中强调了在营销中了解消费者需求的重要性，指出营销理念的支撑基础是人类需求，人类需求是一种由于缺失而感到渴望的状态，这种渴望反映在经济领域，就是消费者的消费需求。营销通过提供他人渴望的缺失物来填补他人的渴求，满足他人的需要，并在交换过程中获得生产者提供商品和服务所应得的回报。在了解消费者需求之后，营销者就能够建立起以消费者为驱动的营销策略——营销管理就是寻找合适的消费者群体并与他们建立利益关联的科学和艺术。

二、艺术营销理论

（一）浪漫艺术观念和创作者尊崇

艺术家被内心的创造力所激励和驱动，用艺术作品表达内心感受、情绪和审美主张，由此达到自我价值的实现。艺术创造力的生发和表达都只因其自身缘故，不受外界干扰。艺术家与实用性产品的生产者的不同之处在于，艺术家的创造力价值要靠表达质量来衡量，而非取决于产品的实用功能或是生产者的技术能力。普通商品的生产者（工人、技师等）本身就是为他人而生产，这个他人可以是客户、消费者，也可以是他的雇佣人，产品最后应该呈现何种性状要由这个生产对象定义和评估。而艺术家则恰恰相反，他们的艺术生产工作状态正是希望自己能够不受外界的任何干扰和羁绊，其艺术成果的生产对象是且仅仅是艺术家本人。

赫希曼（Hirschman，E.）将可以称为生产者的艺术家面对的消费人群分为三类：第一类是最广泛意义的公众，内含一个或多个不同的市场细分；第二类是本行业内的专业人员（如批评家、其他艺术家）和合作人；第三类是艺术家本人。个人利益和兴趣、品味间冲突的极大可能性使得艺术家同时满足这三类人群的可能性并不大，但也并非全无可能。当艺术家的个人需求和表达恰好与其他群类消费者吻合时，他的作品便能在商业化上取得极大成功，尽管这种成功往往被业内专家所否定。

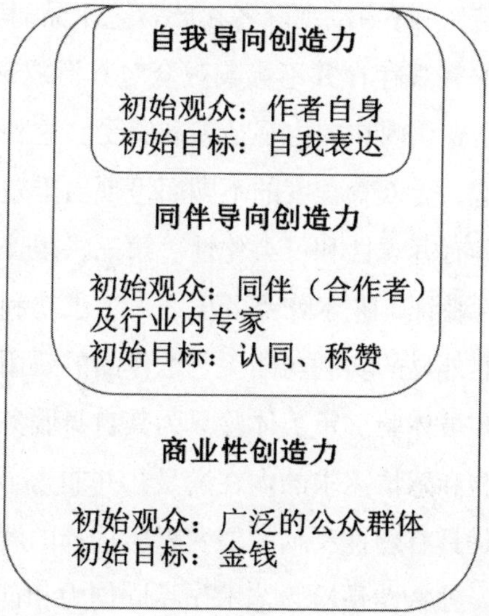

图 4-1 中内容：

自我导向创造力

初始观众：作者自身
初始目标：自我表达

同伴导向创造力

初始观众：同伴（合作者）及行业内专家
初始目标：认同、称赞

商业性创造力

初始观众：广泛的公众群体
初始目标：金钱

图 4-1 艺术家作为艺术品生产者的三种创造力导向 [1]

当艺术家们面临第一类消费者和第二类消费者之间评价的矛盾时，往往

---

[1] Hirschman, E. C., "Aesthetics, Ideologies and the Limits of the Marketing Concept," *Journal of Marketing*, 1983, (47): 49.

更倾向于跟从后者,业内专家的褒贬往往更被看重,即使这同时意味着最终形成的产品与第一类消费者,也就是真正具有消费实力的公众的偏好有所偏差。艺术营销研究已经将艺术产品消费者的定义扩大到了同业内专业人士及艺术家本身的范围,合伙人和行业专家为艺术家提供情感支持和赞赏,会对艺术品生产产生强有力的助力。这种特殊的消费者导向其实是生产者的自我导向,自我导向将交换对象由两个个体或组织之间的行为转化成单独的个体内在行为。一个自我导向的营销者出于个人情感表达产出产品,而后收获个人实现与个人满足,这种自我导向的营销交换在与他人交换之前便会出现。

由于艺术家个人创作的特殊性,艺术作品在作为产品时,其属性往往并不具备传统营销理论中产品应该具有的特质,而是呈现出独特的内在属性。

第一是抽象性。艺术产品的抽象性体现在其唤起本体之外的其他事物或情感的联想。这种抽象性有别于有形的、蕴含特定特点的一般商品,无法简单经由特定的技能训练习得。第二是艺术产品的主观体验性。所谓"一千个读者眼中有一千个哈姆雷特",每一位观画者在欣赏艺术品时其实都在消费不同的作品,艺术作品本身的客观存在并不影响观众对其形成迥然不同的主观解读,因为艺术作品唤起的是观众内在的主观情感和感受。这种情感和感受因为每个人的经历、性格、心情、受教育程度的不同而呈现出千差万别的主观色彩。相较之下,一般商品更具有客观性和可类化性。第三,跟普通产品相比,艺术作品具有强烈的非功利性特征。艺术作品的生产不追求功利性,其价值存在于产品唤起的主观回应而非外显的实利功能。艺术作品的效用应该仅仅是作为"艺术"被赞美、被崇拜和被体验。审美体验只为其自身服务,消费者消费艺术作品也只是为了自身体验和感情需求的内在满足,并非为了实现功利价值。传统营销框架下的产品则是具有理性头脑的消费者所选择的解决问题和满足效用的设备。第四是独特性。独特性是检验艺术作品原创力和创新性的标志特征。首先,它们不能是对此前已有作品的简单复制,因为独特性,艺术产品之间的可比性也大大不如传统产品,特定的艺术产品很难被其他艺术产品所替代。因此,传统营销中重要的同行业强有力竞争者因素在艺术领域中的作用不大。因为作品的独特性使不同消费者的情感体验不同,所以出自同一艺术家之手的不同作品在售价上可能存在云泥之别,可被复制的艺术品则会在价值上遭到大幅度贬损。第五是艺术作品的整体性特征。传统产品可以是一些特质的"集合束",而艺术产品只能作为整体存在,不能被有意义地分解,脱离整体谈其某些特征并不具有意义,艺术作品也不能仅通过特征被代表。

艺术产品的独特属性也表现在艺术营销模式上。艺术机构将艺术生产环节视为业务中最重要的一环,对于艺术产品的生产投入足够的资源,对于内容的质量把关给予足够的重视。在国家大剧院和天创国际演艺制作交流有限公司,艺术生产环节都得到了应有的重视,这也是这两个机构艺术营销成效显著的基本保障。

具体到艺术政策和艺术管理领域,浪漫艺术观念被理解为一种尊崇艺术作品和艺术家的态度,以人为本,尊重艺术家本心,将艺术本身的地位置于首位。

浪漫艺术观念单纯化和神圣化了艺术创作的动机和目标,认为艺术家将艺术理想化为探寻真理和灵感的神圣王国,艺术创作不再是简单地为社会、宗教或商业目的服务的奇技淫巧。相反,它们被看作重新找回被物质社会和商业气息所掩盖甚至消磨的真正人性价值的重要手段,更有甚者认为艺术创作是通向人类完美和谐状态的实用模式。[1] 这个理念在其后阿多诺的文化理论中被进一步阐释为"对脱离无政府状态的巨大帮助",阿多诺认为公众应该通过阅读、观察和思考来获得他们所能获得的最佳文化。这种文化的获得以艺术被展示于公众面前为前提,认为艺术有助于推动个人和社会走向完美的秩序。

浪漫艺术观念将艺术家的地位推崇到了前无古人的全新高度,赋予艺术家崇高而令人敬仰的地位。康德在《判断力批判》中,将天才定义为"与生俱来的精神禀赋",自然通过它赋予艺术以规则,[2] 赞美其为"天才""预言家""未被承认的世界立法者""生命革新的代理人"等。[3] 艺术家卓越的创新性、创造力和独特真诚的想象力被高度肯定和赞扬,更被视为伟大艺术作品的源头。浪漫艺术观念坚持认为,为了对真理的探寻和对伟大艺术的追求,艺术家们应该遵从和充分表达内心深处最真实的启迪和感受,而不因受到外界任

---

① Williams, R., *Culture and Society* (London: Hogarth Press, 1982), pp. 39-42.

② [荷兰] 约斯·德·穆尔:《后现代艺术与哲学的浪漫之欲》,徐骆译,武昌:武汉大学出版社,2010 年版,第 14 页。

③ Lee, H.-K., "When Arts Met Marketing-Arts Marketing Theory Embedded in Romanticism," *International Journal of Cultural Policy*, 2005, (11): 291.

何强制力量的影响就有所妥协和屈从。现在，市场成为艺术最大的资助人之一，在为艺术开辟广阔的经济价值天地的同时，也由于其内在属性而意外成为艺术强大的外在威胁力量。艺术家的倾心之作有可能得不到市场的认可，例如，梵高的画作在其死后多年愈受追捧，画家生前却潦倒落魄，作品无人问津。浪漫艺术观念认为艺术家若要执意关注和追求市场的成功，迎合观众口味，就必然要作出妥协，以牺牲自身艺术天赋作为代价。

基于以上理论，为保障艺术创作的艺术价值和对公众的教育与文明化功能，早期艺术组织的生存全权仰仗于政府和机构的赞助支持。因为对作者权威的绝对肯定和支持，观众被限制于接收端的单一角色，只能作为欣赏者接受艺术的熏陶。而艺术政策和艺术管理的主要事项是清除公众消费艺术作品在地理上、经济上、教育上的壁垒，为艺术获得更多潜在观众铺设道路，扫清各种障碍。

（二）艺术营销导向困境的产生和解决

当营销理念被越来越广泛地应用于各个领域，尤其是被应用于非营利组织领域之后，越来越多的研究者发现营销学理念并不是放之四海而皆准的真理。在艺术组织、意识形态等领域，产品的特殊性使得营销中的消费者至上观念产生了动摇。艺术营销是针对艺术产品这一类特殊产品和服务进行的有针对性的营销活动。1967年，文化企业营销这个问题第一次在学术机构中被正式提出，第一批专门论述文化营销的专著中展现了一些与传统营销概念有别的新营销思想。在艺术产品营销中，对于艺术家（艺术产品生产者）在艺术产品生产过程中核心地位的认可，以及引申出的先创造艺术产品，再寻找合适消费市场人群的产品导向观念，与经典营销理念中强调消费者导向的出发点截然不同。科尔伯特（Colbert，F.）等人认为艺术产品营销的具体做法是通过对产品的商业变量如价格、分销和促销等的调整，从而使产品与足够多的消费者联系起来，尽可能抵达可能对这些产品感兴趣的细分市场，并实现与文化企业目标相一致的恒定目标。[①]

李慧京（Hye-Kyung Lee，2005）将非营利艺术组织的发展追溯至第二次

---

① ［加］弗朗索瓦·科尔伯特:《文化产业营销与管理》，高福进等译，上海:上海人民出版社，2002年版，第24页。

世界大战以后，认为英国的该类组织发展一直处于政府赞助的庇荫之下，强调其教育功能和提升公民文化素质的作用。英国是较早建立针对艺术文化非营利机构发展的完善政策的国家之一，其政策基础的知识框架体系生发自浪漫艺术观念，也认为艺术语境下的营销理论应对浪漫艺术观念有所坚守，因为只有这样才能既保证艺术品的独特价值和艺术创作者的权威，又兼顾营销理念的渗透和营销方法的运用。自 20 世纪 80 年代起，非营利艺术组织开始出现市场化概念。在非营利的艺术组织中，基础文化理念开始产生转变，新的管控思想和管理实践策略被采纳，更具体来说是非营利组织向营利公司的管理逻辑和风格靠拢，对政府补助依赖的降低和自负盈亏意识的觉醒，对艺术品的营销行为是这一转变的有力体现。无论是艺术品营销的倡导者或是批评者，都相信艺术营销能够帮助艺术组织打破窠臼，根据市场需求重新定位自身。

综合浪漫艺术创作权威和市场营销消费者导向这两条理论脉络，艺术营销领域的"导向困境"得以清晰呈现，即艺术创作本身应当遵循浪漫艺术观念所推导出的作者尊崇和产品驱动，与经典营销理论中普遍奉行的消费者至上和市场引领之间存在着看似不可调和的矛盾。

艺术营销的研究者们对于艺术营销产品导向的显而易见的同理心来源于对艺术作品内在价值的坚信——这种内在价值是艺术家们创造力、感情和思想在其艺术创作中的具象化——以及艺术作品对人类终极发展不可替代的作用，他们认为艺术是"用产品导向向营销学院的无礼污蔑做出的终极反抗"[①]。根据马斯洛的需求层次理论，艺术是人类在满足温饱的基本需求之后，达到自我实现的重要因素，因为艺术提供给人们超绝的体验，并帮助人们振奋精神，放大思想和情感。

当然，也有学者对艺术营销不遵循消费者导向的做法表示强烈反对，认为失去了市场导向和消费者至上的营销便不能再称其为营销，认为艺术组织之所以没有实现更好的销售额和收入，正是因为它们未能有效遵循市场导向。艺术营销认为市场导向仅仅应该被应用于扩增产品，如便利设施、环境氛围等应该按照消费者导向的理念引导完成，而不涉及核心产品的修改。

---

① Lee, H.-K., "When Arts Met Marketing–Arts Marketing Theory Embedded in Romanti-cism," *International Journal of Cultural Policy*, 2005, (11): 300.

总结来说,艺术营销者们的任务被认定是"找到应该可能会欣赏艺术产品的消费者",① 并与他们建立和保持长期良好关系,鼓励原本对艺术漠不关心的人转变为艺术消费者。实现后者目标需要艺术营销从业者们劝服这一具有潜在艺术需求的群体,即使寻找和挖掘出的这些潜在需求与这一人群的真实偏好相去甚远,仍需鼓励他们力争满足自己的艺术消费需求。

艺术营销的理论发展暗示了在艺术王国中,由于浪漫艺术观念被普遍接受,艺术的"市场化"并不是一个清晰可见的内涵转变,也非营销价值和逻辑对艺术的单方面渗透及其在艺术中的机械运用,而更应该被理解为现存文化"持久性"在艺术领域的显现以及与营销观念媾和的复杂过程。如同消费者导向在营销界的权威一样,浪漫艺术观念在艺术王国也已经被公认为内在范式,即使是在理论冲突尚存的艺术营销界,也有大批研究者和从业实践人员奉之为圭臬。我们能够观察到的现状是,在与艺术界的融合中,营销理论做出了妥协和修改,以适应艺术文本语境。在对艺术领域的市场化进行研究分析时,我们考虑到前文所述的文化持久性,应更多地从市场的嵌入角度进行思考。

浪漫艺术观念提供了框架,在这一框架之下,艺术营销理念得以建立。营销领域的市场导向和艺术世界里的产品驱动之间的固有冲突一直存在,并被当作无可回避的重点进行讨论和改进。艺术营销的文献一直试图用各种方式对二者的矛盾进行调和,以图达到理论上通顺和实践中的可行性,理论中有时难以避免地呈现不连贯和矛盾。

然而,随着艺术组织不断地向市场化经营和企业化管理的方向发展,采用丰富的营销手段对产品的设计、生产、推广、销售和售后过程进行规划和决定又必不可少,于是学者们企图从理论中找出能够解决"导向困境"的方法。业界有五种有效而互不排斥的理论方法被提出,也在不断被全世界各地的艺术组织所实践。这五种方法分别是:1.类营销概念;2.关系营销法;3.延伸消费者概念;4.延伸产品概念;5.将营销削减为功能。②

---

① [加]弗朗索瓦·科尔伯特:《文化产业营销与管理》,高福进等译,上海:上海人民出版社,2002年版,第15页。

② Lee, H.-K., "When Arts Met Marketing-Arts Marketing Theory Embedded in Romanticism," *International Journal of Cultural Policy*, 2005, (11): 301.

　　在对艺术营销导向困境的讨论中，产品定义的修改，准确地说是拓展延伸艺术产品的概念，被视为有效方法之一，以使艺术产品的营销方式更加不排斥营销中被奉为圭臬的消费者导向。学者们将产品分为三类，分别是有形的产品（服务的物质实体）、延伸的产品（有形的产品加上其伴随的所有服务集合）和类属的产品（本质的益处或是解决问题，例如美、愉悦、干净、舒适等）。研究者们倾向于将艺术产品这一概念看作一个整体体验的组合，比如，一夜的娱乐、一次学习的经验、一次社交体验、一场年度仪式、一次冒险及其他。比如，两位科特勒（Kotler, N. & Kolter, P., 1998、1999）在描述博物馆的产品时，认为该产品范围应该涵盖去一次博物馆可以获得的所有多元体验，包括娱乐、社交、学习、一次审美体验、一次参与实践及一次迷人的、难忘的经历。在产品概念延伸的基础上，研究者们主张在维持核心产品（如真正的表演、展览等）不变的前提下，其余所有附加种类的艺术体验都可以由艺术组织加以提供或改进。通过对扩增产品（或称附加的、次级的、外围的产品）和服务的重视、调整和提升，来辅助和补充消费者对于核心产品的感受力和满意度。附加产品的范围可能包括停车位的可获得、进入建筑的便利性、设施的干净整洁感、在场员工的热情接待、场地内餐饮服务的质量、便利的预订系统、明晰的现场指示标识等。总之，消费者导向被充分运用于附加产品和服务，从而使核心艺术产品维持其独立性，使创作者不受消费者导向的干扰而始终坚持独立自主。

　　在这种情况下，附加产品和服务向消费者方向的倾斜可以被视作对核心艺术产品独立性的一种有效保护。

　　科特勒和利维首次通过扩大营销的定义为"敏感的服务于和满足人类需求"，提出营销与社会中的一切组织都有关联。从那以后，又有许多学者提出了大量的营销修正概念，比如"任意两个组织间的交易""价值的交换""人类价值关系""达到组织目标""影响行为""基础的人类过程"等。在定义得到泛化之后，营销声称自己具有了对一切社会组织都适用的"普遍"价值，而不再只是经济学背景下的营利企业和消费者之间的交易行为。

　　类营销概念观点的角度使得营销概念不断被调整和扩大。按照"社会化"的营销概念，目标定位为维护和改进消费者福利和社会幸福的组织都应该采取生产导向的方法,来决定目标市场人群的需求和利益。因为这些组织的消费者往往不能真正明了什么是他们的长期利益和福利所在。在同意这一观点的基础上,艺术营销被视作社会化活动,将在公众中平均分配艺术,尤其是将原先的非参与者转变为艺术欣赏者这一过程被强调为重中之重。

当类营销概念被运用于艺术营销时,艺术营销就得以避免了直接被扣上识别和满足消费者需求的帽子。许多文章中将营销定义为艺术组织和其消费者之间的"价值交换",在消费者付出他们的时间、金钱和精力的同时,他们获得了艺术审美,以及心理上和社交上的愉悦和满足。同样的,艺术组织以艺术层面和管理层面的付出和消耗为代价,得到了收入和观赏者的认可、赞誉和感情上的支持。"交换"这一概念得到了学界的认可,因为其重点在于组织和消费者之间双向的、能够同时惠及对方的等价交换,这种对交换概念的使用使艺术组织得以最大限度顾全艺术愿景和坚持,并能填补消费心理的空白。国家大剧院和天创国际演艺制作交流有限公司的艺术营销就着重体现了这种艺术价值的互换,时时照顾消费者需求,却又不一味迎合,而是在随时随地观照消费者动态的前提下,一方面对内容进行原则范围内的修改和调整,以更符合观众的价值诉求,另一方面采取营销手段潜移默化地引导观众需求,通过合理引导让观众想要消费的艺术产品与机构生产的艺术产品之间的差距越缩越小甚至基本重合。内容调整和消费者引导,是文中所选取分析的艺术机构进行组织与消费者价值交换、观照消费者需求的主要有效方式,也是在艺术营销模式中非常值得借鉴和研究的营销宗旨和观念。

营销理论坚持市场导向(或称消费者导向),认为产品生产意识照顾到市场需求远远不够,而应该以市场需求为根本出发点。换句话说,组织应该从一开始就生产消费者想要消费的产品,而不是生产出来之后再想方设法地将其卖出。[①] 消费者导向相较于产品导向或者销售导向更加被广泛接受和认可,营销理论甚至强调当今社会是否遵循市场导向已经成为决定组织生死存亡的重要前提。营销的市场导向理念不仅被看作组织的管理策略,更被认为是给予消费者权力,是对他们民主选择自己想要消费的产品权益的保证。市场保障了消费者

---

① [美]菲利普·科特勒、加里·阿姆斯特朗:《市场营销原理》,郭国庆、钱明辉、陈栋、袁宏福译,北京:清华大学出版社,2007年版,第8页。

效用的最大化，同时使得资源被有效分配，信息得以畅通。

因此，市场化概念中的价值主观性认为不同的消费者是艺术产品价值的最佳评判人，消费者有权利从自身口味和偏好出发，接受或者无视不同的艺术产品及理念。这与艺术价值和艺术家权威产生了矛盾和抵触，被视为家长作风的产品导向，扩大潜在观众对艺术品获得性的手段也可能被攻击为"销售驱动"。

第二节　艺术产品对外贸易市场营销力的评估模型

艺术产品的市场营销力可被定义为艺术产品在进行国际营销过程中所具备的各项能力的综合描述。这些能力指标构成了全面评估艺术产品生产组织能否实现成功的艺术产品国际营销的指标评价体系。

一、分析框架

作为应用经济学的重要学科，经典市场营销已经在其发展流变中形成了完整的、可用于组织营销能力分析的评估体系。从宏观环境、市场细分、定位及消费者需求出发，善加利用信息系统，灵活使用产品、定价、渠道、促销等营销组合，维护与消费者的关系，并妥善监控和管理营销过程，这些要素共同构成了一个公司成功进行市场营销活动的流程。艺术营销理论重视艺术产品，尤其在高雅艺术（high arts）领域中，产品由艺术家在不受或较少受到消费者需求干涉和影响的情况下生产，因此不列入经典营销组合。但是，这不妨碍产品仍然是艺术营销中极其重要，甚至可以说是更加重要的要素。其余评价要素与经典营销类似，但是组合方式和重要程度有所不同。科尔伯特（Colbert, F.）在其著作《文化产业营销与管理》中对艺术营销要素进行了详细的分类论述，指出艺术营销是从营销的四大要素（市场、公司、信息系统及营销组合）出发，将艺术生产公司和消费者相结合的系列活动。[①]

---

① ［加］弗朗索瓦·科尔伯特：《文化产业营销与管理》，高福进等译，上海：上海人民出版社，2002 年版。

在建立艺术产品市场营销力的系统评估体系时,我们将依据这些核心要素进行向上的概括和向下的细化,在一级指标中设立客观要素和主观要素两个大的分类。客观要素用于评估宏观经济层面的市场需求、市场环境和政策,这些客观要素不以艺术生产公司的意志或能力为转移。主观要素则是作为生产方的文化艺术机构的国际艺术营销能力,具体体现在市场开拓、产品生产、产品营销过程和消费者关系管理等不同方面。同时,考虑到国际传播的特殊语境,和本土艺术营销显著不同的是,艺术产品国际营销必然会面临跨文化语境下的文化折扣风险和本土化的必要性。因此在营销要素之外,本模型将文化折扣和艺术产品修改要素列入评价体系之内,进而形成了完整的艺术产品市场营销力的分析模型。这些要素将在下文分别进行详细论述,完整的模型则将在本节末尾呈现。

二、基础要素

在艺术产品市场营销力一级指标板块,我们将四大营销要素整合为客观要素和主观要素两方面。客观要素指艺术产品国际营销的环境,其二级指标包含市场要素和政策环境,文化折扣的体现也被涵盖在这一板块当中。主观要素方面,二级指标主要是公司要素和营销组合要素的规整和融合,综合体现公司的艺术营销能力。信息系统要素作为另一个重要的二级指标,则横跨客观要素和主观要素两个大类,在其三级指标分类时被具体划分到不同的客观或主观板块。

三、指标建构

在总结主客观两方面要素的基础上,我们将艺术产品市场营销力的具体评价体系划分为六个二级评估指标和十五个三级评估指标。二级指标从市场需求、政策环境、信息系统、市场力、产品力和营销力六个维度出发,下设三级辅助指标,以期全面客观地对艺术组织或公司的艺术产品国际营销能力进行分析。值得强调的是,市场需求、政策环境和文化折扣等客观要素虽然不是公司能力的直接体现，但是在营销语境中，所罗列的客观要素皆会对艺术组织或企业的营销产生重大影响。比如，由于文化折扣的直接限制，杂技、歌舞等表演类艺术产品会比电影等艺术门类具有更强的先天优势，而我国国家政策对不同艺术行业和艺术类型企业的支持也将使它们在艺术营销能力上表现各异。

（一）市场需求指标

市场需求是消费者对于特定产品的消费意愿的体现，既是现代营销的出发点，也是艺术营销组织在营销产品时必须纳入考虑和进行调查的要素。根据艺术产品国际营销的自身特性，我们又将市场需求指标具体分为总体需求和文化折扣两个二级指标进行综合评价。

1. 总体需求

中国艺术产品文化底蕴丰厚，东方特色鲜明，题材多样，故事性强，表现形式丰富多彩，在国际上有着较高知名度，国际市场需求潜力巨大。近年来，在我国"走出去"艺术文化政策的激励下，越来越多具有中国特色的艺术作品走出国门，被推向海外市场，吸引了大批国际观众的目光，成功推广了许多具有中国文化元素的经典产品，也是我国多元化外交的有效辅助形式。中国艺术产品的出口可分为表演、动漫、电影、游戏、视觉艺术品等多个类别。由于各门类特点不同，使得其国际市场需求差别较大，比如相比于其他中国艺术产品门类，演艺类产品（包括歌舞、舞台剧、杂技等）由于具有强烈的视觉吸引力和震撼力，加上表演传达信息所需要的文化语境较低，易于被国外观众理解，一直是我国艺术产品出口的主力军。

2. 文化折扣

"文化折扣"（cultural discount）又被称为"文化贴现"，起初意指少数派语言和文化版图应得到更多关注和保护，后被延伸用于影视贸易研究。扎根于一定文化语境的文化艺术产品，在该文化覆盖的本土地域之内的高认可度和吸引力，会随着跨文化传播过程中该文化认可度的降低而降低。其他文化语境中的观众因为历史环境、语言、思维方式、宗教信仰、风俗习惯等差异造成对异文化中艺术产品价值和魅力感受力降低。这种文化差异造成的文化艺术产品传播的认同困难和体验障碍即是文化折扣。例如，好莱坞电影风靡全球的辉煌业绩建立在美国思维模式的普遍推广和英语的全球适用背景之下。

近年来,中国电影、电视剧在东亚及东南亚市场份额提升,获得大量观众喜爱,以《琅琊榜》等优秀国产古装剧为代表的影视作品在日本、韩国、越南、马来西亚等地收获无数好评。然而,中国影视作品在西方国际市场上的发展则不尽如人意,很大原因在于东西方文化差距使得中国影视作品中蕴含和展现的中国传统思想及文化无法被西方观众所理解和接受。"形而上者谓之道,形而下者谓之器。"艺术营销理念无论被限制在功能层面,还是被上升至企业管理哲学层面,其营销根基最终还是要依靠消费者对艺术品的理解、欣赏和共鸣,认识到蕴含在艺术品中独特而宝贵的价值。中国的文化艺术组织和企业,无论是否以获取利润为目标,都肩负着培养公众艺术兴趣、提高公众文化艺术修养的责任。营销的市场细分从来都不只是寻找可能感兴趣的潜在消费者,更重要的是兴趣激发和培养经营与消费者之间的密切关系并长期维护这种关系。从长远来看,提高公众艺术欣赏水平和消费意愿,将艺术产品中意蕴悠远的中国文化精髓逐步合理推广,使其越来越为广大海外观众所理解、接受和欣赏,才是吸引国际消费者,扩大艺术产品国际销售量和影响力,传播博大精深的中华文化的应有之义,也是我国艺术产品国际营销领域目前最大的瓶颈和障碍。因此,在我国艺术产品的国际营销中,因地域差异而产生的文化折扣是重要评估要素,必须加以重视。

(二)政策环境指标

宏观环境属于营销中的"不可控制变量"。相比起营销组合、营销管理、客户关系维护等企业自身的"可控变量",以及同行业内竞争等部分可控变量,宏观环境要素如人口、政策、技术、经济、文化等无法由企业控制。考虑到我国近年来对于艺术文化企业扶持力度增大,并出台种种激励和保护措施促进艺术产品的海外推广和传播,以及不同门类艺术产品的政策环境各有不同,故应将政策环境指标纳入评估体系。政策环境指标又可具体分为激励政策指标和保护政策指标两种。

1.激励政策

国家在银行贷款、税收等方面对于不同的艺术文化产业门类给予不同的优惠和奖励。这些优惠和奖励使得艺术组织在营销环节中的资金投入和流动环节上各有获益。国家为企业提供其无法拓展的产品营销渠道，如外交公演等宣传方式也对艺术企业的营销有所帮助。

2. 保护政策

除了激励政策之外，国家还运用政策手段对"走出去"的艺术产品组织进行补贴和风险保护。我国艺术产品国际营销尝试数年，仍然处于起步阶段，缺乏科学理论指导，体系并不成熟，可借鉴的成功经验有限，加上国际市场需求分析难度较大，国际经济环境影响等诸多因素，使得艺术组织承担的风险较大。国家保护政策以现金补贴和奖项奖金弥补为主要手段，确保艺术组织和企业即使在国外市场上发展并不顺利，也能够继续组织运营、产品维护和市场开发与拓展，对于艺术国际营销有较好的正面作用。

（三）信息系统指标

艺术产品国际营销的信息系统指标概括了艺术组织在营销中的所有信息来源。信息指标有三个关键要素，包含企业内部信息，即由企业自身搜集获取的信息，由外部（其他企业、组织机构和政府）发表的二手信息，比如国家每年提供的各种统计年鉴，或专业咨询企业发表的行业咨询报告。按照获取来源，本文的评价体系中将三个要素归类于两个三级指标，其中外部信息指标评估企业在宏观环境中可以得到的营销相关信息，属于客观环境因素板块，而企业信息获取能力是艺术文化企业自身营销能力的重要一环，属于主观要素。这样信息系统指标就成为艺术产品国际营销评价体系中唯一横跨客观要素和主观要素板块的二级指标。

1. 外部信息

由政府、公共机构、私营专业咨询企业等不同外部渠道发表的关于企业和企业所在行业的各种信息收集、数据统计和数据分析的报告统称为企业的外部信息。一部分外部信息获取成本接近于零，比如国家提供的统计年鉴，文化艺术部门发布的统计指标、年度报告和大事记等，企业能够较为便捷无障碍地查到这些信息。公开免费可供公众下载的行业分析报告等也在此列。

2. 企业信息获取能力

企业信息获取能力一方面来自上文提到的外部信息。对企业来说，比起公开的、相对粗糙的公开免费信息,更有价值的是有针对性的,涉及本行业、行业内竞争对手和企业自身的数据或者专业分析报告。这些数据或报告的搜集、分析和生成需要大量的时间成本和人力成本,通常需要通过专业渠道订购和付费才能获得。企业对这类付费信息的投入构成企业自身信息获取能力的一个重要方面,因为专业信息通常价格不菲,营销所需要依赖的市场、消费者资源等信息数据又瞬息万变,时间效应显著,更新速度快。另一方面就是企业或组织自身的信息搜集和分析能力。在企业中,市场部门或者营销部门通常需要肩负信息收集的职责,针对本企业潜在消费者群体的市场调研是获取信息的重要手段,也是市场分析的基础。此外,由企业财务部门负责的各类会计指标和财务报表不仅体现了企业自身运营综合能力,也能为营销分析提供重要支持,理应获得足够重视。

需要注意的是,无论获取哪方面的信息,无论免费还是付费,关注信息来源和鉴别信息可信度都是企业在依靠这些信息进行下一步深入研究之前必须要做的事情。

(四)市场力指标

消费者在市场中对交易对象如产品、服务、理念等产生具体的期望和需求,以市场为载体的消费者需求构成市场营销的基础。企业或组织所面对的市场不仅包括消费者市场,即消费者的期望和意图所构成的需求总和,也包括面对分销商的分销市场、与政府机构相关的市场(在这个市场中,政府有可能扮演投资者、赞助者、消费者、企业经营许可的授权人等多重角色),以及面对赞助商的赞助市场。尤其对于艺术文化组织和企业来说,来自慈善组织、文化艺术基金及个人名义的捐助,对于大部分属于非营利性质的艺术组织来说至关重要。[①]在艺术产品国际营销的市场力指标板块,我们又将该指标细分为市场细分和定位能力,市场开发能力两个三级指标,用以全面考察艺术文化企业的市场力水平。

1. 市场细分和定位能力

市场细分能力是在确定市场这个初步任务的基础上,对市场及市场中现

---

① 以上对市场的分类参考〔加〕弗朗索瓦·科尔伯特:《文化产业营销与管理》,高福进等译,上海:上海人民出版社,2002 年版。

有和潜在消费者需求的进一步深入研究，也是进行目标市场定位的前提。市场由拥有一群近似需求的消费者组成。这种近似的消费需求之下却有可能隐藏着与营销推广密切相关的同质化需求或异质化需求。细分市场分析能够帮助企业进行探究，在看似庞大而混沌的市场需求之下，是否存在更加隐蔽的细分需求，比如不同年龄段歌剧观众对于不同种类或者不同风格歌剧类别的偏好，或者同样是美国的艺术消费者，不同的种族、宗教、文化背景是否会带来演出欣赏偏好上的差异。企业需要首先确定市场中是否确实存在细分，这种细分是否确定可见且在一段时间之内基本稳定，以及研究市场的细分是否有助于企业针对性投放产品以达到盈利目的。在确定市场细分是否存在，以及组织应该根据自身情况将注意力集中在某个或者某几个市场细分之后，组织需要进行市场定位。这种定位可以基于对细分市场的精确分析，也可以基于与生产同类或类似产品的竞争者的差异化或跟随战略。

2. 市场开发能力

找准消费者需求和确定市场定位之后，企业的任务是开发并占有市场，在新市场站稳脚跟，获得尽量高的市场份额（market share）和市场销售增长率（market growth rate）。经典的"波士顿矩阵"可被企业用作衡量企业拥有的产品及产品组合在市场上的定位及市场开发能力。对于新市场的开发能力，不仅考验企业的产品生产和定位能力，也是营销策略、营销组合运用能力的综合体现。除了组织的营销能力，组织内部执行、管理和协调的能力也应该被考虑在内。

（五）产品力指标

产品是具有价值的消费载体，是消费者付出一定的金钱所换取的实际物品、服务等，以及它们所承载的价值。产品的价值包括使用价值和象征价值两大类，除了实际使用意义之外，消费者往往也看中产品所蕴含的符号化的象征性价值。尤其是对于高体验性的文化艺术产品来说，艺术产品的象征价值、体验价值可能远远在其使用价值之上，获取其象征价值、体验价值也是艺术产品消费者进行消费的直接驱动力。产品对于任何一个企业来说都是至关重要的核心要素，艺术产品也不例外。在艺术产品的营销方面，产品作为营销经典组合 4P（product，price，place，promotion）①的组成部分，更是衡量艺术企业或组织营销能力的核心标准之一。考虑艺术产品和海外营销环境的特殊性，我们又将产品力指标细分为产品原创能力和产品适应能力两个三级指标。

1. 产品原创能力

艺术产品创作生产是企业进行艺术营销的起点，也是成功进行艺术产品国际营销的核心。正如第一节理论部分所讲的那样，在艺术营销领域，是否应该遵循经典营销中的消费者中心导向理论一直存在争议，因为艺术产品的创作很大程度上要遵从艺术家的内心灵感，尊重艺术家的才华天赋。尤其是在高雅艺术的创作领域，艺术家往往比欣赏水平一知半解的消费者更具有决定权，艺术前沿的风向和潮流也往往与大众消费市场上的消费者品味有出入，甚至大相径庭。中国艺术产品想要走出国门，既需要根植于传统文化，吸取东方智慧给养，体现鲜明的国家特色，又要跟国际接轨，考虑国际市场的概况和海外消费者的需求和偏好，使得艺术产品在内容和形式上尽可能容易地被国外观众接受。对于产品原创能力提高要求，是中国艺术文化企业走出国门必须要经历的首重考验。

2. 产品适应能力

鉴于艺术产品自身的特殊性和文化折扣的影响，中国的艺术产品在海外营销的过程中还面临根据特定市场和消费者人群进行调整和修改的情况。在艺术产品核心内涵、象征价值和文化底蕴得以保留的前提下，如何对已有艺术产品进行修改，以达到产品艺术性和市场适用性之间的完美平衡，非常考验艺术产品组织生产团队和营销团队之间的沟通和合作。营销团队收集的前期市场信息和后期消费者反馈都是进行产品调适修改的重要参考，需要与以艺术家为核心的生产团队之间达成一致。一些在国内反响很好，为中国观众广泛接受和好评的艺术产品在国际上无法获得与其产品质量和价值相应的好评，很大程度上就是因为产品受文化折扣的影响较大，生产企业又缺乏足够的产品修改调适和本土化能力。

---

① 小威廉·D.佩罗特（William D. Perreault, Jr.），尤金尼·E.麦卡锡（E. Jerome McCarthy）：《基础营销学》，胡修浩译，上海：上海人民出版社，2006 年版。

（六）营销力指标

作为"一系列技巧"的营销首次被引入艺术领域时，一开始与艺术的融合甚为融洽，更像是单纯的营销方法在具体艺术行业的应用，而不是作为完整概念的"艺术营销"。营销方法在吸引更多观众和增加门票收入方面很快就有所建树，英国艺术委员会鼓励在相关艺术组织中设立营销官员。艺术营销开始了实践上的探索。艺术营销从一开始就承认并尊崇作者的自由和权威，艺术营销者作为艺术家和观众之间的中介，起到了桥梁的作用，劝服人们更喜欢和消费他们认为更有价值的艺术作品。同时期的艺术营销著作中大量的篇幅都用于描述具体的营销手段，如进行市场调研、定价、广告、推销、渠道和财务计划等，这些具体方案在地方艺术组织机构里得到了实践检验。此时的营销理论也同样适用于营利性艺术组织，管理者将营销看作重要的管理手段，涵盖公共关系、联合促销、广告等多个方面，但仅仅作为销售更多产品的一系列方法，并未脱离其技术定义。

20 世纪 80 年代开始，由于政府补贴减少的外在压力，以及艺术组织自身逐渐觉醒的商业意识，对艺术品的营销更加被看重，营销中以消费者作为唯一出发点来进行产品研发设计和生产销售的理论也逐渐为人所知。政府的文化政策开始向市场化理念倾斜，英国艺术委员会开始设立营销与资源部门，并向他们的客户提供市场数据，以此鼓励和支持艺术组织提高营销技能，增强组织管理，发展和维护赞助关系。

在这个阶段，艺术营销理论的进步并不像实践应用那样发展得如火如荼。在这一时期的理论发展中，营销开始被看作一个组织决策管理中的过程（同时仍然保留了"一系列技能"的定义），英国的一些艺术组织的营销手册里开始提及营销，定义营销为"为达到目标，使得资源利用达到最佳状态来将产品呈现于目标市场，并对其成功状况加以评估"，"组织采取的行之有效的手段"，"决定任务优先级，以及废除不能获得良好回报的工作"等。[①] 作为组织决策过程的"一系列逻辑步骤"，营销通常包括以下主要元素：设定组织目标、SWOT分析法（即态势分析法，对组织优势、劣势、机遇和威胁的全面分析方

---

① Lee, H.-K., "When Arts Met Marketing-Arts Marketing Theory Embedded in Romanticism," *International Journal of Cultural Policy*, 2005, (11): 293-294.

法)、观众分析法、设置营销目标、设定目标市场、决定到达目标市场的方法、实施和评估。营销过程是通过识别、预测和满足消费者需求来实现市场导向。

20世纪90年代,营销已经从一系列技巧或者决定过程上升为一种组织管理哲学。20世纪80年代后期,营销作为一种组织内部的管控宗旨的观点已经出现,在90年代迎来了大批拥趸。营销在艺术组织中的制度化(比如营销部门的普遍设立),使其重要性得到了巩固,营销学者开始对文化艺术领域的营销更感兴趣。至此,艺术语境下的营销被正式定义为"艺术营销",形成了自身完整的逻辑和理论,而不再仅仅是"营销学应用于艺术领域"。这一发展始于对当时只关注营销功能元素的研究方法的批判,认为应该将关注点从战术层面的具体广告、促销等手段转移到全盘战略的高度,即市场导向和营销的角色上升为组织的"管理哲学"。艺术组织开始鼓励艺术品创作要站在消费者的角度考虑,生产更多消费者喜闻乐见的艺术产品,并精妙地结合定价、渠道和促销等营销手段最大限度地提升消费者的满意度。

显而易见,此时的营销作为管理哲学使消费者导向占据上风的理论与上文提到的在艺术创作领域中遵循的浪漫艺术观念不兼容甚至对立。基于浪漫艺术观念,赫希曼认为艺术创作是艺术家自身对美、情感和审美态度的表达,营销理论应当意识到艺术产品区别于一般商品的特殊性,也要承认其经典理念在进入艺术领域时产生的不适用性。艺术领域仍然应该维持产品导向的理念,首先要让艺术家自由地生产作品,然后消费者可以选择接受或者拒绝它。在当时,这一观点得到了许多学者的认可。

在当下,营销又呈现出从企业管理哲学再次回归纯粹功能的趋势。艺术组织的艺术愿景应包括两个重点元素:实现艺术视野和满足市场需求。艺术营销的从业者应做的是在这两者之间寻求一种和谐共融的平衡,而不是单纯地抱定其中某一方的宗旨而排斥另一方。人们将营销界定为只是为了实现艺术组织的愿景和目标而采用的功能,必须建立在艺术组织语境之内,以艺术组织本身所有的产品资源、场所、人力和公共关系为基础来加以施展。这一营销思想被定义为"营销导向",需要和之前的"市场导向"加以区别。学者们开始强调营销的"中立性",中立意味着其定义内的普适性和结果的可转换性，认为其产生结果的好坏要看其实践中施行得恰当与否，将营销限定为一种帮助企业实现目标的功能，而非一种任何企业都百分百适用的管理哲学。

本章营销力指标泛指营销过程中的具体策略和方法，具体分为渠道能力指标、促销能力指标、定价能力指标、客户关系能力指标和营销过程管理能力指标。

1. 渠道能力

即使随着网络的发达和以网络为基础的营销手段日益完善，越来越多的企业已经能够跳过分销渠道和中间商环节，将产品直接销售给自己的目标消费群体，但是在艺术产品国际营销这一特定语境之下，多渠道的获取和经营能力对于艺术文化企业依然是至关重要的。由于消费市场远离艺术产品生产的企业所在地，并且生产方和目标消费者之间存在由于距离和语言文化差异造成的沟通不便捷和不顺畅，所以代理商的存在十分必要。渠道代理的主要职责是帮助艺术文化企业在消费市场当地寻找现有和潜在的消费者，并吸引他们前来消费艺术产品，企业或组织的营销手段有时也要通过当地代理商来配合实现。

2. 促销能力

企业用于产品推广和销售的促销手段多种多样，是企业产品和消费者之间的重要桥梁，也是双方信息传达和沟通的重要媒介。产品的常见促销手段包括广告宣传、公关、个人销售等，涉及形式多样、内容丰富的企业活动，不仅是企业向潜在消费者传递产品信息的核心途径，也是通过潜在性诱发因素展示产品的独特性和特有价值，达到说服消费者进行产品消费和提升企业品牌好感度的重要渠道。企业的促销能力直接影响消费者对待该企业及其产品的观感，对于营销成败至关重要。

3. 定价能力

企业对于产品的定价看似简单，实则复杂，产品生产成本、企业管理成本、消费者心理接受水平、市场平均价格、竞争者同类产品价格、促销价格等多种因素必须被综合考虑。有时候，企业面临不同的销售目标，如利润目标、销售目标、竞争目标、公司品牌目标等。在不同目标指导之下，定价策略相差甚远,但总的来说,企业对于产品的定价能力要适当把握消费者需求与企业成本之间的平衡,不能一味迎合市场均价或者一味追随行业领导者的出价。定价能力对于在海外艺术市场上环境相对陌生、消费者需求难以把握的艺术产品国际营销来讲非常重要。

4. 客户关系能力

关系营销法是 20 世纪 80 年代之后在服务行业兴起的营销理念,关系营销批判了当时自身局限于针对单次交易的一系列技能的营销状况,认为维护与客户的长期关系应当被视为营销活动的核心。这种营销理念被认为比交易型营销理念更为经济划算:由于边际成本递减,维护一个老顾客的成本要比发展一个新顾客低;客户与组织之间的关系越长久,客户对于组织产生的经济效益就越大。作为服务的供给方,艺术组织应当从人与人之间的熟悉度和关系维持的角度对营销活动进行全新的审视。这意味着营销官们需要更多地考虑亲密联系、感情投资、信任、为他人长远利益着想、优先考虑他人需求等人与人之间的关系,并试图在有效的营销项目的策划、创造和实施环节将这些考虑付诸实践。艺术组织被认为有能力通过个性化的顾客服务、共有知识激励和改善等方面的举措实现顾客的长期满意关系,即使它们不全然采用消费者导向,通过关系营销也能增加顾客对艺术组织的忠诚度。

5. 营销过程管理能力

营销过程涉及从市场调研、战略分析和选择到营销方法执行的整个过程,伴随艺术产品从设计生产到销售、售后的所有环节,都需要系统科学的管理方法和过程来保证营销策略的有效制定、执行及监督。如果某个环节出现偏差需要及时纠正,如果某阶段的营销目标由于制定失误没能达到,更需要及时调整和止损。由于市场环境千变万化,营销过程中的策略调整非常常见,也需要企业的营销团队具有敏锐的市场嗅觉和专业素养。

四、指标体系

根据前文的分析和综合,最终形成艺术产品国际营销指标体系(见表4-1)。

表 4-1 艺术产品市场营销力评价指标体系

一级指标	二级指标	三级指标
客观要素 （艺术产品国际营销 环境）	市场需求	总体需求
		文化折扣
	政策环境	激励政策
		保护政策
	信息系统	外部信息
		企业信息获取能力
主观要素 （艺术产品国际营销 能力）	市场力	市场细分和定位能力
		市场开发能力
	产品力	产品原创能力
		产品适应能力
	营销力	渠道能力
		促销能力
		定价能力
		客户关系能力
		营销过程管理能力

第三节 我国艺术产品国际传播现状分析

在针对本课题进行的田野工作中，我们对多家从事中国艺术产品国际传播的文化艺术公司进行了调查研究，对企业或组织的领导者就中国艺术产品走向国际问题进行了深度访谈。在调研和访谈中，以及在之后的一手资料整理阶段,我们深切感受到,在中国艺术产品国际营销的维度上,大部分中国艺术出口企业,无论是在观念上还是在实践上,都还有很长的路要走,现状并不尽如人意。很少有公司成立专门的营销或者市场部门,有针对性地负责艺术产品的营销工作,更遑论营销专业出身又同时具备一定艺术素养的部门负责人。

表演艺术作为文化艺术产业中的一个重要门类,将艺术性、观赏性、休闲娱乐性及社交需求、教育功能等多重效用集于一身,是公众所喜闻乐见、消费总额连年增长的艺术消费形式,也是政府培养公民文化素养、熏陶艺术情操的重要手段。近年来,我国表演艺术产业发展处于稳步增长态势,取得了可观的成效,《文化部"十二五"时期文化产业倍增计划》将演艺业位列十一个重点行业和发展目标中的首位。文化与科技融合成为政策亮点,演艺与科技的结合也获得了政策支持。近二十年来,国有或民办的大大小小的剧院兴起,开始从大城市悄然向二三线城市渗透。国有大型剧院实力雄厚,资金充裕,具有高规格、高质量的表演艺术内容生产能力,观众影响力强,引领了艺术表演的审美潮流。民营院团在剧目创作方面更加灵活,更加贴近市场需求,为市场贡献了越来越多的精彩剧目,成为丰富我国演艺市场内容的重要力量。全国观众逐渐开始熟悉和接受这一艺术消费形式,剧院逐步成为一个城市经济发展、文化繁荣的重要标志。

在市场拓展中,剧院在整合资源、开拓演出产品渠道、丰富演出产品市场、满足人民演出文化消费方面起到了重要作用,但同时也存在内容不足、消费潜力开发不足、演出侵权、票务市场管理不规范等问题。为此,国家下大力气整治表演艺术行业存在的一些不良风气,加强演出现场监管、督查督办,加强对演出人员的法规培训,力图规范表演艺术市场。根据中国演出行业协会发布的《2018 中国演出市场年度报告》,受到加大文化扶贫政策和资金扶持力度的影响,2018 年中国演出市场总体经济规模达到 514.11 亿元,各项指标与2017 年相比有所上升。其中,农村演出收入和政府补贴收入(不含农村惠民)所受影响最大,娱乐演出收入所受影响较小。[1]

作为表演艺术产品的提供方,拥有剧目生产能力的剧院和演艺公司直接

---

① 中国演出行业协会:《2018 中国演出市场年度报告》,2018 年。

面向消费者群体，其艺术营销能力与消费者吸引力和盈利能力息息相关。中国表演艺术产品积淀深厚，取材来源多样，形式众多，同时市场广阔，消费者构成复杂，面临国内和国际两大截然不同的消费人群，在艺术营销理念探索和践行方面都有很长的路要走。国内观众对于艺术表演欣赏的素养整体偏低，大众流行、通俗、以明星为中心的娱乐节目的上座率、收视率、影响度都要远远高于高雅艺术产品，如话剧、音乐剧、经典舞蹈等。国外观众对于中国表演艺术的欣赏又由于文化折扣的存在，即由于语言、历史文化、风俗习惯、宗教信仰等差异，造成对我国艺术产品理解、共鸣和同理心程度的减弱，表演艺术的国际市场在产品价值传递方面有着天然的障碍，大大影响了艺术产品在国际市场的推广。我国表演艺术产品在国内和国际两个市场上遇到的问题，都要靠艺术营销理念加以有效分析和妥善解决。

第四节　优秀营销案例及发展建议

我们有幸调研了天创国际演艺制作交流有限公司这个立足中国传统文化元素和故事，向海外市场出口表演类剧目的国有演艺公司。该公司在其艺术产品的国际营销上有着较为清醒且先进的营销意识、丰富的营销手段，以及可持续的营销管理过程，并且依靠这一系列有效的营销策略和活动收获了出众的成果，成为行业内的翘楚，具有很强的典型性和可学习价值。因此在本章节的案例分析部分，我们将综合上一节中提到的营销力指标，对天创国际演艺制作交流有限公司（以下简称天创演艺）进行案例分析，一方面是对艺术产品市场营销力指标体系的检验和运用，另一方面也是对优秀成功案例的经验总结和分析。

天创演艺是中国港中旅集团的直属机构，一开始内容经营相对单一和低级——为景区提供配套设施和服务，之后一路奋进发展，不断把握市场规律和消费者需求，提升自身产品质量，现在已经是专业从事大型演艺项目策划制作和国际演艺项目经纪业务的演艺公司，核心业务涵盖表演策划、表演制作、表演管理、表演出口、表演经纪五大门类，具有杰出的剧目制作能力和管理、经纪能力。除了剧目创作、经营和出口的主营业务之外，天创演艺也涉足演艺聚集区规划，包括剧场规划设计、舞台设计和剧目设计等，力图打造表演艺术产业从创意开头的全产业链模式。从 1999 年成立之初与沈阳杂技团合作推出中国第一部大型主题杂技《天幻》，将西方现代舞、原创音乐结合先进的舞美和灯光等现代戏剧手法，为全新的舞台表演模式奠定了创新原型至今，经过二十余年的发展，该公司已拥有十二台自主知识产权的舞台演艺品牌剧目、八家下属公司、六个制作基地和一家剧院产权。天创的现有剧目中有一半已经形成常态驻演模式，每天都在北京、拉萨、关岛等地的天创表演基地上演。

天创演艺立足中国传统，带着将中国优秀传统文化以优秀艺术表演的形式推向全世界的责任感，兼顾故事性强、表演形式新、综合效果出众的大型舞台剧目制作和消费者需求观照引导，做得风生水起。由于管理者国际视野高远，团队专业化能力出众，在市场调研分析能力、客户关系营销、产品内容修改等方面大胆尝试，效果显著，已经形成了实用性极强的艺术营销创新模式。

一、优秀的产品原创力：天创演艺传统文化元素的汲取和坚守

天创演艺的剧目制作带有中国传统文化的鲜明烙印，在保证每一部自制剧目都独具特色，符合演出需求与消费者偏好之外，贯穿每一部剧目始终的中国传统文化元素成为天创演艺艺术生产对外独特性和对内完整性的最佳体现。

天创演艺的核心竞争力集中体现在一流的大型综合舞台表演剧目的制作能力上。由于表演艺术得天独厚的跨文化传播优势，天创演艺一直坚持同时面向国内国际两个表演市场，并且市场重心近年来逐渐从国内向国际倾斜。坚持内容创意以中国传统文化元素为根基，是天创演艺所有艺术创作不变的共同出发点。1999 年在沈阳创作的《天幻》是我国第一台大型主题杂技表演，2003 年的《梦苏州》则是苏州当地第一台旅游演出，2005 年的《天女》是以七仙女的民间神话传说为素材，将杂技、民间舞蹈、中国古典舞、民族音乐等糅合于一体的大型舞台剧。2008 年为了配合北京奥运会，天创演艺在文化部授意下制作了概念京剧《新白蛇传》。这台面向全世界各地前来观赏奥运会的国际观众的新概念京剧，作为北京奥运会期间唯一一台京剧演出，于奥运会开幕期间每天都在国家大剧院上演。之后的《梦想者》和《梦归琴岛》又将魔术元素加入舞台表演，剧本情节上跨越东西方，因此可以将东方的独特文化和西方魔

术节目有机结合。《梦归琴岛》也是中国第一台大型舞台魔术剧,剧中共穿插大大小小的魔术 26 个,大大增加了剧目的立体感和可观赏性。

除了剧情、表演手法、风格之外,天创演艺还积极探索舞台多媒体技术应用,让科技为艺术创作服务,在魔术剧《梦归琴岛》中首次使用了国内舞台剧表演中最大的镜面幕,让本就神奇的魔术表演更加亦幻亦真。镜面幕是一种新型舞台装置技术,材质很像大块玻璃制成的镜子,既可以像水晶一样通透和变形地呈现舞台画面,也可以映射舞台影像,还能够像屏幕一样进行视频投影,向观众呈现出如万花筒一样变幻万千的视觉效果。

大制作、综合性、表演元素多元化、东西方文化结合的舞台表演剧目制作是天创演艺的艺术创作特长,在剧目内容和形式上都实现了新颖度的突破,市场反馈良好,观剧评价很高。

表 4-2 天创演艺所拥有的 12 部自主知识产权剧目 [①]

序号	年份	剧目	演出地点	节目类型
1	1999	《天幻》	沈阳	大型主题杂技剧
2	2002	《梦幻漓江》	漓江	大型芭蕾马戏剧
3	2003	《梦苏州》	苏州	大型芭蕾马戏剧
4	2003	《少林魂》	北京	功夫剧
5	2004	《功夫传奇》	北京	大型功夫舞台剧
6	2005	《天女》	北京	大型神话舞台剧
7	2006	《海边的梦》	珠海	大型多媒体综合舞台剧
8	2007	《喜马拉雅》	拉萨	大型西藏歌舞音画史诗剧
9	2008	《新白蛇传》	北京	视觉交响京剧
10	2008	《梦想者》	美国关岛	大型魔术剧
11	2012	《梦归琴岛》	青岛	大型魔术剧
12	2013	《马可·波罗传奇》	美国布兰森	大型民族舞剧

---

① 天创国际演艺制作交流有限公司,http://www.heaven-creation.com/html/guanyutianchuang/zongjinglizhici/index.html。

大型舞台动作剧《功夫传奇》是由天创演艺制作的一台融中华武术、舞蹈、杂技等多种艺术元素为一体的驻场常态演出剧目，也是天创演艺的代表力作之一，剧目分为"序幕""启蒙""授艺""铸炼""思凡""面壁""出山""圆寂"等篇章，讲述了中国深山古寺中关于功夫的大音希声的传说。小男孩纯一自幼被送入古寺学佛习武，经历了一系列的考验和磨炼之后，最终成长为一代宗师，走入大智大勇、大彻大悟的人生境界。《功夫传奇》剧目制作中使中华武术与芭蕾、杂技、现代舞等表演方式相映生辉，并用具有民族色彩的音乐烘托出中国功夫的阳刚之美。《功夫传奇》在内容制作与舞台表现形式上精益求精，力图以表演舞台彰显中国传统文化，在创作过程中实现剧目文化价值和商业价值的并重。

《功夫传奇》作为目前国内成功实践百老汇模式的剧目，自 2004 年首演以来，曾拥有三个演出团体建制，同时在国内驻演、美国驻演，并赴加拿大、美国、日本、英国、俄罗斯、西班牙、印度等多国巡演，创造了国内外累计演出近 20 000 场的纪录，接待观众上亿人次的佳绩，海外市场反响强烈，成为我国表演艺术输出的一个经典成功案例。

二、敏锐的市场力：正确市场定位是恰当产品调适的前提

在观众定位和内容调整上，天创演艺面临的情况更加复杂，做的工作也更为细致。由于文化差异、风俗习惯和宗教信仰不同，外国观众对艺术品内容的消费会提出与国内观众截然不同的要求，其需求更需要通过细致的调研去了解和把握。天创演艺的总裁曹晓宁和副总裁高历霆都有多年在美国生活和工作的经历，具备国际视野，更加了解西方消费者的心理，在天创演艺的艺术作品生产内容调整上成功地把握住了方向，成功地将根植中国传统文化的表演剧目与国外的艺术消费者对接。

在 2008 年创作概念京剧《新白蛇传》时，天创演艺敏感地察觉到了这是一个需要在形式上做出重大调整，以适应全世界聚集到北京观看奥运会的国际观众和中国年轻观众的"新"京剧。天创演艺的策划部总监陆涓女士在接受访谈时坦承："其实我们原本都不太敢动京剧，因为动不好会有很多麻烦。中

国传统艺术有很多流程，传承是很严格的，你不能动这个又不能动那个，但是你让老外看一台完整的京剧，他是受不了的。"综合京剧本身的演出形式和特点，结合外国消费者对于表演艺术的视觉、听觉习惯，天创演艺将《新白蛇传》做成了一部全新的视觉京剧，第一次在京剧中使用了 LED 大屏幕，改变了京剧中传统的"一桌两椅"的简单的程式化布景，用丰富的舞台电子屏幕背景来增加整台剧目的可观赏性和视觉冲击力。此外，还在剧目中增加了舞蹈和杂技，运用了交响乐作为音乐背景，丰富了音响效果，"用做歌剧的方法和理念来做京剧"。另一个重大调整是缩短了京剧的唱段。比如《白蛇传》中原来最长的《断桥》唱段长达 12 分钟，在《新白蛇传》中被缩短到了 7 分钟，这样的形式调整让重视视觉享受、习惯短平快式消费的现代观众更容易接受，更符合年轻人的喜好，最终也的确获得了良好的市场反馈。

2009 年 12 月，天创演艺以 354 万美元的价格收购了美国第三大演艺中心城市布兰森的白宫剧院及其附属设施，在该剧院驻演《功夫传奇》，后来又增添了《马可·波罗传奇》。这是我国第一家以资本运作形式在海外收购剧院的表演机构，成为中国演艺企业境外收购和剧场经营的先锋尝试者，被视为中国文化企业"走出去"的里程碑。

为了让公司的剧目更符合美国消费者的口味偏好，天创演艺从未停止在《功夫传奇》的表演内容和形式方面进行调整和提升。尤其在布兰森这个回头客占了总人数 70% 的表演市场，内容更新在保持观众吸引力上显得尤为重要。之前，《功夫传奇》第三场中有一个火神形象的出场，这个在中国文化体系中很正常的神祇形象却在基督教信仰盛行的布兰森遭到了观众心理上的排斥。根据天创演艺的调查，之前中国有关千手观音的剧目在当地上演时，也同样曾引起当地基督教信徒的不适，他们不希望看到其他宗教元素在当地舞台上出现。了解这一文化差异后，天创演艺很快对剧目做出了调整，取消了火神的出场。再比如，当地很多老年人都对功夫不感兴趣，天创演艺结合布兰森当地重视家庭观念的特点，在《功夫传奇》中强化了对"母亲"这一角色形象的表现并增加了出场比重，通过针对消费者的内容调整，将老年人也纳入了艺术营销的潜在消费者范畴。

2015 年，《功夫传奇》已经在布兰森站稳脚跟，新制剧目《马可·波罗传奇》也开始在白宫剧院上演。之后,天创演艺又对《功夫传奇》做出了新的内容调整:一是将原本五十人的大演出团队进行精简,既有降低成本的考虑,也方便外出在各种场合参加巡回商业演出和片段表演;二是在剧中加入了李小龙的元素,Bruce Li 的形象和电影在美国有着不错的市场基础,是很多美国观众对中国功夫最主要的认知来源,将李小龙的形象和功夫片段加入剧目,将成为《功夫传奇》观照消费者需求的又一艺术生产创新。

尤其值得肯定的是,还有天创演艺在内容调整上的有所为和有所不为。在以艺术生产为基准的艺术营销领域,一味迎合消费者从来都有走偏的危险,很可能使艺术产品失去原本拥有的内在价值。布兰森当地也曾有观众提出建议,希望在《功夫传奇》中加上耶稣的形象,因为布兰森的居民普遍信奉耶稣基督,耶稣形象的出现将为观众所喜闻乐见,但是这一建议未被主创团队采纳。天创演艺的副总裁高历霆非常坚定地表示,妥协必须有分寸,比如去掉火神的形象对于剧情无伤大雅,可以尊重消费者的意见,但《功夫传奇》整个剧目代表着完整的根植于中国传统禅宗底蕴的精神,涉及大的精神内涵和根基的内容不能变动。天创演艺在观众定位和内容调整方面的实践,在非常完美地体现以艺术生产为基准的同时,兼顾消费者观照的艺术营销理念,对于其他表演艺术机构具有正面借鉴意义。

三、多样化营销力:从"走出去"到"走进去"的战略转变

在天创演艺收购布兰森白宫剧院之初,国内外同行和媒体并非全部看好其发展前景。由于白宫剧院建在布兰森小镇的山头,当地同行笑称其为"山头上的外国演出"。这个说法其实是一个微妙的比喻。在表演艺术国际化大发展的背景下,中国每年都有越来越多的表演团队在"走出去"大旗的挥舞之下出国进行巡演甚至驻演,表面看起来发展得风生水起,然而如果只是一味强调走出国门进行表演,用表演的新鲜感获取短暂关注,中国表演艺术出口的战略目光始终是短浅的,像孤岛一样的表演剧团根本无法真正打开外国市场,获得当地观众的认同。相比巡演剧目,驻演剧目更迫切地需要解决这一危机。

天创演艺在艺术营销上的另一大成功之处在于从一开始就意识到维系客户、融入当地环境的重要性。作为异国表演团队,要在布兰森当地维持客户关系并不是一件容易的事情,但是天创演艺通过多方位和长时间的努力,最终做到了。

天创演艺一直重视当地观众对于节目的反馈,每次演出完毕后都会发放调研卡片。观众如果填写对节目的感受、建议、意见等,便可获得小礼物。礼物虽小,但是体现的是天创演艺对于观众认可程度和想法的重视。《功夫传奇》的驻演团队长期定居布兰森进行演出,与当地人民共同生活,为了增加融入感,天创演艺还进行了一系列以"走进去"思想为指引的营销活动,让演出团队有机会贴近当地社区生活,增加和消费者的日常互动,使得表演团队在情感上越来越被当地居民所接受和亲近。天创演艺曾经为布兰森当地一位患有脑癌的小孩进行特别演出。这个喜欢中国功夫表演的孩子因为身患疾病无法观看平常的演出,天创团队得知这一消息之后,特地为他安排了一场专门演出,实现了他的梦想。这一事件在布兰森当地纸媒上进行了头版报道,获得了良好的正面反响。天创团队像"走进去"口号中提出的那样,逐渐融入当地人的日常生活。2010年,布兰森所在的密苏里州多处遭遇飓风袭击,经济损失巨大,天创演艺立即组织《功夫传奇》团队在密苏里州多地进行赈灾慰问演出,为遭受灾难心情低落的人们送去欢乐和安慰。这一次赈灾义演在当地引起了强烈反响,天创海外团队由此被视为布兰森大家庭的一员,布兰森政府和市民都对天创团队给予了高度评价。至此,天创演艺的客户关系维护得到了良好的反馈,提升了消费者的好感度和忠诚度,对其艺术表演的推广起到了正向作用。从2010年至2012年,《功夫传奇》先后被评为当地"最佳新剧目奖"和"年度最佳剧目奖"。

四、合理的营销过程管理:百老汇模式创新和营销团队建设

天创演艺创立的"一个剧目、一个剧团、一个经营公司"的产业化模式,率先在中国实现了百老汇经营方式和太阳马戏团品牌剧目演出效应(见图4-2)。即每制作一部剧目,都为其成立一个专门的经纪公司,并成立一支专门

负责的运营团队，剧目从设计、制作、寻找合作演出团队、推广、演出、销售、售后及其他所有相关事务负责，权责清晰，目标明确，每一部剧目实现相对独立的可持续发展。国际化的运营模式使其成为中国最早融入国际主流文化市场且最具品牌影响力的文化企业，在中国率先搭建了"基地、平台、渠道"良性互动的经营管理新模式。

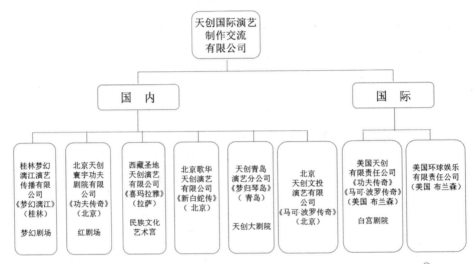

图4-2 天创演艺"一个剧目、一个剧团、一个经营公司"的产业化模式[1]

五、创新式渠道建设：开创海外收购剧院先河

在天创演艺之前，中国尚无进行海外剧院投资的案例，更何况天创演艺并非单纯进行资本收购，更要自负盈亏，负责剧院运营，在当地驻演剧目，将该剧院作为海外表演艺术输出的平台和基地。在产生收购意向之后，天创演艺对于剧院当地情况进行了详尽的调研和分析。布兰森市位于美国密苏里州，是美国中部一个以白人为主的城市。不同于东西海岸纽约、洛杉矶、旧金山等移民混杂、文化东西交融碰撞的大城市，布兰森 97% 的居民是美国土生白人，信奉美国主流价值观和文化，大部分人价值观比较保守，宗教信仰很强，爱国

---

[1] 天创国际演艺制作交流有限公司，http://www.heaven-creation.com/html/guanyutian chuang/zongjinglizhici/index.html。

意识浓重,家庭观念强烈。美国中南部在南北战争之前盛行奴隶制,思想相较北方本就保守,英文中有一个叫"redneck"的词,直译为红脖子,指的就是这一区域的美国农民,他们也是美国国家征兵的主要兵源。

布兰森小城常住人口只有一万左右,在 20 世纪初一本名为《牧羊人的山丘》的小说出版之后,这里才渐渐有名。后来,在附近发现了地下景观,以景观为中心逐渐开始发展旅游业。到了 90 年代,以美国乡村音乐为主流的剧院演出和现场音乐开始流行,在一个叫《60 分钟》的美国节目播出之后,小城吸引了大量慕名而来的游客,逐渐成为旅游胜地。2019 年的统计数据显示,每年来布兰森的旅游人数达到了近九百万人次,远超其常住人口体量。现在,美国有三个以表演艺术立身的旅游城市(或地区):第一是纽约百老汇,以音乐剧为主;第二是拉斯维加斯,以现场大型综合剧目为主,奇观性浓厚,太阳马戏团杂技是拉斯维加斯的演出代表风格;第三就是布兰森的乡村音乐。历经 20 余年的发展,布兰森的表演艺术逐渐融入了多元化和国际化的元素,艺术生产市场主要具有以下几个特点:第一,演出类别以声乐表演居多,美国乡村音乐占据主流;第二,剧团模式上盛行家庭小作坊式剧团,一个剧团往往由一个小规模的家族组成,人数由几人到二三十人不等,艺术生产和表演都在其中自行完成;第三是表演日渐国际化和多元化,来自日本、俄罗斯、瑞典、爱尔兰等国家的剧团都可以在这里找到踪影,之前也有中国的新上海剧院在当地进行杂技剧目表演。

经过综合分析,天创演艺认为布兰森既有较好的表演观众基础,又缺乏天创演艺所擅长的以中国传统文化元素为代表的带有东方异域特色的动作类剧目,《功夫传奇》这样的大型功夫剧是对当地演出市场风格内容上的良好补充。由此,天创演艺做出了收购白宫剧院的决定。收购成功之后,天创演艺按照惯例成立了美国天创有限责任公司,以及其他三家经营酒店、物流等配套设施的公司,将成功的百老汇模式延伸到了海外。

在营销功能上,天创演艺对于国际市场的把握态度准确,在美国布兰森当地设立市场部,专门负责当地驻演和巡演剧目的营销推广。市场部分为 marketing 和 sales 两个部门,marketing 部门主要负责在大方向上把握《功夫传奇》等剧目在美国当地和其他城市的宣传推广,部门员工多为美国本土人士,这样能够减少文化差异带来的障碍,更无偏差地把握当地观众的喜好和反馈意见,在进行日常调研和意见听取时也方便沟通。天创演艺充分尊重营销部门专业人员的建议,达到了较好的合作效果。

自天创演艺 2009 年接手白宫剧院以来,已经吸引了北美甚至欧洲的大牌演出经纪公司,美国娱乐业巨头金沙、米高梅和凯撒三大集团,也多次现场观摩天创演艺的剧目,多个跨国演艺集团和经纪公司在布兰森白宫剧院与天创演艺签约。《功夫传奇》得以在赴美、加、英、俄、日巡演的基础上,从这里走向西班牙、印度、阿联酋巡回演出。天创演艺将布兰森白宫剧院作为海外展示基地和平台,以此为中心扩大辐射范围,推广优秀剧目,传播中国文化,一步步地构建外向型全产业链,成为以内容制作能力、展示输出能力为核心的全产业链服务提供商。2005 年,天创国际演艺制作交流有限公司被文化部命名为首批"国家文化产业(出口)示范基地"。2007—2019 年,天创演艺连续十三年被评选为"国家文化出口重点企业"。

六、艺术产品国际营销发展建议

(一)问题概述

在第三节,我们分析了我国艺术产品国际化的现状,总结梳理之后发现,我国艺术产品的国际营销目前的问题集中在营销理念缺失、营销能力薄弱、营销人才匮乏三个方面。首先,作为艺术产品生产和营销主体的艺术文化组织、企业或者事业单位还不具备明晰的、科学的、完整体系的营销理念,大部分组织对于艺术产品走向国际的理解仍然停留在生产出好的产品并且获得好的销售量和销售额,而对"如何才能完成好的销售",也就是涉及营销过程的理念不甚明了,更不用提对于跨文化传播语境的深入理解、对于文化折扣的应对解决及对于消费市场的有效分析。其次,营销理念的缺失必然导致理论无法指导有效的营销过程,因此我国艺术企业在"走出去"的过程中营销能力总体来说较为薄弱,营销手段传统而单一,没能够根据海外不同市场和不同消费者需求的特色进行针对性强、色彩鲜明、手段多样、目的明确、主题突出、成效明显的国际营销。在这方面,许多大型演出团体对于艺术产品的宣传多依靠政府间合作和官方提供机会，缺乏企业管理经验和市场竞争意识，没有主动积极地在市场上争取产品营销机会，有效组织营销活动的能力亟待提高，使得许多优秀的艺术作品没有得到应有的正面反响。最后，营销能力的薄弱其实是由营销专业人才的匮乏导致的。缺乏专业营销人才，尤其缺乏针对艺术文化领域有丰富理论知识和实践经验的艺术营销人才，以及由这些人才掌握主动权的权责明确的营销性质部门，是企业无法顺利开展营销活动及无法利用有效的营销手段提高艺术产品销售量和公司绩效的首要严重问题。

（二）发展建议

首先，对于我国艺术产品生产组织而言，要保证维持竞争力的艺术品生产能力，充分尊重艺术家，重视和提升产品和服务的质量，从而在保证核心产品不变的情况下使消费者整体体验的好感度得以提升。在坚持艺术品生产导向的基础上，艺术组织要更加重视消费者，不仅需要调研、考量、分析和观照消费者多样化的已有需求和潜在需求，更要合理地对消费者的需求进行引导，使消费者向机构所生产的优质艺术产品靠拢，同时重视消费者关系维护和同行业专家及合作者的意见和建议。

其次，营销人才的吸收和培养、营销团队的建设是我国艺术组织和企业需要提上日程的重点。在拥有受过专业科学训练、具备专业素养的艺术营销人员和团队的前提下，艺术组织才能在生产艺术品的同时，兼顾消费者的需求，合理看待营销功能，深入分析国际市场现状，不盲信经典营销套路，灵活运用营销方法和技巧，组建专业营销团队，合理长远规划，稳定地开展日常营销活动，并且对营销过程进行科学的监督管理和适时调整。

再次，我国艺术文化企业要加强对海外市场的理解，通过全方位的前期调研和分析，找准产品定位和目标市场，并且充分分析在跨文化语境下本企业的艺术产品在走出国门的过程中会遇到哪些由文化差异及消费者认知和需求差异产生的实际问题，并依据这些问题对产品本身和产品的营销策略及手段加以规划和调整。

最后，也是尤为重要的一点，我国的艺术组织和企业都必须从思想和源头上对营销加以重视，充分认识到艺术产品国际传播的市场化竞争现状及企业化经营的重要性，认识到营销在整个艺术品生产销售环节中起到的重要作用。唯有观念的转变，才能推动一切关于艺术营销团队的组建工作，制定一套行之有效的方法，为我国艺术产品在海外消费市场上大放异彩奠定坚实的基础。我们期待越来越多的企业像天创演艺一样，找到使自身绩效最优化的有效营销模式。

第五章　"一带一路"视角下
艺术产品的政策推动力

张艺璇　刘　颖[*]

艺术产品的对外贸易与国际传播不仅是"一带一路"贸易畅通的组成部分，更是实现民心相通的一项重要手段。由于艺术产品特殊的文化属性与功能，政策对艺术产品对外贸易与国际传播的影响力远高于其他品类。我国与"一带一路"沿线国家的艺术产品贸易总量以远高于其他地区的速度发展，正是得益于政策的大力推动。政策的制定、执行与监督，通过提供产业发展资金、监管企业内容生产、规范市场运营机制、引导市场消费等举措，影响艺术产品贸易的供给与需求。

本章我们将从溯源文化艺术政策研究、分析艺术产品对外贸易与国际传播的政策理念出发，构建艺术产品对外贸易与国际传播的政策推动力模型。

第一节　艺术产品对外贸易政策推动力评估模型

身兼诗人、文化评论家、学校行政者的阿多诺，很早就以争取设立国家剧院、将诗放入小学课程这样的先行案例，来证明自己所认同的借由政策可达到生产文化的目标。"对阿多诺来说，文化并非具有内在目的性，也非偶然存在，而是对完美的研究。文化借力使力，不只受到追求纯粹知识的科学热情所影响，也受到追求善的道德和社会热情所左右。"[①] 文化是看不见的、潜移默

---

* 张艺璇，北京大学艺术学院艺术管理与文化产业方向 2020 级博士研究生；刘颖，北京大学艺术学院艺术管理与文化产业方向 2014 级硕士研究生。

① ［英］约翰·史都瑞：《文化消费与日常生活》，张君玫译，台北：巨流图书公司，2002年版，第 3 页。

化的决定生活方式的因素,与之对应的是以书面文字为媒介的政策,它用来规范道德准则,引导道德导向,保持社会热情,制定法律行为的底线。这既是政府的行政职权,也是政策的作用方式。

一、文化艺术政策的研究溯源

"文化政策指的是以体制的支援来引导美学创造力和集体生活方式,是一座连接这两方面的桥梁。"[①] 联合国教科文组织在 1982 年举办了一场文化政策全球会议,"文化赋予人类以能力反省自己,透过文化,人类表达自己、认识自己、体会自己的不完整、质疑自己的成就、不断寻求新意义,以及创造作品以超越自己的限制"[②]。

由蒋淑珍翻译,托比·米勒和乔治·尤底斯合著的《文化政策》一书指出,文化政策连接了美学和人类学范畴。在人类学范畴下,文化是指人类的生活方式,人类可依据不同生活方式进行社会团体等的划分。在此,对于文化的定义也与梁漱溟先生将文化称为"人的生活样法"不谋而合。文化机构通过引导和支持创造力与集体生活方式,借由政策的执行来对企业或文化从业人员的文化活动进行诱导、训练、分配、资助和规范等。

《法国文化政策:从法国大革命至今的文化艺术体制》从历史角度介绍了从法国大革命至今的艺术行政事务、艺术展览、艺术产品交易,以及文化艺术市场的发展、政府对艺术产品的采购等。作者杰郝德·莫里哀选取艺术社会学的角度,选取崇尚艺术自由的艺术家的观点,描绘出艺术领域中的理论与实务的深层变革。

文化存在于每个历史阶段中,是人类发展隐形的助力之一。联合国教科文组织《世界文化与发展委员会报告》中谈道:"如果我们把文化视为人类发展的基石,就必须对文化政策的范畴进行大幅度的拓展。任何针对发展的政策,都不可避免地深深植根于文化之中,并且受到文化因素的驱动。"[③]

---

① [英]约翰·史都瑞:《文化消费与日常生活》,张君玫译,台北:巨流图书公司,2002年版,第 3 页。

② 同上书,第 5 页。

③ 联合国教科文组织、世界文化与发展委员会:《文化多样性与人类全面发展:世界文化与发展委员会报告》,张玉国译,广州:广东人民出版社,2006 年版。

二、艺术产品对外贸易的政策理念

2009 年以来，国际贸易开始复苏，全球文化产业的国际贸易继续保持稳定增长，为经济的可持续发展作出了极大贡献。据联合国贸易和发展组织2019 年发布的《创意经济展望：创意产业的国际贸易趋势》显示，全球文化艺术产品出口量从 2002 年的 2080 亿美元增长到 2015 年的 5090 亿美元，增长了一倍多。尽管金融危机影响了文化艺术产品的创造、生产和分销，但文化艺术产品贸易表现总体保持上涨趋势。

联合国贸易与发展会议贸易部负责人帕梅拉·科克－汉密尔顿（Pamela Coke-Hamilton）表示："创意经济具有商业价值和文化价值。这种双重价值导致世界各国政府将注意力集中在扩大和发展其创意经济之上，作为经济多样化战略和刺激繁荣与福祉的努力的一部分。"[1] 各发达国家相继出台政策鼓励艺术产品的进出口，我们看到的以上数字代表着在政策支持下进出口消费额度的大幅攀升，在这些数字背后隐藏的是各国艺术产品的对外贸易与国际传播政策彰显的有效性。

艺术产品最终要进入消费环节，艺术产品本身携带巨大的附加价值，既可成为交易中的商品，也是一国"文化软实力"的载体。当我们看到好莱坞大片在世界各地疯狂吸金，迪士尼游乐园在中国多次博得话题热点，其版图向世界各大洲扩张时，我们应该意识到：各国除了本土消费市场外，还有一片广阔的海外消费市场。如何占领不同于本国消费市场的海外消费市场，同时又能在本土市场屏蔽外来艺术产品的"入侵"，这两个看似矛盾的问题，被法国社会学家弗雷德里克·马特尔归纳为"谁能打赢全球文化战争"。这引得各国政府积极地思考文化方针进行应对。

在各国艺术产品对外贸易与国际传播的过程中，政策的出台会更多地以寻求市场空间、价值最大化为目的。美国艺术产品的对外贸易与国际传播在很多国家中被形容为"文化扩张"，它会与其他国家在艺术产品进出口的贸易

---

[1]　《贸发组织：全球创意经济不断扩大 中国在创意产品和服务贸易中占据主导》，https://news.un.org/zh/story/2019/01/1026492。

规则中尽量争取优惠权，然后依托自己具有一定非营利背景的官方或非官方组织，如美国的教育和文化事务局、美国福特基金会等进行输出，从而最终达成预期效益。

相较于美国艺术产品在全球的强势文化扩张，法国有"文化例外"保护，努力在艺术产品消费"走出去"与"引进来"两者间努力协调并寻找平衡点。为鼓励文化企业"走出去"，法国对在欧盟国家以外出口销售的本土艺术品免征增值税。经法国预算部（如同中国的财政部、科技部、海关）相关部门的认定许可后，本国高技术数字游戏软件在对外出口时免征企业的增值税和企业所得税，同时又会给予游戏企业全部出口数额全额退税的税收优惠待遇。由此可见，法国针对艺术产品的对外传播给予了丰厚的税收优惠政策。基于法国保护文化多样性的主张，在文化传播与海外市场拓展领域，法国规定本土电视台进口的欧盟以外国家的节目比例不得超过40%。

艺术产品是国家发展文化软实力的体现，为应对全球化带来的世界文化产业的急剧扩张和技术变革的加速，2007年，日本政府发布《内容产业全球化战略中间报告书》，详细阐述了日本的全球化战略目标和具体政策措施，规定日本内容产业全球化战略的发展目标为内容产业自身的全球化，目标在于将日本内容市场打造成国际中心市场。日本在艺术产品的对外贸易与国际传播中以动漫产业而闻名，其产品的出口与传播更多地依靠企业个体，政策限制相对企业个体的作用较弱，因为文化企业受到的限制越少，越会更加繁荣。但这种繁荣往往具有两面性。每个国家对内容的审查都有自己的独特性，而审查的不确定性往往会增加文化企业的制作成本，延长制作周期，因此大多数国家对内容都采取事后审查的方式，例如日本、美国。

英国文化创意产业政策的目标方向是全力向国外市场推销艺术产品和文化服务，最终成为世界创意中心。在文化对外传播与艺术产品海外消费市场拓展方面，为了高效、有针对性地促进文化创意产业开发海外消费市场，英国成立了创意出口小组等，为文化产业发展纲要与政策制定与落实提供服务。

澳大利亚政府在1994年"创意国家"（Creative Nation）战略的基础上，2013年提出"创意澳大利亚"。自1996年以来，澳大利亚艺术委员会成立"观众与市场发展部"后，便通过两种政策形式拨专款来支持艺术产品的出口：一是从事艺术出口的团体和个人可直接申请项目经费；二是对于可以促进艺术产品出口的活动进行资助，比如艺术博览会、艺术产品交易会等。[①] 随着艺术产品海外市场的变化，为了简化政府办事业务流程、提高政务效率，并鼓励本国艺术产品的进出口，澳大利亚国际文化理事会（AICC）出台政策：任何企业与个人都可从事艺术产品的进出口，而无需审批手续，同时为了更好地保护澳大利亚本国艺人的利益，在为国外演出团体申请入境签证时，须征得当地演员工会的同意方可。另外，澳大利亚外交与外贸部也通过澳大利亚国际文化历史会主办的文化对外宣传项目资助艺术产品输出，以创造文化宣传、文明交流的社会效益，树立澳大利亚"现代化、多元化、充满活力"的国家形象，如借助驻外使领馆举办与澳大利亚相关的电影节等。

三、艺术产品对外贸易政策推动力的模型构建

"文化治理的手段具有公共手段、准公共手段和市场手段。"[②] 政策手段是公共手段的一部分。"法国学者奥古斯丁·杰拉德（Augustin Girard）认为，政策是由最高宗旨、具体目标和执行手段组成的一套体系，由社会组织通过权威机构制定执行。在工会、党派、教育组织、研究机构、企业、市镇或政府中，都可以看到文化政策。"[③]

奥古斯丁·杰拉德认为，政策是由权威机构制定，并在工会、党派、教育组织、研究机构、企业、市镇或政府中执行或监督的。其中，政府既是作为权威机构存在的政策制定者，也是在执行与监督过程中政策权威性的保障者；企业担当位于产业前沿的角色，在基础位置贯彻落实政策，受政策的指导与干预；政策在市场环境中，引导市场朝向健康的方向发展，不可违背市场自有规律而行，企业是政策力的"受力方"，组成了市场大环境中的一颗颗繁星。

迈克尔·波特在《国家竞争优势》一书中提出了用于分析国家竞争优势

---

① 向勇、刘颖：《国际文化产业的政策模式及对中国的启示研究》，《福建论坛（人文社会科学版）》2016 年第 4 期，第 103–111 页。

② 向勇：《文化产业导论》，北京：北京大学出版社，2015 年版，第 391 页。

③ 同上。

的钻石模型。钻石元素包括企业战略、结构和同业竞争、生产要素、需求条件、相关支持产业、机会、政府。在国家竞争优势模型中，政府、企业、市场占据重要的位置，其中政府可以为企业创造新的发展机会，并可基于发展目标施加压力，在企业触角无法触及之处，可借助政府"看得见的手"为企业提供所需资源，创造产业发展的环境。

艺术产品兼具文化性与商品性，如同人们的幸福指数需要通过文化力与经济力进行衡量。国际贸易追求盈利的最大化，国际传播追求内容影响力的最大化，这两方面的特征集结于艺术产品自身。作为我国在对外贸易与国际传播中发挥正向作用的输出文化产品，政府政策对艺术产品有着鼓励输出与促进贸易的偏向。所以政策作用于艺术产品，既可实现财富的创收，也可以凭借艺术产品内附的文化性，进行一定程度的对外文化传播。国家政策对艺术产品国际传播的推动还可更深入，但部分发达国家主要依靠市场的作用。因每个国家政策的差异，在艺术产品的进口方面，要适应其道德、法律等，出口政策重要性相对较弱，而主要依靠产品本身。

企业走向国际需要来自国际需求的拉力、本地竞争者的压力或市场的天然推力。依据艺术产品的多元属性特征，本文提出在艺术产品对外贸易与国际传播中，政策要素的介入在市场引导力、企业实践力、政府决策力三方面的作用表征，依次提出基于市场层面的政策引导力、基于企业层面的政策实践力、基于政府层面的政策决策力三重概念（见表 5-1）。

基于市场层面的政策引导力以艺术产品的市场化程度为出发点，涵盖促进市场开放的激励性政策，建立监督体系，有效规避市场调控问题的防范性政策，合理激发市场运营机制的规范性政策。基于企业层面的政策实践力以直接或间接关系企业发展的政策为研究对象，考量艺术产品作为企业运营与盈利过程中的价值载体，包括对企业产品内容审查的限制政策、企业发展的资金扶持政策、促进企业自由灵活发展的激励性政策。基于政府层面的政策决策力，需按政策制定、政策执行、政策监督的发展逻辑，考量在政策拟定环节中有无激励引导艺术产品对外贸易的保护性政策、在政策执行环节中有无简化各项行政手续提升企业与政府效率的便捷政策、在政策反馈与监督过程中有无监理性政策。

表 5-1 艺术产品对外贸易的政策推动力评价体系

一级指标	二级指标	三级指标
艺术产品对外贸易的政策推动力	基于市场层面的政策引导力	对市场开放程度促进的政策
		建立监督体系、规避市场问题的政策
		规范市场运营机制的政策
	基于企业层面的政策实践力	对企业产品内容审查的限制政策
		企业扶持基金
		促进企业自由灵活发展的政策
	基于政府层面的政策决策力	政策制定：引导艺术产品对外贸易的政策
		政策执行：简化行政审批处理程序等
		政策监督：政府对于政策制定与执行的监督

郭秋雯在《韩国文化创意产业政策与动向》一书中，介绍了韩国学者金载范（音译）的艺术产业价值构造模型（见图 5-1），认为文化产业在成长过程中会受到来自文化产业主体、政府、企业、消费者四方的影响。提升产业发展的过程可通过作用于企业的税收优惠、作用于产业的经济提升、满足消费者的消费需求、增加企业艺术产品的附加价值、提升艺术产品消费者的生活品质、

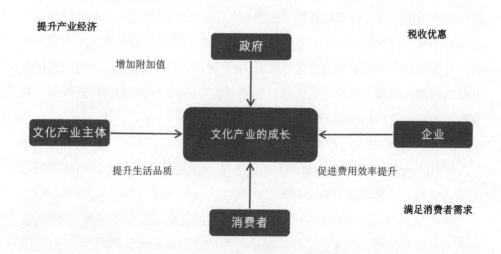

图 5-1 艺术产业价值构造模型

提高企业的费用价值效率等方面得以实现。受文化产业价值构造模型的启发，艺术产品在对外贸易与国际传播过程中也会受到文化产业主体、企业、政府、消费者四方的影响，多方主体交叉存在于市场环境下。在文化产业价值构造模型、艺术产品对外贸易与国际传播的政策推动力中，市场、企业、政府三要素不谋而合，政策制定、执行、监察三层面落实在政府、企业、市场三方中。

第二节　基于市场层面的政策引导力

向勇认为，文化产业价值链包括内生价值链、横向价值链和协同价值链等三条产业价值链，包括文化素材、内容研发、产品生产、传播载体、消费终端、产业内转化和产业外转化等多个环节。在这些环节中，文化产业活动一般由投资、研发、生产和消费等要素组成。艺术产品对外传播与国际贸易的进行，主要发生在文化产业活动的消费要素领域。

一、基于市场层面的文化政策引导力的导向作用

十八届三中全会审议通过《中共中央关于全面深化改革若干重大问题的决定》，指出我国"经济体制改革是全面深化改革的重点，核心问题是处理好政府和市场的关系，使市场在资源配置中起决定性作用和更好发挥政府作用"。这是对于市场的地位和作用的重新定位，是处理市场与政府关系的一项重大突破。基于市场的政策引导力以艺术产品的市场化程度为出发点，涵盖促进市场开放的激励性政策，建立监督体系，有效规避市场调控问题的防范性政策，合理激发市场运营机制的规范性政策。

（一）政策引导力以激发市场活力为目标

文化产业的企业中多数企业为小微企业，在进行艺术产品的国际贸易与对外传播时，艺术产品具有公共产品的属性，一件产品可以供多人同时享用，而艺术产品在多人使用期间并不会因使用人数的变化而产生产品价值的贬值。因为具有这种属性，艺术产品经常面临免费消费带来的效益不理想这个问题，如免费电视节目、盗版书刊等。佛罗里达认为在文化市场发展中付出巨大心血

与劳动的人才也是不可忽视的角色,"区域经济增长的驱动力是创意人才,因为创意人才总是愿意往多样化、有着较高宽容度和对新观念持开放态度的地区聚集。多样化能够增加一个地区吸引不同类型及拥有不同技能和观点的创意人才的可能性,不同类型的创意人才聚集的区域更有可能产生新的人力组合"。市场开放程度、市场活力释放大小是吸引人才集聚的前提。

在艺术产品国际贸易与对外传播的过程中,也会因文化折扣的存在降低贸易与传播的水平。文化折扣是指当艺术产品到达另一消费市场时,会因语言、价值观等问题的存在产生对同一艺术产品理解的不同,在语言、风俗习惯差异很大的地区,艺术产品不易成功地被市场接受。以市场为导向的文化政策引导力既是为了促进市场发展更加开放,激发市场活力,也是以规避市场问题和产业矛盾、吸引各地人才进入为出发点的。

(二)政策引导力以规范市场健康发展为基础

近几年,中国电影产业发展迅速,从 2002 年《电影管理条例》的修订到 2017 年《电影产业促进法》的实施,各类电影年产量从 151 部提升到 970 部,国产片票房占到票房总额的 53.84%。全年票房过亿元影片总计 92 部,其中国产片有 51 部,国产电影海外票房和销售收入达到 42.53 亿元人民币。

在电影产业快速崛起、票房井喷式发展的过程中,国内市场环境中也存在很多乱象,其中直接影响市场规范程度、市场健康发展水准的有电影偷票房现象。据媒体粗略统计,2015 年偷票房接近 45 亿元人民币。这些发生在国内电影市场的乱象,扰乱了市场秩序,影响了中国电影积极健康发展,也变相增加了电影艺术产品国际竞争的压力。2017 年,WTO 协议到期,中国电影本土市场会更加开放,为更多国外电影进入中国市场打通渠道。2017 年,在中国上映的美国电影(含合拍片在内)共计 129 部,其中新片 59 部,合计票房约为 227.16 亿元人民币(含网络服务费 14.24 亿元)。其中,新片票房约 224.27 亿元人民币(含网络服务费 14.09 亿元),约占全年票房的 40.63%,可见好莱坞的威力。

若本国电影自身竞争力得不到加强,势必会出现被国外电影贸易与传播双双挤压的后果。政策措施可在此种背景下发挥引导力作用,规范市场健康发展,协同电影产业上下游协作机制,从本土电影市场规范化、科学化出发,为电影产业的海外市场拓展、产品对外贸易、文化国际传播奠定基础。

在国际文化产业发展迅猛、艺术产品对外贸易与国际传播强势的发达国家中，我们看到美国的文化产业市场较为健康成熟。究其原因，得益于美国文化产业政策有针对营利性与非营利性的区分，例如，美国财政扶持政策不针对营利性组织，而是将其置于市场化自由竞争的环境中，但对于具有公共性的非营利性组织，则会采取政策资金扶持，这保证了公共文化服务的均等化，免除了非营利性机构因陷入资金短缺改变其公共性路线的厄运。如博物馆具有公共性的特质，可以对参观者起到一定的教化作用。美国通过一定的税收优惠政策，鼓励个人、企业以资金或实物捐赠的形式对博物馆进行资助，使得美国成为拥有博物馆数量最多的国家之一，仅纽约就有 130 多家博物馆。

（三）政策引导力以预见市场问题为前瞻

市场洪流中难免会出现不可揣度的问题，政府政策的出台需以准确的前瞻性规避可以预见的问题，同时出台的政策对文化产业活动的研发要素可起到甄别作用，甄别创意人才的适合与否，甄别艺术产品在对外贸易与国际传播中竞争力的优劣。

2016 年 11 月，第十二届全国人民代表大会常务委员会第二十四次会议通过《中华人民共和国电影产业促进法》，此部法律的出台结束了我国自发展文化产业至今，无一部文化产业领域法律的空白。此前，在电影产业发展中，我国商务部禁止外商单独拍摄、投资、发行影视剧，而《电影产业促进法》的出台为外资企业进入影视行业提供了条件，也能激发我国电影企业的竞争力，助其成长为更具竞争力的企业。针对上文提到的电影偷票房现象，《电影产业促进法》将会对偷漏瞒报票房责任人和责任单位进行上限高达 50 万元的罚款。以出台积极政策为手段，利用政策引导力预见市场问题，规避市场问题，并在行业培育、发展过程中以政策、法律手段解决问题，这是政策引导力前瞻性的体现。

向勇认为："通过出台文化政策与法律，激励文化企业参与市场竞争，在培育企业的市场竞争力的同时，也将企业中的文化人才及所研发的艺术产品带入了市场竞争。在适者生存的市场中留下更具竞争力的人才与产品，政策起到激励的作用，同时也扮演了甄别的角色。"

二、文化政策引导力：市场、政府间的良性杠杆

亚当·斯密在《国富论》中将市场机制对经济发展的作用称为"看不见的手"，凯恩斯在《就业、利息和货币通论》中将国家对经济生活的干预誉为"看得见的手"。文化政策引导力像杠杆一般，如同"隐形的手"在"看得见"与"看不见"的手之间进行平衡，在市场与政府之间进行双向调节。

普华永道发布的《2019—2023 年娱乐及媒体行业展望》报告显示，我国娱乐及媒体行业收入在未来 5 年将以 5.6% 的复合年增长率发展，增速仅次于印度和印度尼西亚，收入将增加 1036 亿美元，至 2023 年将达到 4347 亿美元，继续保持全球第二大市场的地位。

文化政策引导力在艺术产品的对外贸易与国际传播中是双向调节的杠杆，以市场消费需求主导，以创新驱动为企业发展内核。文化政策引导力要求政策制定出台方兼有前瞻性和统领全局的眼界，转变政府职能，在我国艺术产品对外贸易与国际传播实力相对较弱的起步阶段，实施支持企业创新政策，使其突破产业和地域壁垒，充分调动社会积极性，促进技术创新、业态创新、内容创新、模式创新和管理创新，推进文化产业各行业间相互促进、融合交流，形成成熟的、具有十足竞争力的企业品牌、文化品牌，将使伴随政策驱动催生的新技术等得以高效利用。

世界各个发达国家都十分重视文化产业发展的当下，需要政府政策对文化企业在财政、税收、金融方面予以扶持。美国、加拿大、韩国等发达国家均出现了针对税收减免、财政补贴、金融扶持的各种优惠政策。2012 年，文化部发布《文化部关于鼓励和引导民间资本进入文化领域的实施意见》，强调民间资本的进入在缓和政府资金压力等方面的作用，使得文化产业的资本市场活跃着多种资本样态，促进资本的流动。资本是文化企业的命脉，上述两项政策开源资本进入渠道，并采取申报、评选的方式，打通自上而下的资金支持体系，为文化企业在市场与政府间调节起到良性激励作用。

2015 年 5 月，国务院办公厅转发了《关于在公共服务领域推广政府与社会资本合作模式的指导意见》，首次将文化领域纳入 PPP（政府和社会资本合

作)模式的推广范围。2017 年 3 月，国务院办公厅颁发《关于进一步激发社会领域投资活力的意见》，指导和鼓励文化文物单位与社会力量深入合作，推动文化创意产品开发。2018 年 11 月，文化和旅游部、财政部联合印发《关于在文化领域推广政府和社会资本合作模式的指导意见》，进一步深化文化领域供给侧结构性改革，创新文化供给机制，完善我国文化经济政策体系，推动公共文化服务和文化产业高速发展。

在各项政策的引导激励下，我国文化产业固定资产投资规模逐年加大。2017 年，我国文化产业固定资产投资额（不含农户）3.8 万亿元，为 2005 年的 13.7 倍；2013—2017 年年均增长 19.6%，高于同期全社会固定资产投资额年均增速 8.3 个百分点。从资金来源看，国家预算资金占 5.1%，国内贷款占7.2%，利用外资占 0.4%，自筹资金占 81.7%，其他资金占 5.6%。文化产业领域多方主体共同投资的多元化、社会化格局，展现了市场和政府互为良性杠杆的潜力。

三、政策引导力在线上市场中的作用表征

政策引导力以激发市场活力为目标，打造健康有序的市场环境，同时以可以预见的市场问题为先导，充分提升中国艺术产品在国际市场对外贸易与国际传播中的竞争力。

2015 年 3 月 5 日，国务院总理李克强在第十二届全国人大代表大会第三次会议政府工作报告中提出"互联网 +"的概念。互联网乍一兴起时，很难预测到今天由它所带来的人类生活方式的转变、产业因之发生的升级转型等。在2015 年，"互联网 +"的出现使互联网的发展有了新的内涵与外延。

党的十八大以来，文化艺术产品和服务的生产、传播、消费的数字化、网络化进程加快，数字内容、动漫游戏、视频直播等基于互联网和移动互联网的新型模式顺势而生。政府也越来越鼓励多业态联动的创意开发模式，努力创造具有世界影响力的数字创意品牌，在互联网时代推动中华文化"走出去"。

"互联网 +"概念的出现，是政策引导力的调节在艺术产品市场中的政策鼓励的显现，网络是艺术产品对外贸易与国际传播得以实现的线上平台。在艺

术产品进行贸易与传播的初期，接触到消费者的途径是单一线性的，即"一源一用"，政策引导力的带动可鼓励企业在市场中进行融合多产业、多门类的跨界，在文创从业者对于文化内容的解释掌握话语权的同时，将文化内容的利用率提升，使内容消费阶段单一的艺术产品多样化。例如，在时下受很多文学青年欢迎的豆瓣网上，作者将自己的作品以豆瓣日记的形式上传网络，优秀的日记被改编成漫画、影视剧本等在文创消费者一端流传，也可依靠"互联网＋影视产业""互联网＋电视产业"的跨界，将一篇短短几百字的文章改编为电影、电视剧、话剧等。由鲍鲸鲸创作的《小说，或是指南》借助互联网的力量，被改编为电影《失恋33天》，也被改编成电视剧搬上荧幕，这样的成功案例不胜枚举。

线上市场是动态化、多面向的平台，可容纳不计其数的文化内容，这样的文化内容是多元的，大到经纪公司对于艺人或是电影、电视剧的营销，小到一个随手街拍视频的火爆，都在线上市场平台上被位于另一端的消费者消费。艺术产品内容的"多元多用"受文创从业人员的掌控。不同于文创从业人员拥有绝对话语权的时代，"多元多用"开创了人人生产内容的局面，也将绝对的话语掌控权慢慢拉下神坛，由之前的意见化引领向平面化发散转变，置于可被讨论、追捧、质疑的各式语境中。

政策引导力使得艺术产品在线上市场中活跃度更高，更多元化。在信息不再依赖面对面传递的时代，线上市场为文创从业者提供了文化内容呈现的宽阔渠道。一名音乐人不与唱片公司签约，不发行实体唱片，便可让歌迷听到自己的音乐作品；一位作家不通过出版社，不出版实体书籍，便可让读者看到自己的文章；一位电台主播没有固定频段的电台，仅仅使用简陋的录音设备，便可让听众听到每期的电台节目。这些打破传统渠道的新贸易方式与传播现象之所以出现，即凭借线上市场中政策规则的引导。因其具备文化传播工具与创意共享的特质，所以文创从业者可以为自己的产品进行定价销售，也可以用分享的心态，让内容消费者免费获取。以独立音乐人"好妹妹乐队"为例——两个男生组成的轻民谣组合，于2015年12月1日在QQ音乐发行自己的虚拟唱片。虚拟唱片在QQ音乐平台的定价为16元人民币，仅15天时间销量便达3万张。另外，两人在2015年上半年依靠京东众筹平台，以99元人民币价格发起众筹，于 9 月份在工人体育场成功举办演唱会。独立音乐人在过往的概念中代表着小众甚至不被商业化市场环境所接纳,在这样一个案例中,QQ 音乐不是传统的唱片公司,京东金融也非艺人经纪公司,但借助 QQ 音乐与京东金融两家互联网公司,虚拟化唱片得到发布与贩售,万人演唱会得以成功运作。由此,我们可以看出"好妹妹乐队"借助互联网文化传播工具与创意平台的特点,将实体唱片虚拟化,降低制作成本,减少制作流程,将演唱会运作大众化,分散资金渠道来源,同时借助众筹的传播优点提高演唱会的宣传力度。现代人的生活习惯是早上一起床就打开豆瓣或者新浪微博,这使小说被很多人转载。豆瓣上发表的书虽然定价 1.99 元,但已经被很多人购买并完整地在线浏览,长微博、微信公众号被很多人打赏,人们不需要走进书店就可以买到心仪的书籍,不需要购买实体唱片就可以听到高音质的歌曲,不需要走进剧院就可以看到实景的演出节目。这些实体的店面而今搬到了在线的网络平台上,在互联网这个看似简单的虚拟化媒介中,伴随文化内容消费渠道的拓宽,"互联网 + 出版业""互联网 + 音乐产业""互联网 + 新闻产业""互联网 + 演艺产业"等均受到消费者的追捧,多屏竞合时代人们携带自己的可移动设备进行文化内容的消费更加便捷有效。2018 年发布的《文化及相关产业分类(2018)》正式将以"互联网 +"为依托的文化新业态纳入统计范围。在以上提及的案例中,艺术产品众筹、文化内容版权开发皆涉及互联网金融的范畴,政策引导力为股权众筹融资、互联网消费金融规范有序地进行提供了保障,为艺术产品进入传统概念的国际市场、打开无边网络中的在线市场起到了关键作用。

第三节　基于企业层面的政策实践力

一、基于企业层面的文化政策实践力的概念界定

基于企业层面的政策实践力,以直接或间接关系企业发展的政策为研究对象,考量艺术产品作为企业运营与盈利过程中的价值载体,关联对外贸易与国际传播的有效性水平,包括对企业产品内容审查的限制政策、企业发展的资金扶持政策、促进企业自由灵活发展的激励性政策、关于企业创意人才的培养

与吸引政策。

对于经济力的追求，在全球化时代和互联网异军突起的形势下已经逐渐转变为对于文化力的日益重视，对外输出艺术产品的文化企业作为中华文化国际传播的重要主体，需要发挥政策实践力的作用。

不论将哪一个艺术产品推向海外，都要依赖其商业性，借助产品本身的优势。例如，演艺产业可以借助政策实践力的扶持拓展海外市场。对于游戏产业，游戏产品的出口要追求更多盈利，不能单单依靠政府的支持，更需提升自身产品研发、营销等能力，拥有过硬的内容产品才是核心。在游戏产业中，国家可以加大鼓励力度，尽量减少对游戏的限制政策，毕竟出口的艺术产品多受被出口国政策所影响。对于影视产业，政策实践力作用更为突出，主要针对配额制。

随着文化内容消费渠道的拓宽，以及线上市场多种行业带来的海量内容，为艺术产品消费者带来利处的同时，出现了众多文化内容、各样的艺术产品形式、可供选择的多种文化消费支付方式。数量庞杂的艺术产品中，何种内容产品能够长久、不间断地俘获各色消费者的心？这提醒企业在艺术产品对外贸易与国际传播过程中落实政策实践力的同时，还要担当起为消费者提供艺术产品内容的筛选与甄别服务的责任。在传统艺术产品消费阶段，文创从业者对文化内容进行阐释利用时，对文化内容拥有话语权与掌控权。到了艺术产品消费对外贸易与国际传播阶段，掌控权慢慢向消费者一端分散。消费者对于文化内容的解释倾向于自己的个性，受不同文化教育背景、生活场域的影响，会有失真化与独树化的个人解释。失真化的概念相对于原始的文创从业者对文化内容的阐释，尽管对于文化内容的理解不能绝对化，初始阶段的解释也并非权威，但失真化的特质代表着理解的偏颇。例如，在网上流传的对于经典的恶搞，用快速吸引观众眼球的方式提升曝光率，实则种下了歪曲文化内容的恶果。独树化的概念源自观点阐释的独树一帜，随着阐释话语权的转移，艺术产品消费者可以透过线上市场多种产业的传递，发布自己的阐释。例如，以"互联网＋影视产业"为原型的视频网站——豆瓣网有自己的电影板块，某一部电影会关联到提供视频播放的网站。在艺术产品消费者观看完后，豆瓣网又提供了发表内容评论的机会，一篇评论被转载到长微博，又可接受来自数万网友的打赏，打赏即认为优秀，可自愿付给评论者少量金额的钱财。这样循环的过程中包括观看视频者对内容进行筛选与甄别后发表的独树化意见，也有在第二次循环中网友进行筛选与甄别后决定的付给费用与否。

二、文化政策实践力：企业、政府间的共赢机制

政策实践力是企业和政府在艺术产品的对外贸易与国际传播中实现共赢的有力保障。在中国，践行政策实践力的企业不胜枚举，例如，国家文化贸易基地利用加工制造的资源、制造业形成的优势等经验，向国外输出商品，像保税区、综保区、保税加工区、凌空经济等。加入 WTO 以后将近 20 年的时间，中国形成了自身的优势，并融入世界贸易。中国融入世界贸易是艺术产品对外贸易与国际传播起步的时刻，是起点而不可断然视作终点，国家文化软实力的提升还需依靠艺术产品作为内容的载体进行潜在传播。成长中的北京综保区于 2001 年建立，在我国艺术产品的对外贸易和国际传播中起着先行的示范作用。其原材料、终端消费市场皆在国外市场，对于海关监管、原材料监管享有特殊政策。如原材料进入后在一线区进行监管，对国内的商品出口进行退税。此外，还有扶持鼓励的政策，对于出口型企业有明显的支持，在文化贸易领域也可享受类似政策，因此就有了现在的出发点。

目前，中国本土艺术产品贸易与内容传播发展的市场化水平还不够高，很难形成自由市场化机制。2018 年 12 月，国务院办公厅颁布的《进一步支持文化企业发展的规定》提出在国家许可的范围内，鼓励和引导社会资本以多种形式投资文化产业，参与国有经营性文化事业单位转企改制，允许以控股形式参与国有影视制作机构、文艺院团改制经营，在对外贸易方面给予支持，进一步放宽了市场准入机制。

由此可见，营利性与非营利性文化机构的区分在中国具有重大意义，营利性机构最终以实现经济产值为目的，非营利性机构最终以公共性、服务社会为目的。因此在政策实践力的范畴下，为二者制定政策时应做好区分，对企业进行营利性与非营利性的界定，不能使营利性企业产生对政府财政支持的依赖，并且应大力扶持非营利性组织，如给予一定的税收减免。在深化文化体制

改革中，强调社会效益，发挥非营利性文化机构的关键作用，有利于社会效益的提高。

电影产业是我国近年来发展较快的产业类型之一，在经历了电影投资热、票房市场井喷式发展后，电影市场逐渐趋于理性，缘自政府经济政策的引导、《中华人民共和国电影产业促进法》的出台与企业在政策实践力下与市场、政府共赢模式的探索。2014年6月，财政部、国家发展改革委、国家新闻出版广电总局等七部门联合发布了《关于支持电影发展若干经济政策的通知》，开启了国家多部委联合扶持电影产业的先河。2018年12月，重组后的国家电影局出台了《关于加快电影院建设促进电影市场繁荣发展的意见》，促进电影市场健康发展。在政府政策对电影产业发展的支持下，我国电影产业发展迅速，2018年全国电影票房收入609.8亿元，比2012年增加1.9倍，2013—2018年年均增长19.6%；电影院线拥有银幕60079块，比2012年增加3.6倍，2013—2018年年均增长28.9%，银幕总数跃居世界第一。除了对电影产业发展的重视，国务院在2014年颁布了《关于推进文化创意和设计服务与相关产业融合发展的若干意见》，利于切实提高我国文化创意和设计服务的整体质量水平和核心竞争力。文化产业包括多种行业门类，各色行业门类中的艺术产品都具有出色的对外贸易与国际传播实力，政策实践力除了对电影与设计服务业进行支持外，也可针对演艺产业、会展产业、文化旅游行业等进行实践力的引导，如2019年党中央国务院针对文旅融合发展的政策扶持力度加大，5月7日文化和旅游部出台的《文化和旅游规划管理办法》，提出不断推进文化旅游融合项目的立项、编制、报批、实施等实践措施，推动旅游业高质量发展。

2014年、2015年，我国逐步建成了国际文化贸易企业集聚区，高价值的艺术产品如艺术品在国外形成了成熟的贸易模式，如艺术品专有口岸、自由港等，在日内瓦、新加坡、纽约、伦敦等地，艺术品交易存储皆为免税。企业在践行政策实践力的过程中，也可借鉴发达国家此类发展模式，文化内容类如影视剧出版物、动漫等在新的条件下如何促进其贸易、保护知识产权、国家合理税收，需通过新的平台促进贸易规则的实施，打开国外市场。基于这样的考虑，2017年年底，上海市印发了《关于加快本市文化创意产业创新发展的若干意见》，该文件明确提出上海将构建国际重要艺术品交易中心，促进艺术品贸易便利化，争取自贸试验区开放政策试点，引进国际知名艺术机构、拍卖公司和艺术博览会，对世界顶级艺术博览会来沪举办展示交易会给予通关便利及保证金减免等优惠政策，对符合国家出口退（免）税规定的艺术品，按规定实行退（免）税政策。

从规模与综合实力来看，定位在国家对外文化贸易的体制机制、监管体制、运营管理体制政策仍然存在空白。我国文化企业相对较弱，需要有针对性对其进行培养，助其孵化。

三、政策实践力在塑造企业创意人才中的作用表征

艺术品研发要素的核心即为人才，在艺术产品对外贸易与国际传播中，创意人才搅动着国内与国际市场的紫色海洋。文化产业领域的人才在理查德·佛罗里达先生笔下被概括为"创意阶层"，富有涵养的文化人才在自己热爱的领域中迸发灵感、诞生创意点子。此外，我们也看到了各个发达国家出台的人才培养与激励政策对文创紫色海洋的浸染。

英国于 2013 年 7 月出台《文化教育：关于方案与机会的总结》政策方案，运用公共资金培养本国孩子的艺术审美感受力，保证其丰富的文化体验。韩国政府也针对文化产业人才培养出台了多项规定，以专业化教育对口培养工业化人才，先后成立首尔游戏学院、全州文化产业大学等专业院校，在安东国立大学等综合类院校成立创意工业研究院，培养高级专门人才。同时，韩国政府政策对网游、动漫、影视等人才的培养与支持表现在，韩国 288 家设有 IT相关学位的大学中，有 10 家大学的游戏专业和研究院是由政府引导成立和赞助的。

法国对非营利性文化教育、旅游培训领域所获得的收入实行免税政策。法国看到了与国外人才交流互惠的优势，鼓励留学生来法学习。留学生们在法学成回国后，还可将法国的文化和价值观在世界范围内进行传播。法国利用驻外使馆建立了留法学生和校友网络，通过这些网络将法国的博物馆、美食、演出等信息传递给世界。对于法国官方语言的传播，在世界其他国家尤其是原法属殖民地，建立了法语的海外教学网，其中约 2/3 的学生是外国学生。

随着对文化经济性功能的重新确认、文化生产领域的开放性增强，发达国家文化产业人才激励政策逐渐将社会各类人才带向文化产业领域。2013 年，全球文化产业的从业人员占社会从业人员总数的比重已高达 5.49%，美国等发达国家均超过 7%。跨界人才的增多也为文化产业的高效发展打下了坚实的基础，从而更好地提高文化产业的社会效益与经济效益。

在文化产业政策的激励下，各大文化企业在培育企业市场竞争力的同时，也将企业中的文化人才及所研发的艺术产品带入了市场竞争，在适者生存的市场中留下更具竞争力的人才与产品。政策在起到激励作用的同时，也扮演了甄别的角色。总体来看，各发达国家在研发要素领域的政策对于人才培养起到了提升人才竞争力的作用，同时实现了多元化发展。

第四节 基于政府层面的政策决策力

一、基于政府层面的文化政策决策力界定

基于政府层面的政策决策力回归至政策制定方本身，按政策制定、政策执行、政策监督的发展逻辑，考量在政策制定环节中有无激励引导艺术产品对外贸易的保护性政策、在政策执行环节中有无简化各项行政手续提升企业与政府效率的便捷化政策、在政策反馈与监督过程中有无对政策制定与执行的监督性政策。

随着文化综合实力的提升，我国进入了文化出海的新阶段，迫切需要研究当前全球文化市场竞争现状，针对落地国家调整政策扶持方式，多样化推动中华文化走出去。因为政府在艺术产品的对外贸易与国际传播中起引导、调节、辅助作用，可制定行业规则，为可预见的行业问题提出解决思路。

1973 年，斯图亚特·霍尔在《电视话语中的编码与解码》中提出，电视话语的意义流通会经历三个阶段：第一阶段为编码阶段，媒体人员将自己获取到的原始事件的描述放入有意义的电视话语阶段中，赋予对原始事件理解的掌控权，媒体从业者决定了原始事件如何在话语中被编码，此一阶段媒体人员为主体；在第二阶段，当讯息进入有意义的话语中，即具备了电视话语的形式，

语言同电视话语的形式便拥有掌控权，此一阶段电视成为主体；第三阶段是观众解码阶段，观众对于编码阶段中原始事件的描述进行翻译，此时观众看待问题的方式拥有掌控权，此一阶段观众变为主体（见图5-2）。

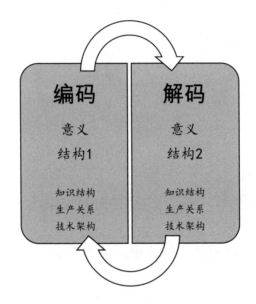

图5-2　电视话语中的编码与解码

艺术产品内容同信息皆有在线传播的非实物性特征，同时也具备线下传播的实物性特征。非实物性特征使得信息在传递过程中受到主观因素的影响。同信息在电视话语中经历的这三个阶段一样，文化内容的传递也经历以下三个阶段。

第一阶段，内容写入阶段。文创从业人员将自己对于文化内容的理解写入作品中，进行对文化内容的编码。文创从业者决定了文化内容的表述，具有掌控权，此一阶段文化从业人员为主体。

第二阶段，内容传播阶段。艺术产品的呈现样态决定了接下来第二阶段的分流方式，若艺术产品的产出与某地的物质性文化资源相结合，则会进入在地性的实体化传播方式中。在地性一般基于某地拥有的特色文化资源，讲求身临其境之感，在文化产业门类中，文化旅游具有此种特征。若艺术产品的产出为实物化的出版物、画作或非实物化的戏剧、电影等，则会有实体化传播形式与虚拟化传播形式两种。这两种形式都是艺术产品进入市场传播的样态,区别在于经历了第二阶段的进阶后,实体化传播形式具有在场性、在地性特质,表现为在书店、画廊、剧场等文化场所进行展示,而虚拟化传播形式则具有在线性特质,依托互联网进行传播,比如电影、电视节目在视频网站进行播放、电子书籍在阅读网站等互联网渠道进行阅读等。同一文创产品会兼具实体化传播形式与虚拟化传播形式两种类型,但有时文创产品因制作费用的局限,为控制成本,会选择略去实体化传播,直接进入虚拟的在线传播形式中。两种形式表现如图 5-3 所示。

第三阶段,内容消费阶段。在霍尔解码过程中,观众变为文创产品的消费者。文创消费者对于内容写入阶段的文化内容进行翻译与自我理解,因而对于文创产品的诠释拥有解释权,并以此决定自己的消费目的。

借助斯图亚特·霍尔的编码、解码理论,总体来看,文创产品被消费的路径大致经历了文化内容的写入阶段、文化内容的传播阶段与文化内容的消费阶段。在这三个阶段中,主体部分分别为文创从业者、政府主导下政策的出台与制定、文化消费者。在第二阶段的实体化与虚拟化传播形式中,又分别包含在场性、在地性与在线性特质,也间接表明艺术产品对外贸易与国际传播的进入市场有实体化的市场与借由互联网空间实现的线上市场。政策决策力在实践过程中需兼顾实体化市场与线上市场两方,政策的制定、执行与监督也落实在图 5-3 中的文创从业者与内容消费者两方,即前文论述的政策引导力中的市场层面与政策实践力的企业层面。

企业产品进入市场,政策决策力要发挥对内容版权的保护作用。政策决策力在制定、执行、监督中可以针对以知识产权样态存在的艺术产品进行立法性保护,打击盗版,将文化产业的发展、艺术产品的对外贸易与国际传播带入健康、良性循环的层面。事实上,发达国家拥有很多在文化产业领域具有强大影响力的巨兽型企业,它们往往具有很长的公司发展历史和众多的自有化版权产品。为了更有效地保护这些如米老鼠、唐老鸭等超级 IP 的权益,美国最高法院做出将迪士尼版权保护期从 75 年延长到 95 年的政策转变,在加大盗版打击力度的同时,有助于实现国家文化形象的稳定输出。

高水准的政策决策力还能够应对全球化带来的世界文化产业的急剧扩张

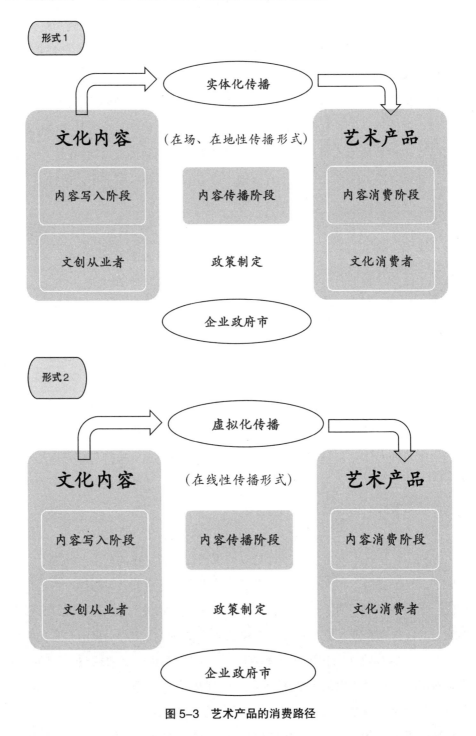

图 5-3 艺术产品的消费路径

和技术变革的加速。2007 年，日本政府发布《内容产业全球化战略中间报告书》，详细阐述了日本的全球化战略目标和具体的政策实施措施，规定日本内容产业全球化战略的发展目标为内容产业自身的全球化，目标在于将日本内容市场打造成国际中心市场。自 2006 年日本领导人提出"文化外交新构想"以来，日本通过动漫艺术"打磨日本的形象，推销日本的梦想"，一方面进行本国动漫产业的隐性扩张，一方面塑造自身的国际形象，使得国外观众一听到日本动漫就立刻联想到"明快、温暖、漂亮和酷"的正能量形象。这些措施不但消除了国际社会对传统日本"经济至上"的看法，又将日本文化全面地介绍给世界，加深各国对日本的理解，使各国对日本有了新的认识。2013 年 6 月 7 日，日本《2013 知识财产政策展望》白皮书总结了近几年世界各国文化产业发展的情况，从企业在海外的经营活动、海外著作权保护及案例分析、人才培养等三个角度分析了文化产业构造的变化和发展，使日本的文化产业更好地应对全球化挑战。

二、文化政策决策力：政策的权威与有效保障

文化政策决策力在对产品对外贸易与国际传播进行推动时，形成了对政策权威性、有效性的保障。我国经过以往文化产业发展的实践，经过对艺术产品对外贸易与国际传播的落实，逐步形成了一套行之有效的政策措施。例如，通过文化专项基金、出版基金、电影基金对艺术产品进行创作生产的鼓励与调节，保证艺术产品向国际市场输出、含载传播内容的优质性；对转企改制的企业所得税、增值税等给予减免，减轻企业层面进入国际市场的资金链压力；对综合保税区施行一系列配套扶持政策等。这些成熟有效的现有政策，应及时上升到法律法规的层面，提高政策约束力，增强权威性。自 2014 年 5 月 1 日起，《国家艺术基金章程（试行）》开始施行，弥补了我国在此方面的短缺，也是文化产业资金来源多元化的表征。接下来，政策决策力的实践应继续鼓励多元化渠道的资金进入，并实现资金使用的有效性。

我国艺术产品对外贸易与国际传播领域的立法呈现自上而下失衡的状况，体现在国家立法较少，多为部门章程，没有形成完整的文化产业法律体系。另

外,已经存在的与文化产业相关的法律,如《著作权法》《商标法》《广告法》均为全国人大制定,但诸如《出版管理条例》《电影管理条例》多为各部委制定的规范性文件。2016 年 11 月发布的《电影产业促进法》是"章程"上升为法律的较优体现,但仅电影行业一方出台法律,暴露出我国文化产业立法的段位较低,法律效力有待加强。因此,全面完善法律体系,对各个方面、环节凭借法律进行规范,在此类问题出现前便将问题考虑在可控的限度内,也是立法保护机制的一个着眼点,更是进行对外贸易与国际传播中政策决策力发挥实质作用的基础。

文化政策决策力也为艺术产品的国际传播提供了文化多样性的保护依据。以作为艺术产品之一的日本动画的出口消费为例,携带有日本文化特点的动画产品传播到其他国家,增强了世界各国对日本文化的认同感,提升了其国际影响力,而且带来了巨额经济利益,使得接受国在坚守自己本国文化熏陶的同时能够接触到日本文化,增加了可接受的文化种类,也保护了文化多样性。2018 年 12 月,日本动画协会公布的一项调查结果显示,2017 年日本动漫产业市场规模达到 2.15 万亿日元(16.48 日元约合 1 元人民币),创历史最高纪录。

三、艺术产品对外贸易与国际传播的政策影响与提升建议

2017 年 4 月,文化部正式发布了《文化部"十三五"时期文化产业发展规划》,明确了"十三五"时期文化产业发展的总体要求、主要任务、重点行业和保障措施,确定了促进结构优化升级、优化发展布局、培育壮大各类市场主体、扩大有效供给、扩大和引导文化消费、健全投融资体系、加强科技创新与转化、完善现代文化市场体系、深度融入国际分工合作九个方面的主要任务。[①]

立足于文化产业领域的"十三五"发展规划,我国艺术品对外贸易与国际传播也进入新阶段,在基于市场层面的政策引导力、基于企业层面的政策实践力、基于政府层面的政策决策力三力作用下,艺术产品对外贸易与国际传播

---

① 文化部:《文化部"十三五"时期文化产业发展规划》,http://www.gov.cn/xinwen/2017-02/23/content_5170224.htm,访问日期:2020 年 3 月 20 日。

政策层面的提升可围绕搭建对外文化贸易消费平台、引导多样态文化消费、规避艺术品单项输出、鼓励创新型领域发展、简化政府职能、创新研发人才培养与吸引机制六个方面展开。

第一，在当前国际艺术产品交易市场竞争日趋激烈的今天，像传统的电影节、博览会、拍卖会等传统交易市场已经不能满足国家间文化贸易竞争的需求。综合我国基本国情与世贸组织有关规则，积极搭建文化保税区来应对这些变化是引导中国文化"走出去"，吸引国外文化"走进来"的首要选择。已经投入实施的国家对外文化贸易基地北京天竺综合保税区，就是新型对外文化贸易消费平台的有效案例。

第二，随着媒介融合时代的到来，文化传播方式更加多样，艺术产品消费也借助网站、移动多媒体等方式实现延伸拓展，新型文化业态发展迅猛。例如在线的旅游平台、数字图书馆、借助微信等平台推送的新闻等，在为公众提供多样选择的同时，也牵涉到部分旅游平台借助传播旅游项目为由进行虚假广告经营、部分公众号传播不实内容或者数字图书馆提供未经授权的图书下载而侵犯知识产权的情况。在文化消费形式日渐多样化的今天，政府政策应对这些已经出现的问题进行立法或出台相关条例加强引导和规避。

第三，在全球化语境下，文化对外传播与海外市场拓展政策在立足于市场的同时，要有共同繁荣的市场理念，在保证原有文化元素不变质的基础上，适度降低文化折扣。如五洲传播中心在国家广播电视总局的支持下，在输出我国优秀影视产品的同时，积极为"一带一路"沿线国家和地区提供字幕、翻译服务，并为当地优秀的语言翻译人才提供本土化配音等优质就业岗位，有效平衡文化贸易的双向交流，兼顾当地文化习惯，尽量避免单向输出。

第四，自"十三五"发展规划提出到2020年，我国战略性新兴产业增加值占国内生产总值的比重由2015年的8%升至15%，数字创意产业也成为重点培养的5个产值规模达到10万亿元级的新支柱产业之一。在文化和科技融合趋势下，让我国在世界范围内领先的5G、区块链、云计算技术为文化创意产业注入活力，将鼓励我国数字创意产业提前占据国际文化贸易的领先优势。

第五，在我国，从事文化产业的公司多具有规模较小的特点，在进行公司注册、专利申报等过程中，如果政府能够提供一种简单加便捷的行政流程，可有效减少企业的经营成本，也可使企业投入更多的时间用于产品研发。2014年，省级新闻出版、广播影视两局合一；2018年，文化部和国家旅游局职责整合，组建文化和旅游部，并在2019年相继出台促进文旅融合项目落地的政策文件，自上而下激发跨界活力。这不单纯是已有单位的称谓与牌子的合并，更是政府便利小微企业跨界创生的职能优化。在我国政府部门简政放权的背景下，继续对涉足文化产业领域的政府部门进行"瘦身"，提高各项审批效率，避免工作重叠化、冗杂化，避免相互间责任界限不明晰等状况，为艺术产品对外贸易与国际传播提供更快捷有效的服务。

第六，我国在制定文化人才培养政策时，要借鉴发达国家的人才培养与吸引机制，兼顾国内跨界培养与国外深造交流两条线路。首先，加强文化产业跨学科建设，组织类似"青年文创人基金"的机构，对在文创领域有突出成绩的青年人进行奖金鼓励，引导更多的人才涉足文化产业。其次，鼓励本土人才进入文化产业发展成熟的国家进行学习深造，可以与国外知名高校或企业开办联合培养的班型，吸取成功经验，模仿学习，以便回国后能够融汇中外两种思路，更好地发展本地文化产业。还可以开办激励人才创新的专业化赛事，在已有的诸如电影类奖项、音乐类奖项、设计类奖项中加入新人奖，激发原创想法，吸引更多的人才涌入文创行业。

第六章 "一带一路"视角下
艺术产品的国际传播力

闫楚 徐忆 安铮[*]

文化软实力在当今时代越发重要，国际舞台上角色的塑造在很大程度上取决于"谁的故事最终获胜"[①]。党的十九大报告指出："推进国际传播能力建设，讲好中国故事，展现真实、立体、全面的中国，提高国家文化软实力。"

艺术产品是国家对外文化交流的一张重要名片。"一带一路"倡议提出以来，各级文化和旅游部门围绕"民心相通"的目标，多措并举持续推进艺术产品的国际传播，深化文化交流合作。国家和省级层面加快签署与"一带一路"沿线国家及有关省州市双边文化合作文件，日益拓展文旅行业、企业交流互鉴平台，使艺术产品国际传播的客观环境得到明显改善。然而，在深入推进"一带一路"艺术产品国际传播方面也存在一些突出问题，例如，艺术产品数量多，但影响力大、传播力强的精品不足，针对不同国家开发的适销对路的产品更是缺乏；政策供给尚未打入细节，还存在一些短板；跨国企业管理、一线经营人才队伍有待提升。

本章将通过梳理艺术产品国际传播相关理论，构建"一带一路"视角下的艺术产品国际传播力模型。希望能够启发地方、企业和创作者，有针对性地扶持和打造更多适合国际传播的艺术文化精品，主动改善艺术产品传播环境，打造好"一带一路"文化交流的艺术名片。

---

[*] 闫楚，北京大学艺术学院艺术管理与文化产业方向 2018 级博士研究生；徐忆，四川大学文学与新闻学院汉语国际教育专业 2019 级硕士研究生；安铮，北京大学艺术学院艺术管理与文化产业方向 2013 级硕士研究生。

[①] 刘小龙：《讲好中国故事的对外传播艺术》，求是网，http://www.qstheory.cn/wp/2018-01/16/c_1122267491.htm，访问日期：2020 年 6 月 20 日。

第一节 艺术产品国际传播力理论基础

一、拉斯韦尔的 5W 传播模式

美国学者哈罗德·拉斯韦尔(Harold Lasswell)于 1948 年在《社会传播的结构与功能》[①]中提出了"拉斯韦尔模式"(也被称为"5W 模式"),认为人类社会的信息传播与互动过程主要包括五大基本要素:谁(who)、说了什么(says what)、通过什么渠道(in which channel)、对谁说(to whom)、产生了什么效果(with what effect),即传播主体、传播内容、传播媒介、传播对象、传播效果。与这五大基本要素相对应,拉斯韦尔明确指出了传播学中的五大分析层面:控制分析、内容分析、媒介分析、受众分析、效果分析。这是传播学研究中最为经典的一个模式,因为它最早明确地将传播过程划分为五个部分或者五个要素,并且相对应地限定了五个研究领域,有效地描述了传播,也对传播学研究进行了规划。

(一)控制分析

控制分析研究的是传播主体,即传播者,是传播活动的起点。在大众传播中,传播者可以是个人,也可以是媒介组织,他们在传播过程中负责搜集、整理、选择、处理、加工与传播信息。传播学奠基人之一库尔特·卢因(Kurt Lewin)于 1947 年发表了《群体生活渠道》[②]一文,首先提出了"把关人"(gatekeeper)的概念,认为信息的传播网络中布满了把关人,这些把关人负责把关,对信息进行筛选、过滤、加工,只有符合群体规范或把关人价值标准的信息内容才能进入传播渠道。他们的把关并不仅仅是个人行为,而是要受到社会、经济、文化、技术等多层因素的影响。因此,通过对传播者的控制分析,可以明确传播者在传播过程中扮演的角色究竟是怎样的。

---

① [美]哈罗德·拉斯韦尔:《社会传播的结构与功能》,何道宽译,北京:中国传媒大学出版社,2013 年版。

② Kurt Lewin, "Frontiers in Group Dynamics II. Channels of Group Life; Social Planning and Action Research," *Human Relations*, 1947(11).

（二）内容分析

传播内容是传播活动的中心，内容分析就是对传播内容进行客观、系统和定量的描述。通过分析和阐释所传播的内容，研究者能够从更加宏观的层面了解传播信息的具体内容及其含义。

（三）媒介分析

传播媒介是信息得以顺利传播的物质条件，传播学者威尔伯·施拉姆（Wilbur Schramm）在其经典著作《传播学概论》中提到，"媒介就是插入传播过程之中，用以扩大并延伸信息传送的工具"。通过分析媒介作用的特点和规律，可以揭示媒介对人类社会的信息传播产生了怎样的影响。

（四）受众分析与效果分析

受众，即接受者，是主动的信息接收者、信息再加工的传播者和传播活动的反馈源，是传播活动产生的动因之一。受众分析一般围绕受众的特点、行为动机、价值及社会意义展开，并且往往和效果分析密切相关。这是由于受众分析研究的是信息传播至受众后引起的受众在思想观念、行为方式方面的变化，其带来的反馈必然与传播效果紧密相连。

美国社会学家伊莱休·卡茨（Elihu Katz）和保罗·F.拉扎斯菲尔德（Paul F. Lazarsfeld）在《人际影响——个人在大众传播中的作用》[①]中正式提出了"使用与满足理论"这一概念，主张分析受众接触媒介的动机，以及这些接触满足了他们的什么需求，从而考察大众传播给受众带来的心理和行为上的影响。效果研究主要集中在大众传播在改变受众固有的立场、观点上有多大威力这一方面，同时也涉及大众传播对社会及文化所造成的影响。

二、艺术产品在国际传播中的特点

艺术产品在国际传播中体现出的特点区别于其他信息在国际传播中体现出的特点，它与创意传播中的 meme（沟通元）有着相似之处。北京大学的陈刚教授认为，meme 是指一种基于内容的文化单元，它凝聚了生活者最感兴趣

---

① ［美］伊莱休·卡茨、保罗·F.拉扎斯菲尔德：《人际影响——个人在大众传播中的作用》，张宁译，北京：中国人民大学出版社，2016 年版。

的内容和最容易引起讨论和关注的话题，一旦投入数字生活空间，就会迅速引起关注，激发生活者热烈的分享、讨论与参与。而且在传播者和生活者的积极互动过程中，它能够不断地丰富和再造，并不断地延续传播。[①] 艺术产品在国际传播的过程中正是具备了上述概念中的关键要素，它的特点主要分为以下三个方面。

（一）明确单一性

在众多信息的国际传播过程中，艺术产品作为一种易于识别、易于记忆的信息，应该包含清晰明确的文化单位。在数字时代的大潮中，人们无不生活在商业信息泛滥的空间中。越是在这样的情况下，创意传播过程中承载的信息就越要进行精简，否则就会导致理解上的混乱，削弱接受者记忆的效率，起到传播上的反向作用。真正成功的传播应当能够在接受一方也就是生活者的脑海里，建立一种深刻而且清晰的联系，即某一个概念与某一品牌的双向紧密关系。因此，在艺术产品的国际传播中，着力推广最佳的单一概念，使其扩大到可以作为独立身份象征的地步，从而引发最佳的传播效果，令产品深入人心，就显得格外重要。

“无印良品（MUJI）”是 1980 年创始于日本的品牌，其本义是“无品牌标志的好产品”。在品牌创立之初，创始人木内正夫就打出了“物有所值”的口号，推出了第一批包装简洁、成本低廉的无品牌产品。一直以来，无印良品都极力淡化品牌意识，但它遵循统一设计理念所生产出来的产品无不诠释了“无印良品”的品牌形象，它所倡导的自然、简约、质朴的生活方式也大受推崇。无印良品的最大特点是极简，它的产品拿掉了商标，省去了不必要的设计，只保留了最简单的素材和产品功能，将包装也简化到了最基本状态。此外，无印良品从不进行商业广告宣传，就如木内正夫所说：“我们在产品设计上吸取了顶尖设计师的想法及前卫的概念，这就起到了优秀广告的作用。我们生产的产品被不同消费群体所接受，这也为我们起到了宣传作用。”[②] 正是凭借这一理念，无印良品传递了它别具一格的品牌形象，受到了消费者的广泛

① 陈刚等：《创意传播管理：数字时代的营销革命》，北京：机械工业出版社，2012 年版。
② 《解密 MUJI：纯朴、极简、没有商标与优质》，搜狐网，https://www.sohu.com/a/22057805_130998，访问日期：2019 年 11 月 9 日。

支持。

当然，存在着一种比较特殊的情况，就是在传播过程中需要创造一个跟随者品牌，主动去模糊与其他产品、品牌的差别，在某些情境下这种策略是可取的。但无论如何，有一点相当明晰，那就是任何品牌都不可能将所有的优点集于一身。在艺术产品的传播中希望打造面面俱到的"王牌"并以此取得效益最大化是不可能的，这样不仅会削弱真正核心内容的传达度，还会给信息接收者，即生活者造成被愚弄的感觉，使得艺术品的传播效果大打折扣。

每个事物在不同的文化传统和社会环境中都有着不同的寓意，而艺术产品传播的明确单一性要求生活者必须轻易识别出艺术产品想要传递的主要信息并且产生共鸣。这意味着艺术产品的传播主体和生活者在心理、文化层次和社会生活经验等层面需要有足够大的共同意义空间。只有这样，才有可能达到一种建立共同感受，引发情感共鸣，甚至精神层面共建的效果。因此，在某种程度上，艺术产品的国际传播需要的不仅仅是"产品"的输出，还需要文化背景和文化内涵的伴随伴生。艺术产品与文化软实力处于共生状态，前者为后者提供物质基础载体，而后者则是前者在更广阔的国际时空下被接受和认可的基础。

（二）可延展性

在多变的现代社会，有一点是可以肯定的，那就是我们都生活在动态化、碎片化和去中心化的数字生活空间中，并且未来将在很长一段时间内都保持这一状态。如此一来，信息内容就呈现几何级数的爆炸式增长，信息被关注的周期正在迅速缩短，任何单一的信息都很难长时间地抓住和占据人们的注意力。在这种情况下，保持人们相对长时间的高关注度和参与度就将是任何传播主体所不断追求的理想状态。

艺术产品在传播过程中所体现出的可延展性，就能够使这一理想变为现实。在创意传播的基本理论之中，meme 并不是一成不变的。陈刚在《创意传播管理：数字时代的营销革命》[①]中提出，meme 作为创意传播的核心和起点，

---

① 陈刚等：《创意传播管理：数字时代的营销革命》，北京：机械工业出版社，2012 年版。

其广度和深度都会在传播过程中得到不断延伸和扩展。也正是在这个过程中，meme 被交与生活者，也被交与受众，在他们手中不断被挖掘、被深化、被重塑、被再创造，从而实现生活者与品牌的协同创意。与之相类似的，艺术产品同样具有多重的可挖掘意义层次，这与它的明确单一性并不冲突。单一性指的是在同一横向层面上不可过分进行信息意义的堆砌，以免失去重点；而可延展性则可被理解为纵向层面上的延伸，甚至是由一个原点所做的衍生。一个成熟的艺术产品在进入数字生活空间，并开始被传播和复制、分享时，是作为"种子"一样的存在，能够在适当的培育之下长成新的生命，并且生生不息地繁衍、分化，延续其生命力，在这个过程中实现自身的延伸，也保持受众对它长时间的关注度，甚至激发出受众的参与意愿。

在文化产业领域有著名的"一源多用"理论，这一理论曾经被韩国列入提高国家文化软实力的战略政策，其内涵就是将产业与文化艺术联姻，通过主题借用、符号提炼，结合材料加工和工艺手法，最后通过作品呈现对艺术产品原作的神韵进行复制，从而实现创意水平和整体实力的提升。[①] "一源多用"中的"一源"指的是一种文化资源，而"多用"是指在商业环境下通过知识产权经营，将影视、出版、电影、游戏、漫画、主题公园、观光旅游等结合起来，将原始的文化资源最大限度地进行开发和利用。美国迪士尼公司经由故事驱动和版权运营，将电视、音乐、电影、出版、漫画、周边商品授权等相关竞争领域结合起来融合发展，就是典型的"一源多用"[②]。可以说，这个 IP 改编就是创意传播中延展性的一个绝佳体现。从一个原点 meme 出发，经过受众自觉自发的传播、评论、改良，最终催生出一个同根同源但是却更加饱满、丰富、具有号召力和影响力的成果。

伴随着影视产业"IP 热"的兴起，网络文学成为 IP 源的集中地，大量网文被改编成影视剧，如《花千骨》《诛仙·青云志》《三生三世十里桃花》《择天记》等，借助粉丝营销、明星效应和视频网站，收获了较高的收视率、流量和话题热度。其中，《花千骨》和《三生三世十里桃花》凭借良好口碑，成为

① 向勇：《文化产业融合战略：一源多用与全产业价值链》，《前线》2014 年第 6 期，第 28–31 页。

② 同上。

仙侠题材电视剧的超级 IP。网文 IP 的商业价值,促成了影视公司和游戏公司的合作,二者基于共同的盈利诉求,进行 IP 的联合开发和营销。比如,2015年热播的 IP 剧《花千骨》,由慈文传媒制作和出品,同期授权天象互动公司开发其手游产品,并由电视剧主演赵丽颖作为游戏代言人进行同步推广。在电视剧播出期间,其手游下载量连续数月登上游戏排行榜前列。《花千骨》的成功尝试带动了 IP 影游互动的热潮,2015—2017 年播出的 IP 剧大都同期开发了游戏产品。

因此,艺术产品传播所具有的延展性也对艺术产品国际传播的主体提出了更高的要求,具有丰富性、多元性的艺术产品显然更符合接收者的需求。在进行艺术产品国际传播的过程中,应该充分利用其可延展性,不断地对其进行扩展与延伸,使其内涵不断丰富、充实、立体化、易感知。这就要求艺术产品传播行业的从业者对其进行加工,不断调整艺术品的表现形式,深化或者有技巧、有策略地改变其中的核心要素,以保证传播活动的持续性。

(三)可参与体验性

除了上述两个特性之外,还有非常重要的一点,就是艺术产品在传播过程中一定要为生活者提供可参与、可创造、可体验的空间,从参与创意到担当意见领袖,再到快速复制传播,形成持续扩散的连锁反应,实现生活服务品牌传播的效果。在当下的网络营销领域中,最具热度的就是"互动""体验""交互"等关键词。正如本雅明在《机械复制时代的艺术品》[①] 中所论述的那样,随着机械复制技术的介入,艺术产品的原件所具有的"光韵(aura)"已经凋零,依附于原真性、在地性的膜拜价值让位于向大众传播的展示价值,满足了大众展示、观看和占有的需要。而随着数字时代的到来,艺术品的展示价值似乎又一次面临着消解,转而被"体验价值"所取代。也就是说,在数字技术的渗透下,艺术产品越发向着消费品的方向发展,艺术产品的受众或者说消费者的参与度越来越强,甚至可能成为整个艺术场域的一部分,是艺术品最终完成和实现价值的必要条件。[②]

---

① Walter Benjamin, "The Work of Art in the Age of Mechanical Reproduction," in *Illuminations*, ed. Hannah Arendt(New York: Schocken Books, 2007), pp.217–251.

② 向勇:《文化产业导论》,北京:北京大学出版社,2015 年版,第 30–31 页。

英国的克里斯·比尔顿(Chris Bilton)在其著作《创意与管理:从创意产业到创意管理》①中提出了"3I模型"的营销理论,即着眼于创新性(Innovation)、人际间(Interpersonal)和互动性(Interactive)的营销模式②。这一营销理论非常注重消费者的体验,尤其敏锐地捕捉到了消费一方对于产品体验的主观性和不确定性,并且为之留出相当的余地。换言之,就是让消费者成为文化创意产品生产过程中的主动一方。书中指出:"艺术营销需要考虑受众的美学体验。如果受众确实认为艺术品的价值很高,那就需要引发思考。那么艺术家和艺术营销者应当把受众引领到创意过程之中,为受众留出空白,让受众按照自己的想法完成创意。"

这一理论给数字时代的文化创意产业营销带来了相当大的启发。在数字时代的环境下,一个成熟的艺术产品,必须拥有让生活者参与其中的能力,即使有些传播活动不能允许生活者直接参与到创造或者延展过程中,也要让他们产生代入感,并且使他们乐于与他人分享、交流有关的信息。只有这样,才能使艺术产品得到进一步完善并进行多次传播。生活者正是通过积极参与产品的延伸和传播来建立与传播者的关系,同时反向促进其产生独特的、可分享的体验,并且影响周围的人。在这个过程中,艺术产品所提供的参与、创造、体验的空间就显得尤为重要,让生活者从参与创意到成为意见领袖,再到快速复制传播,形成连续扩散的连锁反应,实现品牌传播的效果最大化。

曾经大热的浸没式体验展览"不朽的梵高"感映艺术大展就是艺术产品传播可参与体验性的一个实例。这个展览颠覆了以往传统的观展方式,让参观者们身临其境地感受梵高的世界。此次展览并不陈列梵高的真迹,而是让梵高笔下为人们所熟知的星空、麦田、向日葵从静态的画面变成高清晰连环巨幅屏和幕墙上的动态视频,通过交响音乐的衬托,让观众直面最细节的梵高笔触,

---

① [英]克里斯·比尔顿:《创意与管理:从创意产业到创意管理》,向勇译,北京:新世界出版社,2010年版,第185页。

② 向勇:《文化产业创意经理人创意领导力研究——基于海峡两岸文化产业案例分析》,《北京联合大学学报(人文社会科学版)》2011年第3期。

以及在艺术世界中鲜活起来的梵高，迎接一种全新的艺术互动方式。[①]可以说，"不朽的梵高"利用扫描、复制和投影技术，对梵高的世纪名作进行了一次再创造，而在沉浸式的现场中参观、拍照、不断移动的观众则是参与和体验的主体，二者共同完成了一次另类而完整的艺术表达。

当然，要获得艺术品传播过程中品牌效应的持续，灵活、合理的网络营销也是必不可少的。在网络环境中，由于传播速度快，信息碎片化，实时交互便于实现，所以创意更新周期短，传播者和接受者之间很容易建立互动关系，双方信息可以及时交换。在这种前提下，更应该坚持以消费体验为导向的"3I 原则"，允许消费者参与传播甚至生产过程中来，借助其意见、需求倾向来对原有产品定位进行修正和补充，满足体验性；同时要体现人性化服务和设计，使得整个艺术品经济所形成的从创意生产到传播再到消费的产业链条符合受众的心理期待；最后还要加快网络技术更新换代的速度，同时追求活力和速度，保持与受众良性的高频沟通互动的同时，将创意产出的速度提升到相匹配的高度，满足快速更新换代的网络时代对创新性的要求。只有充分利用互联网平台并找到相适应的生产营销模式，才能保有持久稳定的变现能力和经济热度。

第二节 艺术产品国际传播力评估模型

一、分析框架

关于国际传播力评估指标体系的研究在国内成果零星，更遑论对艺术产品的国际传播力进行具有针对性的分析研究。因此，本文在构建分析模型时，参考了国内一些关于新闻媒体国际传播力的研究。就目前国内有关国际传播的评估体系来看，可以将相关研究大致分为三种框架或模式。

能力—效力型，即从传播能力和传播效力两个方面展开的评估。刘继南

---

① 人民网：《"不朽的梵高"感映艺术大展明年来沪》，http://sh.people.com.cn/n/2014/
1120/c134768-22959358.html。

等（2002）将国际传播力界定为国际传播能力和传播效力的统一[1]，前者是从传播者的角度对一国在国际传播方面所做的投入进行评估，后者是从接收者的角度对一国在国际传播工作中获得的产出进行评估，将二者综合起来构成国际传播力。此后，就有研究者在此基础上对国际传播能力和国际传播效力单独进行指标体系的构建。新华社新闻研究所的唐润华等人在《媒体国际传播能力评估指标体系初探》一文中提出了内容生产能力、市场拓展能力、技术支撑能力、品牌知名度、国家影响力五个方面的考量指标[2]。

软—硬实力型，即从软实力和硬实力两个方面展开的评估。《国际传播与国家形象》一书中明确提出了"国际传播力评估指标体系"[3]。其中，关于软实力的指标包括传播者素质、传播艺术等一系列质化指标，关于硬实力的指标包括国际传播机构数目、投入经费、从业人员数量、受众数量等可以进行量化的指标。

信息流动型，即按照信息流动过程的不同环节展开评估。刘澜在莫拉纳的国际信息流动模型的基础上，提出了"一个新的国际传播能力模型"[4]，由传播者的一般能力、信息采集能力、信息加工能力、信息流通能力、信息接收能力五大部分组成，并提出了 22 对一一对应的软硬能力。

在建立艺术产品国际传播力的评估指标体系时，我们依据拉斯韦尔的 5W 传播模式理论，将这些研究中涉及的核心要素进行向上的概括和向下的细化。在一级指标中，设立了客观要素和主观要素两个方面：客观要素用于评估宏观环境层面的政策环境、受众环境和国际环境，这些客观要素不以艺术产品传播主体的意志或能力为转移；主观要素则是传播主体的国际传播能力，具体体现在内容产制和传播者素质等不同方面。同时，考虑到国际

① 刘继南、周积华、段鹏等：《国际传播与国家形象——国际关系的新视角》，北京：北京广播学院出版社，2002 年版，第 88 页。

② 唐润华、刘滢：《媒体国际传播能力评估指标体系初探》，载姜加林、于运全主编《世界新格局与中国国际传播——"第二届全国对外传播理论研讨会"论文集》，2012 年版，第 27–35 页。

③ 同①，第 92 页。

④ 刘澜：《一个新的国际传播能力模型——兼论国际传播能力研究的历史与未来》，载姜加林、于运全主编《世界新格局与中国国际传播——"第二届全国对外传播理论研讨会"论文集》，2012 年版，第 46–59 页。

传播的特殊环境，和国内艺术产品传播显著不同的是，艺术产品国际传播必然会面临跨文化传播的特殊语境。因此，在5W传播模式理论之外，本模型将传播过程中外部环境的因素也列入了评价体系之内，同时融合了社会学、心理学等相关理论，进而形成了比较完整的艺术产品国际传播力的分析模型。

二、基础要素

在艺术产品国际传播力一级指标板块中，我们将拉斯韦尔5W传播模式的基本要素整合为客观要素和主观要素两方面，客观要素指艺术产品国际营销的环境，其二级指标包含传播受众要素、传播媒介要素和传播效果要素；主观要素方面，二级指标主要是传播内容要素和传播主体要素的规整和融合，综合体现传播者的国际传播能力。

三、指标体系

在主客观两方面要素总结的基础上，我们将艺术产品国际传播力的评估指标体系划分为五个二级评估指标和十六个三级评估指标。二级指标从政策环境、受众环境、国际环境、内容产制、传播者素质五个维度出发，下设十六个三级指标进行进一步详细说明，以期全面客观地对传播者的艺术产品国际传播能力进行分析。值得注意的是，政策环境、受众环境和国际环境等客观要素虽然不是国际传播能力的直接体现，但是在国际传播过程中，这些客观要素皆会对传播效果产生重大影响，比如国家政策对不同艺术行业的支持会使得其相应的艺术产品在国际传播能力上具有不同的效果。

本文坚持系统性、全面性、可操作性的评价指标选取原则，建立了两大板块（艺术产品国际传播环境与艺术产品国际传播能力），五个二级指标（政策环境、受众环境、国际环境、内容产制、传播者素质），十六个三级指标（见表6–1）。

表 6-1　艺术产品国际传播力评估指标体系

指标板块	二级指标	三级指标
客观要素 （艺术产品国际传播环境）	政策环境	激励政策
		保护政策
	受众环境	受众接触
		受众认知
		受众态度
		受众行为
	国际环境	综合国力
		母语使用率
		传媒权威性
主观要素 （艺术产品国际传播能力）	内容产制	内容生产力
		内容品质力
		内容竞争力
	传播者素质	业务能力
		外语能力
		传播技术能力
		传播艺术

（一）政策环境

外部环境区别于传播主体、传播内容等在传播活动中可以进行控制的因素，属于传播过程中的"不可控因素"，如政策、技术、经济、文化等因素无法由传播者来控制。由于我国近年来对于文化艺术类企业的扶持力度加大，出台了各种激励和保护措施以促进艺术产品的海外推广和传播，所以将政策环境指标纳入评估体系。政策环境指标又可具体分为激励政策指标和保护政策指标两种。

激励政策是国家出台的一系列相关政策，用以鼓励和推动艺术产品在国际层面的传播。国家在税收、贷款等方面对于不同的艺术文化产业门类给予不同的优惠政策和奖励，这些优惠政策和奖励使得它们在国际传播的资金投入上能够取得一定的优势；国家提供的一般组织、企业无法拓展的一些传播渠道，如外交公演等，对于艺术产品的传播也有着一定的帮助。

除了激励政策之外，国家还运用政策手段对"走出去"的艺术产品传播者进行补贴和风险保护。目前，我国艺术产品的国际传播和对外贸易还面临着体量小、发展不均衡、种类单一、复合型人才缺乏等诸多问题和挑战，体系并不成熟，加上国际环境等诸多因素的影响，使得传播者在传播过程中需要承担较大的风险。国家保护政策以现金补贴和奖项奖金弥补为主要手段，能够确保传播者继续维持传播活动的正常进行和传播渠道的拓展等，对于艺术产品的国际传播有着较好的推动作用。

（二）受众环境

受众环境这一指标对应的是传播活动中的对象，即信息的接收者，针对这一指标进行的分析也就是 5W 传播模式中的受众分析。在信息传播过程中，受众并不是被动的、单向的、同质的接收者，不同的受众会对同一信息产生不同的反应。在传播过程中，受众可以发挥一定的作用。艺术产品国际传播的受众更具有其特殊性。他们一般都来自与信息来源国不同的文化背景和生活环境，因此会产生完全不同的传播效果。对受众环境的评估主要包括受众接触、受众认知、受众态度和受众行为四个方面。

受众接触是指受众对媒介产品的接触和使用情况，受众接触媒介的动机和程度很大程度上影响了传播效果。在大众传媒飞速发展的今天，传播对象可以有更多的渠道对传播内容进行更深层次的了解，不同的传播媒介也使受众接触信息的方式具有不同的特点。受众接触可以通过受众接触度、媒体接触时长和频次、社交媒体账户粉丝量等进行直观的量化[①]。

受众认知是指受众对媒介产品的了解和记忆的程度，如受众对知名度较高的品牌或产品有着较深的认识。在国际传播的环境下，受众认知还受到跨文化传播因素的影响，他们对于来自不同文化语境的文化艺术产品所产生的认知与国内传播的受众是完全不同的。在其他文化中，受众会由于历史、语言、风

---

① 刘燕南、刘双：《国际传播效果评估指标体系建构：框架、方法与问题》，《现代传播（中国传媒大学学报）》2018 年第 8 期，第 9–14 页。

俗习惯、宗教信仰、思维方式等方面的差异,造成对文化艺术产品传播的认同困难和体验障碍。目前,将走向世界的艺术产品中所包含的中国文化内核进一步推广,使其越来越为广大海外受众所理解、接受和欣赏,是扩大艺术产品的国际影响力、传播博大精深的中华文化的有效途径,也是我国艺术产品国际传播领域目前应该重点关注的着力点。因此,从受众分析的视角来看,在艺术产品的国际传播中,受到文化差异影响的受众认知是非常重要的一个评估要素。

受众态度是指受众对媒介产品是否满意、偏好如何,它是受众在对产品具有一定认识之后产生的一种情感倾向,能够直接对受众行为产生影响。受众已经形成的既有态度会制约和影响之后进行的传播活动,受众也会出于自己的态度对自己想要接收的内容进行选择。这种既有的态度还在很大程度上影响着受众的媒介接触,因为他们会更倾向于选择和自己的既有态度一致或接近的内容。在艺术产品的国际传播中,受到跨文化传播背景下刻板印象的影响,受众对于来自不同文化背景的产品往往已经存在固有的态度,这就对最终产生的传播效果有了很大影响。因此,在跨文化视角下对受众态度进行一定的分析是非常必要的。

受众行为是指受众之间、受众与传媒机构及媒介产品之间的互动和交流情况,它是一定受众认知和受众态度产生的结果。受众行为可以用受众推荐度和受众参与度的指标进行衡量。受众推荐度是指传播对象会将自己满意的媒介产品推荐给其他受众的行为,这是一种受众的主动传播行为,可以促进信息的再次传播。受众参与度指的是受众与传媒机构或媒介产品之间的互动,主要表现为来信、来电、转发、评论与点赞等。

(三)国际环境

在艺术产品的国际传播中,传播媒介必然会被打上信息来源国的烙印,这个国家在国际上的地位就不可避免地会对媒介的影响力产生作用。在本文中,对国际环境的评估主要包括综合国力、母语使用率和传媒权威性三个方面。

综合国力是衡量一个国家基本国情和基本资源的最重要的指标,也是衡量一个国家的经济、政治、军事、技术实力的综合性指标。艺术产品的国际传播力作为国家文化软实力的一部分,也是一个国家综合国力的组成部分和重要体现。在当今世界,各国之间综合国力的竞争日益激烈,在这样的大背景之下,国际传播能力建设就显得格外重要。同时,一个国家的国际传播力又是建立在国家综合国力的基础上的,它的提升需要大量的经济投入和技术支持,这就必须依赖国家综合国力的发展。一个国家的综合国力可以通过权威机构发布的综合国力排名体现出来,也可以通过人均 GDP 比较直观地体现出来。

国际传播活动依靠的首要载体是语言文字,因此,一个国家的母语在国际上的使用率不仅关系到相关的从业人员是否能够无障碍地开展传播活动,更关系到媒体在国际上的影响力和渗透力。综观当今世界,有部分国家的母语在国际上的使用率较高。比如,全世界说英语的国家和地区共有 172 个,英语是事实上的国际通用交流语言,因而母语是英语的国家就占有国际传播的天然优势。但是世界上大约有 1/5 的人使用汉语作为日常交流语,这就为国际传播创造了有利条件。此外,媒体来源国的母语在国际上的使用率也可以反映该媒体进行国际传播的难易程度。

传媒权威性是指一国在长期的国际传播中在受众心目中形成的一种较为固定的信誉形象。[①]不同的传播机构,即使发出完全相同的一则信息,在受众心目中也会产生完全不同的传播效果。当某个传媒机构拥有足够高的权威性时,受众只要得知自己的信息来源于这个权威性很高的机构,就会接受该媒介所宣传的信息,由此可见传媒权威性对于传播效果的重要程度。

(四)内容产制

内容产制这一指标直接对应了传播内容这一要素,它指的是采集、加工、生产、制作、传播的媒介产品的数量、质量和竞争力[②]。由于本文讨论的对象是艺术产品的国际传播力,所以该指标聚焦的主要是文化艺术产品作为主要传播内容的国际传播。艺术产品的内容产制可以从三个方面进行评估:内容生产力、内容品质力和内容竞争力。

内容生产力是指媒介内容和渠道,侧重于从量的角度对传播内容进行评

---

① 刘继南、周积华、段鹏等:《国际传播与国家形象——国际关系的新视角》,北京:北京广播学院出版社,2002 年版,第 93 页。

② 刘燕南、刘双:《国际传播效果评估指标体系建构:框架、方法与问题》,《现代传播(中国传媒大学学报)》2018 年第 8 期,第 9–14 页。

估,包括媒介产品使用的语种数、传播渠道数和各媒体的内容产量等。

内容品质力是指媒介产品的质量,侧重于从质的角度对传播内容进行评估。本文第一节论述了艺术产品在国际传播中具有明确单一性、可延展性、可参与体验性的特点。其中,明确单一性和可参与体验性就指向了艺术产品的内容品质力。当一件艺术产品既易识别、易记忆,又能给受众带来参与感和体验感时,必然会带来积极的传播效果。此外,艺术产品要想在国际传播中脱颖而出,就必须具备独特的创新性。只有具备了这些特点的艺术产品,才是较为成熟的艺术产品。

内容竞争力是指媒介产品因区别于其他产品而体现出的独特性。本文第一节论述了艺术产品在国际传播中具有明确单一性、可延展性、可参与体验性的特点。其中,可延展性就指向了艺术产品的内容竞争力。可延展性较强的艺术产品可以通过不同的内容形态体现出传播信息的多样性,引发受众与受众、受众与媒介之间的交流和互动,进一步促进传播活动的开展。此外,内容竞争力还包括首发率、原创率和被转发率(或转引率)等,这些可以量化的指标,能够让内容竞争力这一评估对象更加清晰明确。

(五)传播者素质

传播者素质指标可以完全对应传播主体这一基本要素。网络多媒体技术和通信技术的发展对信息传播者在许多方面都提出了新的要求。只有达到了一定的素质要求,才能更准确地向受众传播相关的信息、理论、知识和技能等。在艺术产品的国际传播中,传播者扮演着一个相当重要的角色,他们是艺术产品得以跨越国境继续传播的基础,也直接影响着艺术产品国际传播的有效性。在本文中,对传播者素质的评估主要包括业务能力、外语能力、传播技术能力和传播艺术四个方面。

传播者作为传播过程中的主体,最基本的素质就是掌握与传播学相关的理论知识。针对艺术产品的国际传播,传播者还必须具备相应的文艺理论、文化产业等相关领域的知识,从而在传播过程中更充分地展现出艺术产品独具的特点。此外,传播者还需要具备参与传播活动的实践经验。在国际传播的背景之下,传播活动大多依赖网络新媒体展开,通过网络进行传播与通过传统的大众传媒进行传播存在着较大差异,这对传播者的实务素质也是一大挑战,需要他们掌握网络媒介的运用技术、原则和方法。

正如第三项指标国际环境中所分析的那样,目前就世界范围来看,英语是事实上的国际通用交流语言。特别是在网络环境中,有 95% 以上的信息都是使用英语进行传播的。想要充分利用现有的资源和技术,传播者必须拥有较好的外语能力,至少能熟练地运用一门外语,这样才能便利地查询和收集传播过程中所需要的信息,在国际传播中拥有优势。

艺术产品的国际传播与在国内进行的传播活动有着显著的不同,网络多媒体技术和通信技术的进一步发展为国际传播提供了全新的传播环境,也对传播者的传播技术和传播媒介提出了更高水平的要求。一个传播机构所采用的传播技术是否先进、有效,会对该媒体国际传播的效果造成直接影响,如传输网络应用的技术是否稳定、可靠等。此外,传播技术也需要随着实际传播的需要不断地革新,这就需要传播者在技术方面进行一定投入,这不仅包括用于研发、建设的资金投入,还包括对掌握传播技术的人力资源的投入。国际传播需要掌握先进的传播技术,吸纳具有创新能力的技术人才。

传播艺术是指传播者为了达到最佳传播效果运用的各种技巧,是对传播内容的全方位包装,是争取传播对象的必要手段。[1] 在国际传播的背景之下,世界各国在语言文字、民族心理、思维方式等方面都存在着较大差异,这些都大大增加了国际传播的难度。传播者只有运用各种传播艺术,才能克服传播过程中遇到的障碍,使国际传播能够顺利进行。传播艺术包括的范围较广,内容也比较复杂,例如如何发挥不同传播媒介的优势,如何把握传播时机,如何将语言文字和声音画面进行组合,等等。

第三节 艺术产品国际传播力案例分析与发展建议

一、借力主场外交,促进媒体合作

2018 年,上海合作组织(以下简称上合组织)青岛峰会召开前夕,北京

---

[1] 刘继南、周积华、段鹏等:《国际传播与国家形象——国际关系的新视角》,北京:北京广播学院出版社,2002 年版,第 93 页。

市委外宣办邀请上合组织成员国的媒体代表到北京出席论坛，同时参加由中国公共外交协会、北京市人民政府新闻办公室、北京人民广播电台联合主办的“看北京——上海合作组织成员国媒体北京论坛暨北京行”活动，对外展示了北京的发展变化，让到访媒体代表深度体验了北京文化。[①]

活动以“看北京”为主题安排了三天的行程，串联了文化、科技、奥运三大主题，向媒体代表们展现了北京古老与现代融合、传承与创新并重的城市风貌。媒体记者乘坐电动仿古“铛铛车”观览北京中轴线，在杨梅竹斜街感受历史文化街区的保护与改造，参观人工智能、生物科技等领域的前沿技术企业，走访冬奥组委办公区和鸟巢、水立方。通过这次活动，北京努力保护中轴线等文化遗产的做法引发了外媒的由衷赞叹。白俄罗斯广播电台记者安德烈耶夫娜·因纳说:“通过走中轴线，知道其已经被列入世界文化遗产预备名单项目，中轴线是中国的遗产，更是世界的遗产!”该活动为外国媒体增进对北京的了解提供了良好的契机，有效地服务了国家重大主场外交活动。这不仅是一次成功的外宣实践，而且是富有实效的媒体外交，是自觉融入和服务国家战略的积极探索。

近年来，提升艺术产品的国际传播力，已经由行业领域发展的客观需求上升为国家文化软实力提升的关键步骤，甚至成为在全球化背景下提升国家地位的文化战略的重要组成部分。在此背景之下，国家颁布了多项相关文件，从设计、影视、文化出版等领域，提出了高度的国际化战略目标及宽松活跃的政策尺度，旨在降低传播门槛，促进文化企业的集群和合作交流。我国艺术产品的国际传播要充分利用国家政策的支持，激发艺术产品的创意活力，通过国家提供的一些独特的传播渠道，拓展我国艺术产品的国际传播广度和深度。

二、针对受众特点，满足受众需求

2011年11月23日，译成斯瓦希里语的中国电视剧《媳妇的美好时代》(斯语版译为《豆豆和她的婆婆们》)在坦桑尼亚国家电视台播出，该片向当地

[①] 徐和建、隗斌、商玲:《借主场外交 促媒体合作——2018上海合作组织成员国媒体北京论坛暨北京行成果与启示》,《对外传播》2018年第11期，第56–58页。

民众展现了中国当代社会真实的人民生活图景,受到了当地观众的热烈欢迎和海内外媒体的广泛关注。2013 年,习近平主席在访问坦桑尼亚时,曾在演讲中说道:"中非人民有着天然的亲近感,人生乐在相知心。中国电视剧《媳妇的美好时代》在坦桑尼亚热播,让坦桑尼亚观众了解了中国老百姓家庭生活的酸甜苦辣。"①

长期以来,中国向世界各国输送的影视作品都以武打片、古装戏为主,因此,为了向非洲人民展现出现代化的、发展中的中国形象,国家新闻出版广电总局经过内部讨论,并听取了驻外使馆、国际台外籍专家组等相关部门的意见,最终选择了既轻松愉快又亲切感人的现代题材作品《媳妇的美好时代》。该剧围绕夫妻、婆媳、朋友等社会关系展开,讲述了当代中国人的日常生活和情感世界,生动地反映了中国人对美好生活的追求。

《媳妇的美好时代》在坦桑尼亚国家电视台播出一周后,坦桑尼亚国家广播公司电视节目部主任西里玛给国际广播电台斯语部打来电话说,他们收到大量观众来信和电话,普遍反映节目内容精彩。许多观众说:"通过收看电视剧,我们了解了中国人的内心世界,很羡慕中国人的生活!虽然两国文化上有差异,但婚姻与家庭是人类共同的主题,希望看到更多这样的电视剧。"中国驻坦桑尼亚大使馆也来电反映:"斯语版《媳妇的美好时代》向坦桑尼亚人民展示了当代中国社会和民众生活的全新图景,90% 以上的坦桑尼亚朋友表示看过并喜欢该剧,其社会影响是任何短期交流活动都无法比拟的。"②事实证明,像这样反映人类共同追求、共同价值取向的作品是可以被来自不同文化背景的观众所接受的。

艺术产品在国际传播的过程中要解决的一个重要问题就是内容和题材如何表现文化的共通性。这不意味着艺术产品同质化的倾向,而是可以得到不同地区、不同文化背景、不同社会背景下人们的理解、认可和接受。艺术产品在跨文化背景下的国际传播,既要保持中华文化的优秀精神内核,又要汲取传播对象国文化的可融性精髓,同时,还要以人类对真善美的追求为基本的价值导

---

① 闫成胜:《电视对外传播的本土化策略初探——以〈媳妇的美好时代〉在非洲传播为例》,《对外传播》2013 年第 10 期,第 13–15 页。

② 同上。

向,探讨人类共同面临的问题,深度挖掘艺术产品中所包含的共通性主题,这样才能弱化文化艺术产品在国际传播中可能会带来的文化冲突,淡化不同文化背景下受众之间存在的文化差异,使优秀的艺术产品能在国际市场中占据一席之地。

三、依托综合国力提升和权威性传媒

中国中央电视台(CCTV)作为我国的国家级电视台,是我国电视国际传播的重要组成部分。CCTV电视国际传播的发展历程,与我国综合国力逐步提升的过程基本上是一致的。20世纪的最后20年,是中国初步与世界进行接触的时期,也是CCTV开始进行电视国际传播的起步时期。特别是在90年代,我国的改革开放进入了关键时期,需要在国际上发出自己的声音,扩大我国的国际影响力。CCTV在1992年创办了中文国际频道(CCTV-4),在2000年创办了英文国际频道(CCTV-9),这两个频道的创办标志着中国的电视行业开始参与世界竞争。[1]

进入21世纪之后,中国加快融入世界,开始与世界进行深度接触。这个时期也是CCTV电视国际传播开始加快发展的时期。2004年,"走出去"战略的推行促使CCTV-4和CCTV-9进行了改版,两个频道从传播的思路、内容、方法等角度对当时的国际传播进行了一系列的革新。正是在中国的经济实力不断增强的过程中,以及中国与世界不断融合的过程中,CCTV的电视对外传播才开始起步,并获得了较快的发展。

1983年,中央电视台举办了第一届春节联欢晚会,从此拉开了电视春晚的序幕。在此后的30多年间,各地方电视台相继开播春晚,尤其是随着网络技术的不断发展,出现了"网络春晚"这一崭新的形式。尽管如此,"春晚"这个词在大部分情况下依然直接用于指代中央电视台(以下简称央视)举办的春节联欢晚会。

2013年,由美国国家地理频道拍摄的50分钟纪录片《透视春晚:中国最

---

① 刘笑盈、吴燕:《CCTV电视国际传播及其对世界传播格局的影响》,《现代传播(中国传媒大学学报)》2008年第5期,第42-45页。

大的庆典》在央视纪录频道播放。这是根据 2012 年央视纪录片《春晚》改编而成的作品，由美国国家地理频道向全球 26 个国家同步播出。[①]2019 年的央视春晚通过全球 218 家海外合作方在 162 个国家和地区落地播出，通过海外长城平台收看央视春晚的观众规模达 2480 万人，相对 2018 年同时段海外观众收视规模增加 1100 万人。[②]在境外网络文稿中，春晚的提及量达 32.88 万条。中国国际电视台（CGTN）新媒体海外社交 Facebook 主账号受春晚拉动，互动量超过 170 万，跃升全球新闻媒体榜单榜首。[③]此外，这一届春晚还实现了国内互联网与国际互联网，甚至包括与海外社交媒体的融合传播。YouTube、Facebook、Niconico 等作为影响巨大的国际互联网视频或社交网站同步直播春晚，直接推动了 2019 年春晚的国际化传播。[④]

由此可见，央视凭借其独有的权威性，推动了春晚这一独具中国特色的艺术形式在世界范围内的传播。当某个传媒机构拥有足够高的权威性时，受众只要得知自己的信息来源于该机构，他们就会接受其宣传的信息。在艺术产品的国际传播中，如何运用具有权威性和公信力的主流媒体来增强传播效果，是非常重要的一个环节。随着我国综合国力的不断提高，与世界各国的交往也日益频繁，权威性媒体在国际传播中起到了重要的带头作用。通过权威性媒体，将弘扬我国主旋律、正能量、富有中国特色的先进艺术产品推向国际，带动其他传播机构共同发挥作用，可以使我国的优秀艺术产品更加自信地走出国门，走向世界。

四、打造富有中国特色的内容品质

2018 年 2 月 7 日，河北省民乐团携手俄罗斯国家交响乐团，参加中俄地

---

① 王庆福：《中西纪录片版本差异——央视版纪录片〈春晚〉与国家地理版〈透视春晚〉比较分析》，《中国电视》2013 年第 6 期，第 83–87 页。

② 《央视春晚成绩单 2019 央视春晚收视率是多少？》，南方财富网，http://www.south-money.com/redianxinwen/201902/2951531.html，访问日期：2019 年 11 月 6 日。

③ 《央视春晚太牛了：海内外收视观众总规模达 11.73 亿人！》，周到上海新闻晨报官方网站，http://www.shxwcb.com/234203.html，访问日期：2019 年 11 月 9 日。

④ 李茂叶：《融媒体视域下 2019 年春晚传播策略的比较分析》，《传媒观察》2019 年第 7 期，第 66–71 页。

方合作交流年开幕式后,在俄罗斯举行首场文化交流活动,为千余名俄罗斯观众呈现了一场精彩的新春音乐会。这是河北省组织民乐团与国外知名交响乐团合作演出,努力探索融合传播中华文化新道路的又一次成功尝试。①

2016 年,河北省组建了"燕赵弦韵"乐团,其成员均为优秀的民乐演奏家,在此基础上与俄罗斯、克罗地亚、英国、比利时等各国音乐艺术团体合作,以民乐为载体,与国外交响乐团协作谱曲,对合作演出的形式进行了一番创新。这种深度融合的合作演出形式,不仅是民乐和交响乐在谱曲和演奏上的简单叠加,更是将中外名曲进行重新编曲,并且专门创作了融合中国民乐和西方交响乐特点的新曲目。乐团充分运用了中国民乐的深厚资源,结合西方交响乐的演奏特点,对《白帝城》《战马奔腾》《云裳诉》等经典民乐进行重新配器,将二胡、琵琶、古筝、小提琴、钢琴等中西乐器融合起来,进行了有针对性的改编和再创作。同时,乐团还与国内外作曲家联合创作了《观沧海》《中国狂想曲》等民乐和交响乐的合作曲目,特别是克罗地亚著名钢琴家梅塔·曼斯特维奇将《茉莉花》《小放牛》等几首河北民乐的精华提炼出来创作出的《中国狂想曲》,在克罗地亚演出时引发了现场中外观众的强烈共鸣。

在实际演出中,西方乐手用长笛奏出中国丝竹之音的旋律,又与琵琶相互唱和;在交响乐的烘托之下,中国乐手用京剧念白吟诵曹操在河北秦皇岛的诗作《观沧海》。中西演奏家的默契合作、中西乐器的自然融合和中西乐曲的交替演奏,给国外观众带来了全新的视听感受,加深了他们对中国乐器和中国乐曲的了解。

除此之外,演出改变了西方交响乐演奏一贯以来沉闷严肃的风格,在加入了中国民乐协奏的基础上,还加入了与听众互动的元素,使得演出变得更加生动活泼,也增强了民乐对于国外受众的吸引力。在俄罗斯演出期间,每场演出开始前都会设置导赏环节,现场向观众介绍二胡、琵琶、古筝等中国传统民族乐器,并进行即兴演出展示,让国外观众能够近距离地接触到中国民族乐器。在《白帝城》中,更是创造性地增加了观众互动环节,在乐器的演奏声中加入了互动号子,由艺术家引导国外观众齐声呼喊,共同参与到作品演绎中

---

① 河北省委外宣局:《东方民乐与西方交响乐的跨界对话——河北探索融合传播中华文化的实践与思考》,《对外传播》2018 年第 10 期,第 68—70 页。

来，将习惯于安静聆听的欧洲观众带入了热烈的气氛中。

习近平总书记指出，文艺是最好的交流方式，京剧、民乐、书法、国画等都是我国的文化瑰宝，都是外国人了解中国的重要途径。[①]河北省以中国传统民乐为载体，通过演绎富含中国价值观念的优秀作品，让外国民众近距离感受到了中华优秀文化的魅力。讲述中国故事，传播中国声音，阐发中国精神，展现中国风貌，这不仅是我国艺术产品在传播过程中所肩负的责任与使命，更是我国艺术产品在国际传播的大潮中脱颖而出所必须具备的优秀内容品质。

五、运用新媒体技术，发挥宣传功能

《王者荣耀》海外版 *Arena of Valor* 在 2016 年 10 月推出之后，就进入了越南、泰国等东南亚国家以及欧美国家的市场。推出后两年半时间内，全球就有 85 个国家和地区的游戏市场成功运营了《王者荣耀》，并屡屡受到海外媒体的褒奖，被称作"全球最受欢迎的手机游戏"。2017 年 2 月，《王者荣耀》越南版由游戏平台 Garena 公司[②]代理进入越南市场。在 2018 年 1 月移动应用数据分析公司 Sensor Tower[③]的数据分析中，《王者荣耀》海外版在海外应用商店App Store[④]和 Google Play[⑤]中共获得了 1 亿下载量，大约有 33% 的下载量来自越南，被越南媒体称为"全民游戏"。[⑥]

在《王者荣耀》越南版中，玩家可以选择用 Facebook 账号或者 Google 账号登录游戏，因此 Garena 公司对于《王者荣耀》越南版的宣传主要是通过大型社交平台来进行的。《王者荣耀》越南版在 Facebook 上的官方账号有 35 万

---

① 《文艺是最好的交流方式（习近平讲故事）》，人民网，http://travel.people.com.cn/n1/2019/0718/c41570-31241403.html，访问日期：2019 年 11 月 9 日。
② Garena 公司是东南亚和港澳台地区的一家网络游戏运营公司，在东南亚以及中国台湾多个国家和地区拥有多款游戏的独家代理权。
③ Sensor Tower 是一个移动应用数据分析公司，主要经营移动应用数据分析。
④ App Store 是苹果公司开发的一个服务软件，为第三方软件提供了方便而又高效的软件销售平台。
⑤ Google Play 是谷歌公司开发的一款出售应用、视频、音乐、电子图书及其他数字产品的在线商店。
⑥ 许丽丽：《中国手游在越南的传播策略分析——以〈王者荣耀〉（越南版）为例》，广西大学，2019 年硕士学位论文，第 29 页。

粉丝,占整个移动互联网用户的 10%,玩家在社交平台及平台游戏小组的分享,能够直接推动游戏玩家群体的扩大,并且提高游戏在整个社交媒体中的知名度和玩家的认可度。Garena 公司还通过官方网站(以下简称官网)对游戏进行推广和宣传,帮助玩家加深对游戏的认识和理解。Garena 官网每个月都会对游戏中新出现的英雄进行介绍,并介绍与该英雄有关的游戏规则,例如该英雄使用的技能、属性、皮肤等。

除了利用社交平台扩大传播影响力之外,《王者荣耀》越南版的火爆还要归功于直播平台的宣传。*Bingo Live* 作为中国的直播产品之一,曾多次在越南荣登社交类软件畅销榜的榜首。在该软件的主页上,游戏直播被作为一个独立的分类与其他项目区别开来,并且根据游戏的受关注程度提供了关键词搜索的功能。直播平台为用户创造出了一种新的交流方式,玩家可以自行选择喜爱的主播,并且在观看时可以通过"弹幕"的方式发送评论,与其他观众进行实时交流。"游戏 + 直播"的新形式使得游戏的推广和宣传得以更加精准地开展,也能够加强游戏玩家之间的联系和互动,增强他们对游戏的忠诚度。

综上,随着网络技术和新媒体技术的不断发展,新技术为我国艺术产品的国际传播带来了新的生机与活力。利用大数据、媒体算法等技术,可以对海外的用户群体有一个更加精准的定位,从而根据他们的文化背景来量身定做文化艺术产品传播的方案;利用人工智能、5G 等新技术,结合新型的社交工具、软件客户端,可以将国内一些优质的艺术产品及时输送到海外市场。只有在国际传播中运用好这些新技术,才能不断扩展对外传播的空间,给艺术产品的传播带来新思路。

结　语

李尽沙[*]

　　艺术产品的对外贸易与国际传播在我国文化产业的国际合作发展中发挥着重要的作用，通过合理有效的评价指标评估国际传播与对外文化贸易的效果，能够客观反映文化贸易的发展现状，并且为今后的发展提供明确的方向指引。

　　在指标体系的原理构建上，本书以波特的国家竞争优势理论为基础，结合艺术产品的生产特性与国际传播的个性特点，对于原钻石模型中生产要素、需求状况、企业战略结构与同业竞争、相关支持性产业、政府和机会等六大基本要素进行优化调整，借鉴相关国际贸易理论，总结形成了以组织创新力、内容创意力、市场营销力、政策推动力、国际传播力为核心一级指标的评价体系。在深入调查了解对外贸易与国际传播优势行业的基础上，对于一级指标进行深入分析解读。

　　组织创新力关注在国际传播中最为重要的文化艺术组织及企业，它们是对外贸易与国际传播中的基本主体。以往的相关研究往往聚焦于贸易数据相关的显性影响因素，而忽略了文化艺术组织自身发展对于国家传播的根本作用。只有良好的组织管理，才能使文化艺术组织在国际市场中顺应时代机遇、及时调整战略、改良产品生产，才能使得文化艺术产品得以存在、优质产品得以走入市场，从而使文化艺术产品的国际传播成为可能，这也是本书不同于以往相关论述的最重要的理论关切之一。组织创新力是内部因素和外部因素共同作用的结果，结合针对不同主体的因素分析，本书在组织创新力这个一级指标下确

＊　李尽沙，北京大学艺术学院艺术管理与文化产业方向 2018 级博士研究生。

定了市场结构、组织间合作、创新个体、组织结构、战略管理五个二级指标。

内容创意力关注艺术产品本身的质量，是文化产业价值的根本所在。如果缺少内容创意，国际传播中的文化艺术产品将会缺少必要的文化内涵，在与国外同类优质文化艺术产品的激烈竞争中将会被迅速淘汰。只有充分激发内容创意力，加快推进多种文化价值内涵转换为消费社会所认可接受的创新形式，才能为产业的存续发展提供不竭动力，塑造我国艺术产品对外贸易的独特竞争优势。文化艺术产品作为特殊的商品，同时具有商业属性和文化属性。新时期互联网技术的不断发展，尤其是丰富了文化艺术产品的生产方式。通过众创，消费者能够将消费需求直接反映在产品的生产过程中，这是文化艺术产品面临的独特市场规则。因此，本书在内容创意力这个一级指标下确定了商业属性、文化属性、众创属性三个二级指标，以全面准确地展现新技术变革冲击下产品生产的独特规律和评价标准。

市场营销力关注产品在营销推广中的配套策略，是作为主体的文化艺术产品和文化艺术组织能够得到客体认可的重要因素。当今社会，种类繁多的营销方式已经成为在激烈的市场竞争下获得消费者关注的必要手段，丰富的商品内在价值需要通过现代化的营销手段进行展现，从而在第一时间让消费者熟悉产品，产生进一步了解的可能。长期以来，无论是广泛意义上的产品营销还是专业化的艺术营销，业界已经形成了相对成熟的理论和操作流程。市场营销力这一指标的提出，通过全面衡量与市场营销相关的外在与内在因素，综合评价文化艺术产品的推广营销能力，分为市场需求、国内政策、信息系统、市场力、产品力、营销力六个二级指标。

政策推动力关注在国际传播过程中客观政策可能带来的限制或推动作用，是国际传播过程的重要支撑因素。当今国际形势复杂多变，由于各国政府对于国际贸易尤其是文化艺术产品国际贸易的态度不尽相同，在文化艺术产品的国际传播推广方面，必须考虑到各国贸易政策的影响。在开放包容、希望吸纳不同文化资源的国家中，文化艺术产品的推广会有更大的自由度和影响力。衡量政策的影响需要综合考虑包括价值导向、现实执行和行政效率等在内的各方面问题，因此在政策推动力这个一级指标下包括了政策引导力、政策实践力、政策决策力三个二级指标。

　　国际传播力关注在产品传播过程中需要遵循的国际传播客观规律，是连接主体和客体的桥梁。尽管政策、影响等会对传播效果造成影响，但最根本上还是在于艺术产品国际传播的既有模式与成熟路径。只有充分考虑到信息在国际传播的各个环节中所面对的客观情况，才能对艺术产品的总体效果进行准确的评估。因此，结合信息传播的相关理论，国际传播力这个一级指标下设政策环境、受众环境、国际环境、内容产制、传播者素质五个二级指标，用以反映完整的传播过程，全面衡量可能发生的变动。

　　在此基础上，本书充分考虑到现实中指标设定与数据获取的系统性、可操作性、科学有效性、前瞻性等原则，细化形成了六十三个三级指标。通过现实生活中易于观察得到的相关量化指标，构建起完整的指标体系。与过去相关研究成果相比，本书所构建的指标体系不仅衡量了外在各项表现因素，更突出了对于国际传播起到关键影响作用的内在因素，为相关学者、政府机构及行业从业人员提供了创新的思考角度，用更为系统全面的评估指标为今后的艺术产品对外贸易指明了方向，切实为推动我国文化艺术产品走出去提质增效，为传承中华文化、弘扬中国精神、讲好中国故事作出贡献。

参考文献

中文文献

［1］向勇：《文化产业导论》，北京：北京大学出版社，2015 年版。

［2］林炎旦主编《文化创意产业理论与实务》，台北：台湾师大书苑，2011 年版。

［3］张黔：《艺术原理》，北京：北京大学出版社，2008 年版。

［4］黄桂田：《产业组织理论》，北京：北京大学出版社，2012 年版。

［5］花建等：《文化软实力：全球化背景下的强国之道》，上海：上海人民出版社，2013 年版。

［6］彭锋：《艺术学通论》，北京：北京大学出版社，2016 年版。

［7］彭锋：《西方美学与艺术》，北京：北京大学出版社，2005 年版。

［8］邱于芸：《故事与故乡：创意城乡的十二个原型》，台北：台湾远流出版公司，2012 年版。

［9］陈刚等：《创意传播管理：数字时代的营销革命》，北京：机械工业出版社，2012 年版。

［10］刘继南、周积华、段鹏等：《国际传播与国家形象——国际关系的新视角》，北京：北京广播学院出版社，2002 年版。

［11］［英］理查德·道金斯：《自私的基因》，卢允中等译，长春：吉林人民出版社，1998 年版。

［12］［美］约瑟夫·阿洛伊斯·熊彼特：《经济发展理论》，叶华译，北京：九州出版社，2007 年版。

［13］［美］威廉·鲍莫尔：《资本主义的增长奇迹——自由市场创新机器》，

郭梅军等译，北京：中信出版社，2004年版。

［14］经济合作与发展组织、欧盟统计署：《奥斯陆手册：创新数据的采集和解释指南》，高昌林等译，北京：科学技术文献出版社，2011年版。

［15］［美］汤姆·彼得斯、罗伯特·沃特曼：《追求卓越》，胡玮珊译，北京：中信出版社，2012年版。

［16］［英］克里斯·比尔顿、［新西兰］斯蒂芬·卡明斯：《创意战略：商业与创新的再连结》，向方勇译，北京：金城出版社，2015年版。

［17］［美］玛格丽特·马克、卡罗·S.皮尔森：《很久很久以前：以神话原型打造深植人心的品牌》，许晋福、戴至中、袁世珮译，汕头：汕头大学出版社，2003年版。

［18］［荷兰］约斯·德·穆尔：《后现代艺术与哲学的浪漫之欲》，徐骆译，武昌：武汉大学出版社，2010年版。

［19］［加］弗朗索瓦·科尔伯特：《文化产业营销与管理》，高福进等译，上海：上海人民出版社，2002年版。

［20］［美］菲利普·科特勒、加里·阿姆斯特朗：《市场营销原理》，郭国庆、钱明辉、陈栋、袁宏福译，北京：清华大学出版社，2007年版。

［21］［美］小威廉·D.佩罗特、尤金尼·E.麦卡锡：《基础营销学》，胡修浩译，上海：上海人民出版社，2006年版。

［22］［英］约翰·史都瑞：《文化消费与日常生活》，张君玫译，台北：巨流图书公司，2002年版。

［23］联合国教科文组织、世界文化与发展委员会：《文化多样性与人类全面发展：世界文化与发展委员会报告》，张玉国译，广州：广东人民出版社，2006年版。

［24］［美］理查德·佛罗里达：《创意阶层的崛起》，司徒爱勤译，北京：中信出版社，2010年版。

［25］［美］哈罗德·拉斯韦尔：《社会传播的结构与功能》，何道宽译，北京：中国传媒大学出版社，2013年版。

［26］［美］伊莱休·卡茨、保罗·F.拉扎斯菲尔德：《人际影响——个人在大众传播中的作用》，张宁译，北京：中国人民大学出版社，2016年版。

［27］［英］克里斯·比尔顿:《创意与管理:从创意产业到创意管理》,向勇译,北京:新世界出版社,2010 年版。

［28］李嘉珊:《破解中国对外文化贸易出口瓶颈的关键问题》,载中央文化企业国有资产监督管理领导小组办公室、中国社会科学院文化研究中心编《中国对外文化贸易报告(2014)》,北京:社会科学文献出版社,2014 年版。

［29］蒋多:《美日韩文化贸易战略动向及其运行机制对我国的启示》,载中央文化企业国有资产监督管理领导小组办公室、中国社会科学院文化研究中心编《中国对外文化贸易报告(2014)》,北京:社会科学文献出版社,2014年版。

［30］李迦迦:《传统艺术对外传播的战略与策略》,载刘伟冬主编《艺术管理学研究(第 3 卷)》,南京:东南大学出版社,2015 年版。

［31］何承艾、杜若飞:《IP 改编电影作品评估体系研究》,载司若主编《影视风控蓝皮书:中国影视舆情与风控报告(2016)》,北京:社会科学文献出版社,2016 年版。

［32］司若、张强:《电影项目风险评估的指标与方法体系研究》,载司若主编《影视风控蓝皮书:中国影视舆情与风控报告(2016)》,北京:社会科学文献出版社,2016 年版。

［33］唐润华、刘滢:《媒体国际传播能力评估指标体系初探》,载姜加林、于运全主编《世界新格局与中国国际传播——"第二届全国对外传播理论研讨会"论文集》,2012 年版。

［34］刘澜:《一个新的国际传播能力模型——兼论国际传播能力研究的历史与未来》,载姜加林、于运全主编《世界新格局与中国国际传播——"第二届全国对外传播理论研讨会"论文集》,2012 年版。

［35］白晓晴、杜若飞:《数字内容产业中的动画 IP 跨界开发——以腾讯互动娱乐的动漫 IP 开发为例》,2016 首届中国动画学年会,2016 年 11 月。

［36］中国演出行业协会:《2018 中国演出市场年度报告》,2018 年。

［37］王晋:《艺术产品之解读》,《产业与科技论坛》2013 年第 2 期。

［38］余斌、潘文年:《数字出版文化传播力的建构路径》,《中国出版》2012 年第 5 期。

[39] 佟斐:《提升中国文化对外传播力的思考》,《中国特色社会主义研究》2014 年第 5 期。

[40] 陈少峰:《提升文化国际竞争力的立体化视角》,《人民论坛》2011 年第 24 期。

[41] 陈刚:《创意传播管理（CCM）——新传播环境与营销传播革命》,《广告大观（综合版）》2008 年第 5 期。

[42] 王吉英:《从"文化例外"看法国的文化保护主义政策》,《科教文汇（上旬刊）》2013 年第 10 期。

[43] 周升起、兰珍先:《中国文化贸易研究进展述评》,《国际贸易问题》2013 年第 1 期。

[44] 魏雪莲:《中国文化贸易竞争力研究》,《经济研究导刊》,2009 年第 18 期。

[45] 张洁:《我国创意产业的国际竞争力》,《经济管理》,2009 年第 12 期。

[46] 郭新茹、顾江、朱文静:《中韩文化贸易竞争性和互补性的实证研究》,《江西社会科学》2010 年第 2 期。

[47] 朱文静、顾江:《我国文化贸易结构与贸易竞争力的实证分析》,《湖北经济学院学报》2010 年第 2 期。

[48] 方慧、尚雅楠:《基于动态钻石模型的中国文化贸易竞争力研究》,《世界经济研究》2012 年第 1 期。

[49] 方英、李怀亮、孙丽岩:《中国文化贸易结构和贸易竞争力分析》,《商业研究》2012 年第 1 期。

[50] 中国现代化战略研究课题组、中国科学院中国现代化研究中心:《提升文化竞争力三重点：人才、产业和贸易竞争力》,《中国市场》2010 年第 16 期。

[51] 王海龙、孔令洁:《中国文化贸易的国际竞争力分析》,《现代经济信息》2014 年第 3 期。

[52] 耿纪朋、郑小红、龚珍旭:《关于艺术机构的思考》,《青年作家》2014 年第 12 期。

[53] 翟青:《企业创新力研究的学派比较》,《科技管理研究》2010 年第

14 期。

[54] 朱伟民:《组织理论与组织创新研究》,《商业经济与管理》2006 年第 1 期。

[55] 赵铮、陈洪转:《国内外产学研合作理论研究概述》,《管理观察》2016 年第 7 期。

[56] 管顺丰、曹南南、李燕敏:《艺术产品价值评价的原则与方法研究》,《创意与设计》2012 年第 5 期。

[57] 张志颖:《从投资过程看艺术产品的本体价值承载——以影视艺术产品为例》,《艺术评论》2011 年第 11 期。

[58] 张道政:《基于价值创造的文化产品创意分析》,《经济论坛》2010 年第 4 期。

[59] 林日葵:《从艺术中寻求经济 从经济中寻求艺术——论艺术产品的价值发现》,《湖南社会科学》2006 年第 5 期。

[60] 刘光裕:《文化艺术产品需要市场交换》,《文史哲》1993 年第 4 期。

[61] 庞彦强:《艺术商品论》,《河北学刊》2003 年第 2 期。

[62] 姜开翔:《艺术产品的审美特征》,《松辽学刊(社会科学版)》1987 年第 1 期。

[63] 田川流:《当代中国文化创意产业发展与内容创新》,《艺术百家》2013 年第 3 期。

[64] 郭小东、吴宗书:《创意产品出口、模仿威胁与知识产权保护》,《经济学(季刊)》2014 年第 3 期。

[65] 周铁东、郭俊立:《创意经济时代中国电影内容生产观察(上)——原创属于小众 剧本需要伯乐》,《当代电影》2014 年第 7 期。

[66] 邵慧:《创意:内容产品的灵魂——谈中国动漫产业生态链中内容产品的发展核心》,《文艺生活(艺术中国)》2011 年第 3 期。

[67] 马�深:《"心"营销:文化艺术产业新媒体营销策略研究》,《新闻大学》2012 年第 5 期。

[68] 彭侃:《好莱坞电影的 IP 开发与运营机制》,《当代电影》2015 年第 9 期。

［69］向勇：《文化产业融合战略：一源多用与全产业价值链》，《前线》2014 年第 6 期。

［70］林建：《我国文化创意产业标准化工作的思考》，《贵阳学院学报（社会科学版）》2011 年第 3 期。

［71］赵磊：《艺术市场管理特征的探究》，《中小企业管理与科技（上旬刊）》2014 年第 12 期。

［72］方雪琴：《创意时代新媒体内容生产的变革与创新》，《河南社会科学》2011 年第 3 期。

［73］吕晓虹：《“内容为王”之新要义》，《视听界》2015 年第 2 期。

［74］周文萍：《论电影叙事中的误读策略》，《电影文学》2010 年第 21 期。

［75］国家统计局社科文司：《文化事业建设不断加强 文化产业发展成绩显著——改革开放 40 年经济社会发展成就系列报告之十七》，《出版视野》2018 年第 5 期。

［76］孙俊新：《各国文化产业对外开放政策比较及启示》，《人民论坛》2013 年第 26 期。

［77］向勇：《文化产业创意经理人创意领导力研究——基于海峡两岸文化产业案例分析》，《北京联合大学学报（人文社会科学版）》2011 年第 3 期。

［78］刘燕南、刘双：《国际传播效果评估指标体系建构：框架、方法与问题》，《现代传播（中国传媒大学学报）》2018 年第 8 期。

［79］徐和建、隗斌、商玲：《借主场外交 促媒体合作——2018 上海合作组织成员国媒体北京论坛暨北京行成果与启示》，《对外传播》2018 年第 11 期。

［80］闫成胜：《电视对外传播的本土化策略初探——以〈媳妇的美好时代〉在非洲传播为例》，《对外传播》2013 年第 10 期。

［81］刘笑盈、吴燕：《CCTV 电视国际传播及其对世界传播格局的影响》，《现代传播（中国传媒大学学报）》2008 年第 5 期。

［82］王庆福：《中西纪录片版本差异——央视版纪录片〈春晚〉与国家地理版〈透视春晚〉比较分析》，《中国电视》2013 年第 6 期。

［83］李茂叶：《融媒体视域下 2019 年春晚传播策略的比较分析》，《传媒观察》2019 年第 7 期。

[84] 河北省委外宣局:《东方民乐与西方交响乐的跨界对话——河北探索融合传播中华文化的实践与思考》,《对外传播》2018 年第 10 期。

[85] 周庆山:《传播力的支点》,《中国文化报》2012 年 9 月 1 日。

[86] 黄亚楠:《我国对外文化贸易发展形势持续向好》,《中国社会科学报》2019 年 5 月 31 日第 1 版。

[87] 范周、陈曼冬:《大审美经济时代的文化产业突破》,《中国艺术报》2011 年 7 月 11 日第 8 版。

[88] 邓一江:《打造艺术产品的核心竞争力》,《经济日报》2011 年 10 月 23 日第 7 版。

[89] 李永群:《中国成文化艺术产品最大出口国》,《人民日报海外版》2016 年 3 月 11 日第 4 版。

[90] 黄隽:《艺术品保税区与自由港》,《21 世纪经济报道》2018 年 3 月 12 日第 16 版。

[91] 王自娜:《我国文化贸易国际竞争力研究》,湖南大学,2009 年硕士学位论文。

[92] 王星:《文化维度框架下中国文化艺术产品贸易的影响因素及其门槛效应分析》,山东大学,2012 年硕士学位论文。

[93] 刘茜:《中国发展对外文化贸易的竞争力研究》,安徽大学,2012 年硕士学位论文。

[94] 叶凤仙:《我国文化贸易竞争力及影响因素分析》,安徽大学,2013 年硕士学位论文。

[95] 赵学峰:《中韩文化贸易发展与竞争力的比较研究》,东北财经大学,2013 年硕士学位论文。

[96] 韩姗姗:《我国文化产品出口影响因素分析及对策研究》,北京交通大学,2014 年硕士学位论文。

[97] 胡英华:《中韩文化贸易发展的比较研究》,兰州商学院,2008 年硕士学位论文。

[98] 杜海娟:《北京当代艺术品市场调查》,北京建筑大学,2014 年硕士学位论文。

［99］许丽丽:《中国手游在越南的传播策略分析——以〈王者荣耀〉（越南版）为例》，广西大学，2019 年硕士学位论文。

英文文献

［1］Williams, R., *Culture and Society* (London: Hogarth Press, 1982).

［2］Chris Bilton, Stephen Cummings, *Creative Strategy: Reconnecting Business and Innovation* (Wiley, 2010).

［3］Walter Benjamin, "The Work of Art in the Age of Mechanical Reproduction, " in *Illuminations*, ed. Hannah Arendt (New York: Schocken Books, 2007).

［4］United Nations Conference on Trade and Development, *Creative Economy Outlook: Trends in International Trade in Creative Industries, 2002–2015* (2018).

［5］Damanpour, F., "Organizational Innovation: A Meta–Analysis of Effects of Determinants and Moderators, " *Academy of Management Journal*, 1991, 34 (3).

［6］Richard W. Woodman, John E. Sawyer, Ricky W. Griffin, "Toward A Theory of Organizational Creativity, " *The Academy of Management Review*, 1993, 18 (2).

［7］Damanpour, F., Gopalakrishnan, S., "Theories of Organizational Structure and Innovation Adoption: The Role of Environmental Change, " *Journal of Engineering and Technology Management*, 1998, 15 (1).

［8］Meyer, A.D., Goes, J.B., "Organizational Assimilation of Innovations: A Multilevel Contextual Analysis, " *Academy of Management Journal*, 1988, 31 (5).

［9］Ahuja, G., "Collaboration Networks, Structural Holes, and Innovation: A Longitudinal Study, " *Administrative Science Quarterly*, 2000 (3).

［10］Miotti, L., Sachwald F., "Co–operative R&D: Why and with Whom? : An Integrated Framework of Analysis, " *Research Policy*, 2003 (8).

［11］Inkpen, A. C., Pien, W., "An Examination of Collaboration and Knowledge Transfer: China–Singapore Suzhou Industrial Park, " *Journal of*

Management Studies, 2006（4）.

[12] Gnyawali, D.R., Park, B. J., "Co-opetition Between Giants: Collaboration with Competitors for Technological Innovation," *Research Policy*, 2011（5）.

[13] Raymond Pfeiffer, "Scientific Concept of Creativity," *Education Theory*, 1979（2）.

[14] Harry Hillman Chartrand, "International Cultural Affairs: A Fourteen Country Survey," *The Journal of Arts Management, Law, and Society*, 1992, Law（2）.

[15] Hoskins C, Mirus, R., "Reasons for the US Dominance of the International Trade in Television Programmes," *Media, Culture & Society*, 1988, 10（4）.

[16] Hirschman, E. C., "Aesthetics, ideologies and the limits of the marketing concept," *Journal of Marketing*, 1983,（47）.

[17] Lee, H.-K., "When Arts Met Marketing-Arts Marketing Theory Embedded in Romanticism," *International Journal of Cultural Policy*, 2005（11）.

[18] Kurt Lewin, "Frontiers in Group Dynamics II. Channels of Group Life; Social Planning and Action Research," *Human Relations*, 1947（11）.